KZ Neue Bremm

Raja Bernard
Dietmar Renger

Neue Bremm
Ein KZ in Saarbrücken

3. erweiterte Auflage
mit Vorwort des Oberbürgermeisters H.J. Koebnick

**Herausgegeben
im Auftrag der
VVN – Bund der
Antifaschisten,
Landesverband Saar**

Geschichtsverlag S. Brück, Heusweiler

ISBN 3–87682–787–6

© Geschichtsverlag S. Brück, 1989
mit freundlicher Genehmigung des
Pahl-Rugenstein Verlages
Satz: Monika Schmitt, 6452 Hainburg 2
Druck: Offsetdruckerei Jürgen Burgard, Merchweiler

Inhalt

Vorwort/Von Oskar Lafontaine 7

Préface 8

Einleitung 10

In Saarbrücken ein Konzentrationslager? 12

Weitergehen — sonst wird geschossen 23

„Der Tag beginnt sehr früh..." 39

Es gab auch Frauen „in einem
kleinen Lager nebenan" 66

Solidarität im Lager 77

Gestapozelle Saarbrücker Schloß 83

Das Sterben im Lager 94

„Noch 37 Jahre später ist es mir
unmöglich, sie zu vergessen..." 116

Schuld und Sühne 131

Wiedergutmachung? 138

Ein Ehrenmal für die Opfer 139

Anhang
   Informationen zu den ehemaligen
   französischen Häftlingen in der Neuen Bremm 149
   Anmerkungen der Übersetzerin 152
   Literaturverzeichnis 154
   Namenverzeichnis 155

Wir bedanken uns herzlich bei allen Personen, die dieses Buch durch ihre Hilfe erst ermöglicht haben. Dies gilt ganz besonders unseren Interviewpartnern in Frankreich und der Bundesrepublik Deutschland.

Dies gilt auch den Mitarbeiterinnen und Mitarbeitern in verschiedenen Ämtern der Stadt Saarbrücken und des Landes. Wir bedanken uns ebenfalls für die Hilfen bei der Fotoerstellung und den Schreibarbeiten.

Vorwort zur 3. erweiterten Auflage

Das Buch der beiden Autoren Raja Bernard und Dietmar Renger stellt den engagierten und geglückten Versuch dar, aus Dokumenten und Augenzeugenberichten die Geschichte des Konzentrationslagers „Neue Bremm" zu schreiben. Entstanden ist damit zugleich eine bemerkenswerte zeitgeschichtliche Dokumentation der nationalsozialistischen Gewaltherrschaft an der Saar.

Heute, mehr als vierzig Jahre nach dem Ende des Zweiten Weltkrieges und der NS-Diktatur, stellt sich die Frage nach dem Sinn einer weiteren akribischen Aufarbeitung unserer Vergangenheit - einer Vergangenheit, an die das Erinnern schwer fällt. Es sind nicht zuletzt die Jugendlichen, die diesen Einwand geltend machen. Unsere Aufgabe ist es aber, diese junge Generation von der Notwendigkeit, die Erinnerung wachzuhalten, zu überzeugen, denn sie ist zwar nicht verantwortlich für das, was damals geschah, aber für das, was in der Zukunft daraus wird.

Viele fordern, daß wir „aus der Geschichte lernen". Dieses Lernen ist jedoch nicht zwangsläufig schon ein Garant für adäquates soziales und politisches Handeln. Wir müssen aus dem Gelernten die Kraft schöpfen, Gefährdungen immer wieder von neuem zu erkennen und zu überwinden. Diese Kraft brauchen wir gerade jetzt seit dem Wiedererstarken rechtskonservativer und faschistischer Parteien in der Bundesrepublik Deutschland.

Das Buch „Neue Bremm - ein KZ in Saarbrücken" verdeutlicht - wie ungezählte andere Darstellungen über das Dritte Reich - zu welchen unfaßlichen Verbrechen Menschen fähig sind. Eine Parallele zu diesen in deutschem Namen begangenen Verbrechen gegen die Menschlichkeit ist in der Geschichte nicht zu finden.

„Das Beunruhigende an der Person Eichmanns war doch gerade, daß er war wie viele und daß diese Vielen weder pervers noch sadistisch, sondern schrecklich und erschreckend normal waren und sind", schrieb Hannah Arendt in "Eichmann in Jerusalem". Die Beunruhigung über das „Normale" erfaßt auch den Leser dieses Buches. Deshalb sollten es viele lesen - vor allem jüngere Menschen.

Je ehrlicher wir uns unserer Vergangenheit stellen, um so eher wird es uns gelingen, eine friedliche Gegenwart und Zukunft zu schaffen.

Saarbrücken, im März 1989

Hans-Jürgen Koebnick
Oberbürgermeister der
Landeshauptstadt Saarbrücken

espe - Schallplatten

Wo soll ich mich hinkehren?
Deutsche Lieder, Hansa (im Ariola-Vertrieb)

ESPE Jiddische Lieder II
Sog nischt kejnmol, as du gejst den letztn weg

ESPE Jiddische Lieder III
Maseltow

ESPE
Der Mensch zum Menschen werden muß

ESPE
Komm zu Dir, komm zu allen

ESPE Live

espe-Tourneeplanung: KulTour GmbH, Hasso Müller-Kittnau
Bleichstr. 11-19, 6600 Saarbrücken, ☎ (0681) 39 79 91

Vorwort

Mit dem vorliegenden Buch unternehmen die beiden Autoren, Raja Bernard und Dietmar Renger, den engagierten Versuch, Leben, Leiden und Sterben von Menschen im Konzentrationslager „Neue Bremm" zu beschreiben.
Dabei haben die beiden jungen Autoren mit Akribie Schriftstücke zusammengetragen und Äußerungen von Augenzeugen eruiert, die einerseits das System des Terrors im KZ „Neue Bremm" darstellen und andererseits die politischen Motive des antifaschistischen Widerstandes aufzeigen.
Dieser Arbeit liegt das Motiv zugrunde, nichts und niemanden zu vergessen.
Wir können und wollen keine Seite unserer Geschichte verleugnen — auch dann nicht, wenn die Erinnerung daran gelegentlich unangenehm erscheinen mag.
Ab 1. März 1935 übte die Gestapo auch in Saarbrücken und im Saarland ihr Schreckensregime aus; sie verhaftete und quälte Widerstandskämpfer gegen den Faschismus. Gewerkschafter, Sozialdemokraten, Kommunisten, Christen, Liberale waren ihre Opfer. Spuren dieser Verbrechen begegnen wir in der Gestapo-Zelle im Saarbrücker Schloß.
Nachdem der 2. Weltkrieg begonnen war, nahmen zahlreiche Deportierte und Kriegsgefangene aus verschiedenen Ländern ihren Weg über Saarbrücken. Für viele von ihnen war es ein Weg, der im KZ „Neue Bremm", unmittelbar an der Grenze zu Frankreich gelegen, endete.
Die Autoren zeichnen den Leidensweg nach, schildern den Aufbau, die Entwicklung des Lagers und das Lagerleben. Sie haben wichtige Zeugnisse und Dokumente zusammengetragen. Darin besteht ihr Verdienst. Sie informieren auch über den Nachkriegs-Prozeß gegen solche, die Schuld auf sich geladen hatten.
Beängstigend und eindrucksvoll zugleich dokumentiert dieses Buch die Grausamkeiten, derer Menschen fähig sind. Es ist als ein mahnender Beitrag dazu anzusehen, daß sich Krieg und Faschismus nie wiederholen dürfen. Es ist notwendig, notwendiger denn je.
Dem Buch „Neue Bremm — Ein KZ in Saarbrücken" wünsche ich eine weite Verbreitung und — vor allem unter unseren jungen Mitbürgern — viele Leser.

Oskar Lafontaine
Ministerpräsident des Saarlandes

Préface

Un demi-siècle après la prise du pouvoir par les nazis, la majorité des habitants des villes en République Fédérale d'Allemagne déclare ne pas avoir eu connaissance des lieux de répression et d'extermination existant dans leur ville natale sous le fascisme.

C'est le cas aussi des habitants de Sarrebruck quand on leur parle de l'ancien camp de concentration de la Nouvelle Bremm. ,,Un camp de concentration à Sarrebruck?" En général c'est un regard interrogateur et sceptique qui répond, suivi d'un ,,Non — ce n'est pas possible".

Les habitants plus agés en savent déjà un peu plus. En effet, il n'y avait à Sarrebruck non seulement le camp de concentration ,,Neue Bremm", mais aussi toute une chaîne de ,,camps de travail", dans lesquels des citoyens de tous les pays d' Europe occupés par les fascistes menaient une vie d'esclaves. Ces camps, dont le nombre exact n'a pas encore été recherché, étaient en liaison directe avec le camp de concentration de la Nouvelle Bremm.

Notre livre essaye de relater l'histoire de ce camp, des résistants et victimes du fascisme qui ont enduré ce calvaire.

Nous avons recueilli les témoignages d'anciens prisonniers du camp de la Nouvelle Bremm, étudié des dossiers de justice et registres d'état civil, effectué des recherches parmi les permis de construire de 1943 et sur le cimetiére municipal proche de l'aire du camp et enfin lu des rapports de presse publiés après la défaite du fascisme en mai 1945.

Le résultat: un témoignage impressionnant et atroce du règne de la famine, de la torture et du meurtre dans les camps de concentration fascistes.

Il serait certainement faux de réduire le fascisme à l'existence de camps de concentration.

L'histoire de celui de la Nouvelle Bremm démontre elle aussi les liens étroits existants entre les groupes industriels — en particulier dans le domaine de l'industrie des armements — et les camps de concentration.

En effet de nombreux détenus du camp de la Nouvelle Bremm jouaient le rôle d'esclaves des temps modernes dans les entreprises des environs de Sarrebruck, ou étaient transférés d'un camp de travail à la Nouvelle Bremm, qui dans ces cas faisait office de pénitencière.

Nous avons essayé dans ce fascicule de relater le destin des femmes et hommes qui furent plus ou moins longtemps prisonniers dans ce camp et de donner un aperçu du réseau des camps de travail forcé ainsi que du rôle du camp de concentration de la Nouvelle Bremm dans ce réseau. Nous avons, au cours de nos recherches, retrouvé traces de représentants de 13 nations européennes. Il y a eu à la Nouvelle Bremm des détenus originaires d'Albanie, d'Algérie, de Belgique, de Bulgarie, d'Espagne, de Grande-Bretagne, d'Italie, du Luxembourg, des Pays-Bas, de Pologne et d'Allemagne. La grande majorité des prisonniers par contre était originaire de France et d'Union Soviétique.

Les prisonniers du camp vivaient dans des conditions catastrophiques un état de fait accru encore par une famine chronique, car le personnel de garde détournait systématiquement à ses profits la nourriture prévue pour les détenus.

Le camp de la Nouvelle Bremm a acquis une renommée sinistre de part des tortures sadiques mises en oeuvre par les SS, tortures auxquelles on donnait l'apparence d'exercices sportifs et qui provoquaient souvent la mort des prisonniers affaiblis par les privations.

En 1946 à Rastatt — en zone d'occupation française — les crimes commis au camp de la Nouvelle Bremm firent l'objet d'un des premiers procès contre des criminels de guerre nazis.

Auhourd'hui de nombreuses organisations démocratiques en Sarre, en premier lieu la VVN - Ligue des Antifascistes, mènent en commun la lutte pour que l'aire de l'ancien camp de concentration de la Nouvelle Bremm devienne un lieu commémoratif digne du sacrifice des victimes connues et inconnues de ce camp de concentration. Cette revandication est partagée par les nombreux écoliers et jeunes Sarrois qui, semaine par semaine, font étape sur les lieux de l'ancien camp de concentration dans le cadre de ,,Visites alternatives" dans la ville de Sarrebruck, et qui estiment que de tels cités sont indispensables pour nous rappeler ce que fut le fascisme et afin de contribuer à tirer les justes conclusions du passé pour le présent et l'avenir.

Einleitung

Die Aufarbeitung der Geschichte des Konzentrationslagers Neue Bremm ist kein spontaner Einfall. In einer beispielhaften Aktion „Jugend gegen Faschismus" wurde 1978 das ehemalige Lagergelände zum Ausgangspunkt saarländischer Jugendverbände im Landesjugendring, um Standort zur eigenen Geschichte zu beziehen, um einem aufkeimendem Neofaschismus entgegenzutreten. Diese Aktion erregte bei unseren französischen Nachbarn Aufsehen. Eine der größten französischen Organisationen ehemaliger Widerstandskämpfer, die FNDIRP*, berichtete darüber in ihrer Verbandszeitung und rief zu Erlebnisberichten der Insassen des Konzentrationslagers Neue Bremm auf.

Ergebnis war eine Reihe von Berichten ehemaliger französischer Häftlinge, die in ihrer Übersetzung von uns als ein Baustein der vorliegenden Dokumentation verwertet wurden (auf die Probleme der Übersetzung dieser Texte verweist ein gesonderter Abschnitt am Ende dieses Buches). Ein weiterer Baustein sind Interviews mit Saarländern, die eine Zeit als Gefangene im Lager verbracht haben.

Es soll also der Versuch unternommen werden, Geschichte aus der Sicht der Betroffenen zu schreiben. Wobei es uns darum geht, unsere Berichterstatter und Interviewpartner nicht isoliert als „erzählende Objekte" eines bestimmten Zeitabschnittes darzustellen. Vielmehr möchten wir ihre politische Identität, ihr Engagement im antifaschistischen Kampf gestern und heute vermitteln. Es sind zum großen Teil Kameraden der VVN-Bund der Antifaschisten, oder Kameraden der französischen Organisation, die auch heute noch aktiv Widerstand leisten — gegen das Vergessen, aber auch gegen die Stationierung von Atomraketen, gegen Neofaschismus und Ausländerfeindlichkeit.

Ein solches Vorgehen ist sicherlich nicht unproblematisch. Nur zu verständlich, daß die Berichte, die persönlichen Erlebnisse eben persönlich und oftmals überschattet von der durchlittenen Grausamkeit sind, von selbst und an Kameraden erfahrener Unmenschlichkeit. Dies wird die Glaubwürdigkeit einer Dokumentation über das Konzentrationslager Neue Bremm unterstützen, auch wenn sich bei Betrachtung der verschiedenen Einzelschilderungen vielleicht hier und da Differenzen ergeben. Verschiedene Gründe sind hierfür verantwortlich:
— der unterschiedliche Zeitpunkt, zu dem verschiedene Häftlinge sich im Lager befanden und die Tatsache, daß Formen der Lagerführung und -ordnung sich einem gewissen Wandel unterziehen konnten.
— den Häftlingen wurde das System des Terrors im Lager nicht explizit auseinandergesetzt — sie erfuhren es und mußten ihre Schlüsse daraus ziehen.
— Häftlinge befanden sich meistens nach ihrer Einlieferung in die Neue Bremm noch in anderen Konzentrationslagern.

FNDIRP: Fédération Nationale des Déportés, Internés, Résistants et Patriotes

— Häftlinge waren außerdem aus den verschiedensten Gründen inhaftiert worden, so daß die einen das Konzentrationslager Neue Bremm z.b. als Polizeigefängnis oder als Durchgangslager, die anderen als Disziplinierungs- oder Arbeitslager erfuhren. Sicherlich erfüllte es in allem seine Bestimmung.

Vor diesen Hintergrund müssen eventuell auftretende Widersprüche in Details des Lagerlebens gestellt werden. Wir können und wollen uns nicht von der Emotionalität der Häftlingsberichte distanzieren. Auch wenn dies sehr persönliche Schuldzuweisung für erlebtes Unrecht mit sich bringt. Sicherlich, die Beschreibung des deutschen Faschismus kann nicht beschränkt werden auf die Darstellung der Grausamkeiten einzelner SS- oder SA-Mitglieder. Aber die Schläge des Wächters im Konzentrationslager haben den Häftling getroffen. Ihm wurde Schmerz bereitet durch einen Menschen, eben diesen Wächter. Er erlebte, wie der Kamerad durch diesen zu Tode gefoltert wurde. So müssen wir Verständnis aufbringen, wenn die ehemaligen Häftlinge diesen Menschen an manchen Stellen ihrer Schilderungen als „geborenen Schlägertyp", als „Bestie" bezeichnen, obwohl er sicherlich sowenig als solcher geboren wurde, wie in Brechts „Lied vom SA-Mann". Selbstverständlich wurde bei dieser Gewichtung auf persönlich Erlebtes nicht der Rückgriff auf offizielle Dokumente, Auswertung von standesamtlichen Eintragungen etc. vergessen. Ebenfalls werden Zeitungsartikel zum Rastatter Prozeß 1946 ausgewertet, in dem die ehemaligen Lageraufseher sich im größten Kriegsverbrecherprozeß der französisch besetzten Zone zu verantworten hatten. Im Vordergrund aber stehen Berichte von Personen, mit denen sich die Identifikation lohnt, für uns: Vorbilder.

Saarbrücken, Frühjahr 1984

In Saarbrücken ein Konzentrationslager?

Fahren Sie auf die andere Seite der Saar — Richtung Frankreich, vorbei an dem Barockzentrum mit Bauwerken des Nassau-Saarbrücker Baudirektors Friedrich Joachim Stengel. Es geht dann die Steige der Metzer Straße hoch, bis die Straße an der Bellevue wieder zur französischen Grenze hin abfällt. Sind Sie nicht vorher eingeweiht, werden Sie zwar Hinweise auf den Deutsch-Französischen-Garten bemerken; vielleicht wundern Sie sich über einen Obelisk mit den Jahreszahlen 1943-1945 — aber über seine Bedeutung bleibt man unaufgeklärt. Das ehemalige Konzentrationslager selbst bleibt fast vergessen links von der Straße liegen.

Gedanken machten sich beim Minister für öffentliche Arbeiten und Wohnungsbau zwar Bedienstete, als es darum ging, das ursprüngliche Gelände des Konzentrationslagers zugunsten des Straßenausbaus zu verkleinern, — seitdem aber nicht viel. 50 Jahre nach dem Machtantritt Hitlers erinnert nur ein Gedenkstein — und der in französischer Sprache, von französischen Verantwortlichen gesetzt — an das „Konzentrationslager um den Löschteich". Gerichte unserer Republik versuchten in der Vergangenheit mit Erfolg, sogar den Status des Konzentrationslagers zu bestreiten; immer dann, wenn es um Entschädigungszahlungen an Verfolgte des Naziregimes ging. Aber die Geschichte des Konzentrationslagers Neue Bremm lebt weiter: in Bauakten, standesamtlichen Eintragungen, in den Leidensgeschichten seiner ehemaligen Häftlinge — und im aktuellen politischen Engagement der Häftlinge, die die Konzentrationslager überlebten. Und sie führen alternative Stadtrundfahrten[1] zu Stätten der Emigration, der Naziherrschaft und des Widerstandes mit Schulklassen durch — sind also mehr als passive Interviewpartner bei der Aufarbeitung der „braunen" Geschichte, aus der es gilt, Lehren zu ziehen und umzusetzen.

Zum System der Konzentrationslager

Faschismus, Hitlerdeutschland — diese Begriffe assoziieren auch bei jungen Menschen den Gedanken an Konzentrationslager, mit denen sich dieses System gegen Andersdenkende abzusichern suchte, sie vernichtete. Aber Konzentrationslager hatten nicht nur die Funktion, politische Gegner einzusperren, sie waren in hohem Maße wirtschaftlicher Faktor: Sklavenhalterbetriebe, die Profite abwarfen. Etwas anderes wäre auch verwunderlich bei einem System, das durch die Hilfe von Großkonzernen an die Macht kam. Sie, die Hitler mit der NSDAP an die Macht brachten, sahen im Bereich der Konzentrationslager die Möglichkeit, Menschen bis zur physischen Vernichtung auszubeuten, und das ohne erhebliche Lohnkosten.

„Beauftragte Konzerne suchten in den Lagern die Arbeiter aus, die sie benötigten. Für einen Facharbeiter erhielten die Lager meist sechs Mark, für

---

1) siehe Alternativer Stadtführer Saarbrücken 1980

einen Hilfsarbeiter vier Mark pro Tag. Zwölf Stunden Arbeit am Tag waren die Regel. Das Leben der Sklaven spielte keine Rolle — wer den grausamen Arbeitsbedingungen nicht mehr standhalten konnte, wurde zur endgültigen Vernichtung in die Gaskammern der Lager geschickt. Den traurigsten Ruhm erwarben sich die IG-Farben, die neben der Massenvernichtungsstätte Auschwitz einen ganzen Industriekomplex unterhielten. In welchem Maße sich das für den Konzern bezahlt machte, läßt sich aus der Gewinnentwicklung über einen Zeitraum von elf Jahren ablesen:

„1932 — 48 Millionen Reichsmark Gewinn
1937 — 231 Millionen Reichsmark Gewinn
1939 — 363 Millionen Reichsmark Gewinn
1943 — 822 Millionen Reichsmark Gewinn"[2]

Die IG Farben waren beileibe nicht die einzigen, die von der Ausbeutung und Vernichtung der Häftlinge in den Konzentrationslagern profitierten. Betriebe wie Siemens, Krupp, Burbacher Hütte, Saarbergwerke und Röchling-Werke Völklingen stellten den Anfang einer ungeheuren Reihe von auch saarländischen Unternehmen dar, die an dem System der Konzentrationslager verdienten. Davon, daß z.B. saarländische Unternehmer in einem entsprechenden Maß dafür zur Verantwortung gezogen wurden, ist nichts bekannt. Die SS verdiente in ihrer Weise an diesem „Verleihgeschäft": „Aus einer Aussage von Karl Sommer, Mitarbeiter beim SS-Wirtschafts-Verwaltungshauptamt, geht hervor, daß monatlich etwa 50 Millionen Reichsmark von der SS für die 'Vermietung von Häftlingen' eingenommen wurden."[3]

Karte der größten Konzentrationslager

2) Antoni, Ernst: Konzentrationslager von Dachau bis Auschwitz, Röderberg-Verlag, Frankfurt 1979, S.16
3) Zitiert nach Schumann/Kührich; Die Rolle und die Bedeutung der Konzentrationslager des Naziregimes, in: Internationale Hefte der Widerstandsbewegung, Wien 1960

Vor diesem Hintergrund wurde ein Netz von Konzentrationslagern über das gesamte Reichsgebiet und später auch über besetzte Gebiete gespannt, das durch Außenlager und Arbeitskommandos noch verdichtet wurde. Das erste große Lager wurde in Dachau bei München im März 1933 errichtet. In den Lagern kamen politische Häftlinge mit inhaftierten Bibelforschern, „Asozialen", Emigranten, Homosexuellen, Juden, Zigeunern und kriminellen Häftlingen zusammen. Zum späteren Zeitpunkt, als die faschistischen deutschen Armeen in Europa ein Land nach dem anderen überfielen, verschleppte man aus allen Ländern Menschen in die verschiedensten Lager. Manche wurden von einem Lager ins andere regelrecht „verschoben". Einen sehr guten Überblick über das System der Konzentrationslager gibt die Veröffentlichung von Ernst Antoni: KZ — von Dachau bis Auschwitz, aus der bereits zitiert wurde.

Saargebiet 1935

Bevor Hitler im Januar 1933 die Macht erhielt, gab es unter den Saarländern und ihren politischen Parteien die einhellige Meinung, aus der seit 1920 bestehenden separaten Situation, unter Verwaltung einer fünfköpfigen internationalen Regierungskommission, ins Reich zurückzukehren. 1935 wird vom Völkerbund eine Volksabstimmung zu den Punkten:
O Beibehaltung der gegenwärtigen Rechtsordnung (Status quo)
O Vereinigung mit Frankreich
O Vereinigung mit Deutschland
durchgeführt.[4]
Aber zu diesem Zeitpunkt waren die Unterdrückungsmethoden, die KZ-Praktiken der SS im Saarland längst ruchbar geworden. Die sozialdemokratische und die kommunistische Partei bildeten 1934 eine Einheitsfront gegen den Anschluß an ein Hitlerdeutschland. Im Saarland befanden sich zu diesem Zeitpunkt viele Emigranten, die vor dem Hitlerfaschismus aus dem Reich geflohen waren. Die Abstimmung am 13. Januar 1935 jedoch ging für die Status-Quo-Anhänger verloren: Mehr als 90 Prozent der Bevölkerung stimmte für die Angliederung, obschon angenommen werden muß, daß nicht bei allen Wählern ein Bewußtsein darüber vorhanden war, für welch ein Deutschland sie sich entschieden hatten. An diesen wenig ruhmreichen Tag der saarländischen Geschichte erinnert noch heute eine Straße in Saarbrücken. *(Diese Vorgänge im Rahmen der Abstimmung müßten weit ausführlicher betrachtet werden. Es soll deshalb auf eine Veröffentlichung zu diesem Thema verwiesen werden: Luitwin Bies: Klassenkampf an der Saar 1919-1935. Frankfurt 1978.)*
Am 1. März 1935 erfolgte die Machtübergabe. Die Nazigrößen gaben sich auch Mühe, im Vorfeld der Abstimmung, nicht in den Geruch von KZ-Bauherren im Saargebiet zu geraten.

4) entnommen aus: Alternativer Stadtführer, Saarbrücken 1980

Ausschnitt aus der Rede Joseph Bürckels, Gauleiter der Pfalz und Beauftragter Hitlers für die Saarabstimmung vom 6. Januar 1935, zur Frage der Einrichtung eines möglichen Konzentrationslagers im Saargebiet nach der Rückgliederung des Saargebietes an Deutschland:
„Meine Herren, und wenn Sie mich nun fragen: 'Ist es richtig, was Braun schreibt, daß sofort nach der Rückgliederung in Neunkirchen ein Konzentrationslager errichtet wird', da muß ich Ihnen sagen: diesen Gefallen werden wir den Herren Emigranten nicht tun. Denn Sie wünschten sich ein Konzentrationslager in Neunkirchen, damit sie nach ihrem Abschub aus einem anderen Versteck wieder Grund hätten zur Fabrikation von Greuelmärchen. Ich versichere feierlich, daß wir den saarländischen Arbeiter aus den Klauen dieser Hetzer über den Weg aller kameradschaftlichen Verbundenheit und mit größter Sorge um sein soziales Wohlergehen befreien werden. (Beifall) Und wenn von mir — wie dies in den letzten Tagen behauptet wird — gesagt wird, ich sein ein Freund des Konzentrationslagers, wie mir selbst verschiedene Pressevertreter des Auslands unterbreitet haben, meine Herren, im Gau Pfalz gibt es kein Konzentrationslager. Ich bin der Auffassung, daß man in den allermeisten Fällen Hunger und daraus entstehende politische Verwirrung und Haß nicht beseitigen kann durch Konzentrationslager, sondern indem man den verhetzten Menschen die unsozialen Voraussetzungen für ihre Einstellungen nimmt. (Beifall) In ein Konzentrationslager aber gehören die Hetzer, die zwei Völker nicht zur Ruhe kommen lassen, weil ja sonst ihre Zeit abgelaufen ist. Nicht zuletzt wären auch Konzentrationslager, das sei auch einmal offen gesagt, für jene angebracht, die sich berufen fühlen, anderen Menschen an der Saar, weil sie glauben, sie seien die besseren Deutschen, immer mit Konzentrationslager zu drohen." *(Zitiert nach der Tonkassette des Instituts für Film und Bild in Wissenschaft und Unterricht zur „Saarabstimmung 1935", München 1980.)*
Die Demagogie solcher Aussagen ist offenkundig: Die Nazis errichteten im Saarland ein ganzes Netz von Arbeitslagern, zum Teil von beträchtlicher Größe, und 1943 das Konzentrationslager Neue Bremm, offiziell als „erweitertes Polizeigefängnis" geführt. In verschiedenen amtlichen Schreiben, Bauanträgen etc. werden immer wieder unterschiedliche Bezeichnungen für dieses Lager verwendet: Gefangenen(Baracken)lager, Barackenlager, Gefangenenlager. Die vollständige Bauakte ist heute im Archiv des Bauamtes unter „ehemaliges Konzentrationslager Neue Bremm" abgelegt.

Bauakte „Neue Bremm"

Ein Konzentrationslager entsteht

Die Entstehung des Konzentrationslagers Neue Bremm lag bisher im Dunkeln. Zum Teil falsche Vermutungen, es hätte sich dabei um ein ehemaliges Militärlager gehandelt, wurden angestellt. *(Diese irrige Darstellung findet man auch im Alternativen Stadtführer Saarbrücken.)* Besser wissen es die Häftlinge, die selbst den Aufbau des Lagers zu leisten hatten. So kam Jakob Lorscheider, der heute in München lebt, im März 1943 mit einem Gefangenentransport in Saarbrücken an:
„Ich wurde im März 43 in Frankreich, St. Malo verhaftet — als Spanienkämpfer des Edgar-André-Bataillons und Angehöriger des Maquis 7.[5] Ich war wegen Hochverrat, Landesverrat und feindlicher Waffenhilfe angeklagt, die SS verhörte mich im Saarbrücker Schloß. Das Urteil war sechs Monate Haft und anschließend Konzentrationslager Dachau. Vorher war ich aber 4 bis 6 Wochen in der Neuen Bremm. Da haben ein oder zwei Baracken schon gestanden, ein Zaun war rundherum, dann gab es schon das 'Feuerlöschbecken', wie sie es genannt haben.
Früher nannte man das Gelände, das sich bis zur Spicherer Höhe hinzog, wohl den alten Exerzierplatz. Später war es für das Gefängnis Lerchesflur Anbaugebiet für Gemüse, hauptsächlich Kohl. Von diesen Feldern ist dann etwas für den Lageraufbau abgezweigt worden. Der Zaun war erst einfach, später kam ein zweiter hinzu. Die Wachtürme standen noch nicht. Die Baracken wurden von uns nach und nach aufgebaut, sie hatten ihre Naturholzfarbe. Um das Lager mußten die Posten außen herumgehen. Ich selbst habe die Küchenbaracke mit aufgebaut — ich war Schlosser und Installateur — und so etwas brauchte man ja dazu."
Und dies kann man den offiziellen Akten über den Aufbau des Lagers entnehmen:
Mit Datum vom 19.5.1943 stellte das Reichsbauamt Saarland-Ost, das zu dieser Zeit seinen Sitz in der Moltkestraße 5 hatte, ein Baugesuch für die Errichtung eines Barackenlagers an der damaligen Josef-Bürckel-Straße. Der Antrag, der an das Bauverwaltungsamt gerichtet war, stellte eigentlich nur eine bürokratische Farce dar. Das Lager stand bereits.
Das tatsächliche Datum seiner Errichtung kann nur aus den Berichten der ersten Häftlinge geschlossen werden, es muß im Januar/Februar des Jahres 1943 gewesen sein. Kaum ein halbes Jahr später reicht der ursprüngliche Lagerkomplex nicht mehr aus. Im Dezember 1943 bereits wird vom Reichsbauamt erneut ein Antrag auf die Errichtung eines „Sonder-Barackenlagers II" gestellt. Dahinter verbarg sich ein Frauenlager, das dem Konzentrationslager Neue Bremm angeschlossen wurde; es befand sich auf der gegenüberliegenden Seite des Alstinger Weges. Ihm widmen wir ein eigenes Kapitel.
Zu Beginn befanden sich nach Aussagen Jakob L o r s c h e i d e r s etwa 200 Häftlinge in den Baracken des ersten Lagerteiles. Die Größe und die Gestalt

---

5) Maquis = Widerstandsbewegung, eigentlich Buschwald, in den Maquis gehen = in die Wälder gehen, sich dem Widerstand anschließen

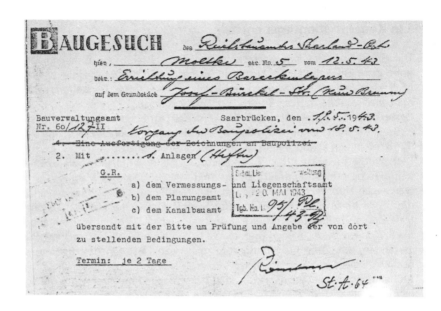

Baugesuch für ein Barackenlager...

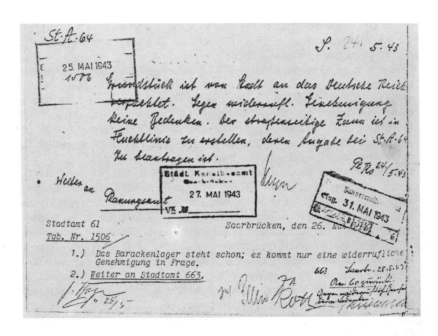

...das schon steht

> Der Oberbürgermeister.   Saarbr., den 4/6. 43.
> 6o/ 127 II.
>
> 1. Schreiben auf Vorg.:
>   K.H. dem Baupolizeiamt
>   zurückgesandt. Gegen die Erteilung einer widerruflichen Genehmigung
>   bestehen keine Bedenken. Der strassenseitige Zaun ist in Flucht-
>   linie zu erstellen, deren Angabe beim Stadtamt 64 zu beantragen ist.
>   Die Genehmigung des Schutzbereichamtes muss das Reichsbauamt selbst
>   beschaffen.
> 2. Zu d. H-Akten.   I.A.

Im amtlichen Schriftwechsel spricht man...

> Baupolizeiamt.   Saarbrücken, den 7.7.1943.
>
> An das
>   Bauverwaltungsamt.   Eing. 8. JULI 1943
>
> Betr.: Schreiben vom 4.6.1943 .... Nr. 6o,/ 127 II
>
> Beiliegend die von der Baupolizei mit Genehmigungsvermerk versehene
> 3. Ausfertigung der Zeichnungen zu dem Baugesuch
>   Reichsbauamt Saarland-Ost
> betreffend
>   Aufbau eines Gefangenenlagers
>
> auf dem Grundstück Flur .... Parzelle Nr. ....
> an der Josef-Bürckel-Strasse

...verschleiernd von „Gefangenenlager"

des Lagers ist aus der Bauzeichnung zu erkennen. Längs der heutigen Metzer Straße 76,5 m, es erweiterte sich in Richtung Spichern auf 85 m. Die Tiefe betrug ca. 75 m. Ein französischer Häftling, Pierre Verdumo, beschreibt das Lager Neue Bremm:
„Das Lager ist quadratisch und von Stacheldraht eingezäunt. Im Zentrum liegt ein großer Platz, in dessen Mitte sich ein mit Wasser gefülltes Becken befindet. Es ist quadratisch, hat eine Seitenlänge von 15 Metern und eine Tiefe von 1,5 bis 1,8 Metern. Um das Gelände läuft ein ein Meter hohes Geländer aus Holz. Es ist aus groben Bohlen gefertigt. Lange Stangen, dazu bestimmt, Gefangene, die man ins Becken gestoßen hat, herauszuziehen, liegen am Boden. Um dieses Becken herum müssen Häftlinge den ganzen Tag laufen. Am Lager entlang verlaufen zwei Straßen, die sich im rechten Winkel treffen. Die eine ist viel befahren und verbindet 'Sarrebruck' und Metz miteinander. Die andere *(gemeint ist der Alstinger Weg, Anmerkung des Verfassers)*, auf die sich der Lagereingang hin öffnet, ist weniger befahren und führt, ich weiß nicht wohin. Betrat man das Lager, so lagen rechts — so glaube ich — der Wachtposten und die SS-Büros, links war 'La Schreibe Stube'*. Ich ging hinein und mußte dort alle meine Person betreffenden Angaben machen. Dort hat man uns unseres gesamten Proviantes beraubt. Das machten sie mit allen aus dem Transport. Die sich anschließende Baracke war wohl die Küche, die vorletzte Baracke auf dieser linken Seite enthielt einen Desinfektionsofen für Kleider. Die letzte in der Ecke war der 'Wachturm'! Von dieser ging die zweite Seite aus, diejenige, die dem Lagereingang gegenüberlag. Meine Baracke war die erste, an den 'Wachturm' angrenzende. Die letzte Baracke auf dieser Seite enthielt die 'Aborte'. Dorthin brachte man auch die Toten, bevor sie an einen Ort gebracht wurden, von dem ich nie erfuhr, wo er lag. Die Baracken, die die dritte Seite bildeten, enthielten wohl einige Zellen, zwei oder drei. In einer davon war Colette, derjenige, der versucht hatte, Laval umzubringen.[6]
Es gab noch eine andere (Zelle), in der ein Häftling fortgeschrittenen Alters einsaß. Im Lager hieß es, daß es sich um Pater Jacques handeln würde. Aber ich glaube nicht, daß er es wirklich war. Diese beiden Gefangenen durften nur einige Minuten morgens, mit Handschellen an den Händen, einer nach dem anderen nach draußen. Während sie draußen waren, mußte der Rest des Lagers in den Baracken bleiben. Die vierte Seite, an deren Ende sich der Wachtposten befand, war für die SS-Leute reserviert. Ich habe nie die Ge-

---

* Diese mit Anführungszeichen versehenen Wörter wurden vom Berichterstatter im französischen Originaltext auf deutsch wiedergegeben.

6) Paul Colette aus Rouen war im Jahr 1941 an dem Attentat auf den französischen Vichy-Ministerpräsidenten Laval (mit Hitler kollaborierend) bei einem Treffen der L.V.F. in Versailles beteiligt, Colette soll geschossen haben und wurde während seines 27tägigen Aufenthaltes in der Neuen Bremm Tag und Nacht gefesselt. Er überlebte jedoch und trat 1946 im Prozeß auf. Pierre Laval — Ministerpräsident der Vichy-Regierung — vom Obersten Gerichtshof Frankreichs zum Tode verurteilt, im Gefängnis Fresnes am 15.10.1945 um 12.32 Uhr standrechtlich erschossen.

samtzahl der Lagerinsassen erfahren, da es sich im Prinzip um ein Durchgangslager handelte und ständig ein großes Kommen und Gehen herrschte. Man kann aber eine Zahl zwischen 70 und 100 Häftlingen schätzen. Ich sage extra schätzen, denn ich sehe uns noch um das Becken laufen. Wir gingen in Fünferreihen, und das in 12, 13, 14, 15 Reihen hintereinander. Das hing von den Neuzugängen ab. Das Lager war von Stacheldraht umgeben."
Es gibt jedoch auch Berichte, in denen geschildert wird, wie bis zu 500 Häftlinge in den Baracken zusammengepfercht waren. Obwohl die Häftlinge nur eine jeweils kurze Zeit im Konzentrationslager Neue Bremm waren, hinterließ es, ob der grausamen Behandlung, einen tiefen Eindruck auf sie. Ihre detaillierten Schilderungen, fast 40 Jahre nach diesen Erfahrungen, sind Beweis dafür.

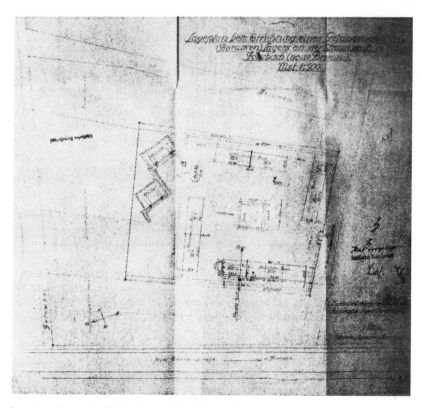

Damaliger Lagerplan für das Lager „Neue Bremm"

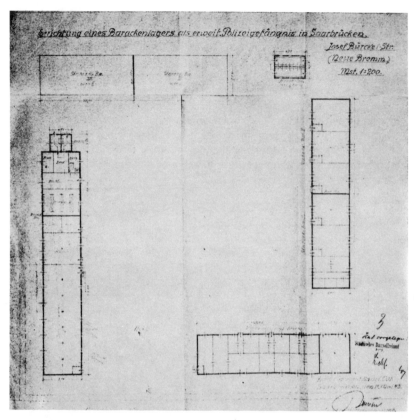

In diesem Plan ist von „erweitertem Polizeigefängnis" die Rede

Ein Konzentrationslager an einer verkehrsreichen Straße?

Es wird vom ehemaligen Häftling Pierre V e r d u m o berichtet: das Lager lag an einer sehr belebten Straße. In der Tat, die Ausfallstraße nach Metz ist auch heute noch eine der wichtigsten und befahrensten Saarbrückens. Das war zur Zeit der Existenz des Konzentrationslagers, als sie den Namen Josef Bürckels trug, nicht anders.
Vielleicht ist dies die Erklärung für die Handhabung einiger Besonderheiten im Umgang mit „Sterbefällen", wie er im weiteren noch dargestellt wird. Die Ausdehnung des Lagers war sehr beschränkt. Darüber hinaus lag es nicht außerhalb jeglicher Restbebauung. Gegenüber, auf der anderen Straßenseite, eine Gaststätte. Ein paar Meter weiter am Alstinger Weg, der später die beiden Lagerteile als öffentlicher Weg durchschnitt, eine Gärtnerei. Tote konnten hier nicht einfach verschwinden oder gar verbrannt werden. Das Einschlagen eines „offiziellen" Weges schien wohl ratsam und sollte Todes-

fälle legalisieren. Ein Beerdigungsunternehmen wurde benachrichtigt, dies erwirkte entsprechende Eintragungen im standesamtlichen Register der Stadt Saarbrücken — mit verhöhnenden Angaben zur Todesursache und Identität, aber offiziell. Danach konnten die Toten unter Einhaltung der entsprechenden Bedingungen auf dem öffentlichen Südfriedhof verscharrt werden. Dieser Umstand — Wahrung der Amtswege jedenfalls in einer Reihe von Fällen — ermöglicht uns heute, die Spur verschiedener Ermordeter wieder aufzunehmen, eben über die noch vorhandenen standesamtlichen Eintragungen.

Und so wurde das Lager von einem Saarbrücker Bürger, Manfred L a n g, wahrgenommen, der damals gerade zur Wehrmacht eingezogen und Richtung Paris in Marsch gesetzt wurde: ,,Bei der Neuen Bremm kamen wir an dem Konzentrationslager vorbei. Ich sah das Lager zum ersten Male, denn es war schon lange her, daß ich in dieser Gegend spazieren ging. Es war nicht viel mehr zu sehen als Stacheldraht und Wachtürme, und ich glaubte, es wäre ein Kriegsgefangenenlager, wie es sie im gerade angebrochenen 6. Kriegsjahr viele gab. Einen Holzturm mit Maschinengewehrposten sah ich damals allerdings zum ersten Mal. Erst nach dem Kriege wußte ich, daß es ein berüchtigtes Konzentrationslager war, doch schon damals hat die Anlage einen etwas unheimlichen Eindruck auf mich gemacht." *(Manfred Lang; Es war im Herbst 1944. Saarbrücker Hefte 39/1974 Minerva Verlag)*

Weitergehen - sonst wird geschossen

Die Aufgaben des Konzentrationslagers Neue Bremm — Die Fremdarbeiterlager

Konzentrationslager hatten unterschiedliche Funktionen zu erfüllen. In den größten von ihnen galt es — neben der wirtschaftlichen Ausbeutung —, rassische Minderheiten und politische Gegner zu vernichten, durch mörderische Arbeitsauflagen, minimale Verpflegung, durch organisierten Mord — erschießen, erhängen, vergasen.

Das Lager Neue Bremm ist im Gesamtzusammenhang dieses Systems der Konzentrationslager zu sehen. Es hatte zwei wesentliche Aspekte: Häftlinge wurden — hauptsächlich aus Frankreich kommend — gesammelt und in große Konzentrationslager verschoben. Sehr häufig sprechen die Berichte der überlebenden Häftlinge von Mauthausen. Gleichzeitig galt die Neue Bremm als Disziplinierungslager. Dies hatte seine besondere Bedeutung für die sogenannten ,,Fremdarbeiter" aus verschiedenen, von der faschistischen Wehrmacht okkupierten Ländern.

Die folgenden Dokumente zeigen die Grundsätze und teilweise auch den Umfang dieser Zwangsarbeiterpolitik.

Aus der Denkschrift des Reichsführers SS, Heinrich Himmler, über die Behandlung der Fremdvölkischen im Osten (Mai 1940):
„Spitzen in solchen Völkerschaften dürfen nur die Bürgermeister und die örtlichen Polizeibehörden sein; bei den Goralen, die einzelnen, sich ohnedies schon befehdenden Häuptlinge und Sippenältesten. Eine Zusammenfassung nach oben darf es nicht geben, denn nur dadurch, daß wir diesen ganzen Völkerbrei des Generalgouvernements von 15 Millionen und die 8 Millionen der Ostprovinzen auflösen, wird es uns möglich sein, die rassische Siebung durchzuführen, die das Fundament in unseren Erwägungen sein muß, die rassisch Wertvollen aus diesem Brei herauszufischen, nach Deutschland zu tun um sie dort zu assimilieren. Schon in ganz wenigen Jahren — ich stelle mir vor, in vier bis fünf Jahren — muß beispielsweise der Begriff der Kaschuben unbekannt sein, da es dann ein kaschubisches Volk nicht mehr gibt (das trifft besonders auch für die Westpreußen zu). Den Begriff Juden hoffe ich, durch die Möglichkeit einer großen Auswanderung sämtlicher Juden nach Afrika oder sonst in eine Kolonie völlig auslöschen zu sehen. Es muß in einer etwas längeren Zeit auch möglich sein, in unserem Gebiet die Volksbegriffe der Ukrainer, Goralen und Lemken verschwinden zu lassen. Dasselbe was für diese Splittervölker gesagt ist, gilt in dem entsprechend größeren Rahmen für die Polen. Eine grundsätzliche Frage bei der Lösung aller dieser Probleme ist die Schulfrage und damit die Frage der Sichtung und Siebung der Jugend. Für die nichtdeutsche Bevölkerung des Ostens darf es keine höhere Schule geben als die vierklassige Volksschule. Das Ziel dieser Volksschule hat lediglich zu sein: Einfaches Rechnen bis höchstens 500. Schreiben des Namens, eine Lehre, daß es ein göttliches Gebot ist, den Deutschen gehorsam zu sein und ehrlich, fleißig und brav zu sein. Lesen halte ich nicht für erforderlich. Außer dieser Schule darf es im Osten überhaupt keine Schulen geben. Eltern, die ihren Kindern von vornherein eine bessere Schulbildung sowohl in der Volksschule als später auch an einer höheren Schule vermitteln wollen, müssen dazu einen Antrag bei den Höheren SS- und Polizeiführern stellen..."
(Aus: Vierteljahreshefte für Zeitgeschichte, München, 5. Jahrgang, 1957, S. 194 f.)

Aus der vertraulichen „Sozialpolitischen Information" der Reichsvereinigung Kohle über die Deportation sowjetischer Bergarbeiter vom 1. November 1941
„Auf Anregung der Reichsvereinigung Kohle befaßten sich in den letzten Wochen die verantwortlichen Stellen mit der Frage des Einsatzes von Bergarbeitern aus dem Erzgebiet von Kriwoj-Rog im Ruhrbergbau. Der Durchführung dieser Maßnahme standen nicht unerhebliche Bedenken in politischer Hinsicht und bezüglich der Überwachung dieser Arbeitskräfte entgegen. Nunmehr hat der Reichsmarschall dem Antrag der Reichsvereinigung Kohle zum Einsatz von 10.000 bis 12.000 ukrainischen Bergarbeitern unter Einhaltung bestimmter Voraussetzungen zugestimmt. Er hat den Vorsitzer der Reichsvereinigung Kohle beauftragt, im Einvernehmen mit dem Reichsführer SS und Chef der Deutschen Polizei, dem OKW, dem Reichsernäh-

rungsministerium umgehend das zum Einsatz dieser Arbeitskräfte Erforderliche in die Wege zu leiten. Da aus besonderen Gründen Eile geboten ist, kann mit der baldigen Überführung der ukrainischen Arbeiter gerechnet werden. Die näheren Einsatzbedingungen werden zur Zeit mit den erwähnten Stellen festgelegt..." *(Flick-Prozeß, Dok. NI-4140, zitiert nach: U. Hörster-Philipps, Wer war Hitler wirklich? Großkapital und Faschismus 1918-1945, Köln 1978, S. 311)*

Aus der "Sozialpolitischen Information" der Reichsvereinigung Kohle vom 1. Dezember 1941 über die Zwangsverschleppung sowjetischer Bergarbeiter für den Ruhrbergbau

"Eine Kommission, bestehend aus Vertretern der interessierten Stellen des OKW, des RFSS, der Behörden, der Partei und der Reichsvereinigung Kohle, weilte in der Zeit vom 8.11. bis. 10.11.1941 in Kriwoj-Rog, um die zur Umsetzung von Bergarbeitern zum Ruhrbergbau erforderlichen Maßnahmen auf Grund des Erlasses des Reihsmarschalls vom 24.10.1941 zu treffen. Es kommen hierfür zunächst etwa 6.000 von den vorgesehenen 10.000 bis 12.000 Bergarbeitern in Frage. Vertreter des Reichsarbeitsministeriums und der Reichsvereinigung Kohle werden mit den zuständigen Wehrmachtsstellen gemeinsam die örtlicherseits erforderlichen Maßnahmen veranlassen. (...) Sämtliche Arbeiter werden im Ruhrbergbau zunächst als Schlepper angelegt. Die Entlohnung richtet sich nach den vom Reichsmarschall angeordneten Bedingungen. Dasselbe gilt auch bezüglich der Unterhaltung der Angehörigen. Arbeitskräfte mit völlig abgerissener Kleidung werden vorerst von der Umsetzung ausgeschlossen. Zwecks Versorgung mit Arbeitskleidung wird überdies den Arbeitern vom Lohn ein angemessener Betrag einbehalten. Der Abtransport erfolgt in geschlossenen Transportzügen unter Bewachung. Überwachungspersonal wird voraussichtlich durch den RFSS gestellt. Die Transportverpflegung erfolgt durch Heeresverpflegungsstellen. (...) Der Reichsmarschall hat durch Erlaß vom 14.11.1941 angeordnet, daß neben der Umsetzung von Bergarbeitern aus Kriwoj-Rog im weitgehenden Umfange Sowjet-Russen (Kriegsgefangene und Arbeiter) im Verkehr, in der Industrie und der Landwirtschaft einzusetzen sind." *(Flick-Prozeß, Dokument NI-4102, zitiert nach: Hörster-Philipps, Wer war Hitler wirklich?, a.a.O., S. 311 f.)*

Auf dieser Grundlage kamen auch ins Saarland Zehntausende von ausländischen Arbeitskräften, die in "Fremdarbeiterlagern" untergebracht waren. Ließen sie sich hier etwas "zuschulden" kommen, zeigten sie sich abwehrend gegen die Schikanen ihrer Aufseher oder Vorgesetzten, drohte ihnen eine Strafeinweisung in das Konzentrationslager Neue Bremm, unter Umständen der Weitertransport in ein anderes Konzentrationslager.
Aus den beim Standesamt Saarbrücken eingetragenen Todesfällen läßt sich auf einen Teil dieser enormen Zahl von "Fremdarbeiterlagern" (besser: Zwangsarbeiterlager) schließen. Die Liste erhebt keinesfalls den Anspruch auf Vollständigkeit, auch kann es sein, daß dasselbe Lager unter verschiede-

nen Bezeichnungen genannt wird. Die Aufstellung orientiert sich an den standesamtlichen Eintragungen des „letzten Wohnortes" verstorbener Zwangsarbeiter.

Es wurden nur die Eintragungen im Sterberegister der Stadt Saarbrücken (S) berücksichtigt, die Toten waren Verschleppte und Kriegsgefangene.
- Reichsbahnausbesserungswerk Saarbrücken-Burbach — als „Russenlager" bezeichnet;
- Saarbrücken „Russenlager" Lüttgens;
- Saarbrücken Gußstahlwerk — als „Russenlager" bezeichnet;
- Saarbrücken Altenkesseler Straße 17 — als „Russenlager" bezeichnet, in dem aber auch Franzosen waren. 13 Tage nach der Geburt starb dort ein mohammedanisches Kind, Ibrahim Ashadulina (standesamtliche Eintragung 1540 vom 23.6.1944). Es müssen dementsprechend auch Frauen im Lager gewesen sein.
- Sulzbach Grube Mellin — als „Polenlager" bezeichnet;
- Saarbrücken Deutsche Straße, Lager;
- Wilhelmstraße 12, Lager, Italiener;
- Gemeinschaftslager Rodenhof, auch hier waren Frauen im Lager, ein Kind starb fünf Tage nach der Geburt;
- Saarbrücken Trierer Straße 74, Gefangenenlager, Franzosen;
- Saarbrücken Fichtestraße, Lager, Sowjets;
- General-Schroth-Straße, Lager;
- Arbeitslager der Firm Karst, Polen;
- Saarbrücken Petershof, Lager, Sowjets;
- Jahnturnhalle, Lager der Deutschen Arbeitsfront, Italiener, bei einem Toten wurde als Geburtsland Albanien angegeben;
- Püttlingen, Lager der Deutschen Arbeitsfront;
- Burbach, Werkstraße 3, Lager, Franzosen;
- Bübingen — als „Russenlager" bezeichnet. In diesem Lager befanden sich auch (oder nur) Frauen — eine Totgeburt im Lager weist darauf hin (standesamtliche Eintragung 2256 — 1943 B4 S);
- Lager Lerch, in diesem Lager befanden sich auch Saarländer, der Tod des Joh. Weyrich aus Saarbrücken weist darauf hin;
- Gersweilerstraße 82-84, Lager, Sowjets;
- Am Schanzenberg, „Russenlager";
- Saarbrücken Wackenberg-Schule, Lager, Sowjets;
- Weyersbergschule, Lager der Deutschen Arbeisfront, ein Holländer eingetragen;
- Völklingen, Lager Schulzenfeld, eine Frau eingetragen;
- Dudweiler, Lager Grube Dudweiler, Ostschacht;
- Dudweiler, Lager der Deutschen Arbeitsfront, Sowjets;
- Lager Rodenhof, männliche Sowjets;
- DAF Lager Volkshaus, Polen;
- DAF Lager Friedrich-Schule Saarbrücken, Italiener;
- Ulanenkaserne Saarbrücken, sowjetische Frauen;

— Morsbach Lager der Deutschen Arbeitsfront; auf der Flucht aus diesem Lager sind zwei Franzosen, Charles Chaloncon aus St. Etienne und Camille Vauzelle aus Heit Nevers, 6. Avenue des Plantanes, am Drahtzugweiher erschossen worden;
— Güterbahnhof Lager, Italiener;
— Pirmasens Durchgangslager, Sowjets;
— Arbeitskommando 2065 italienischer Militärinternierter;
— „Russenlager" der Firma Ferum;
— Lager Halberg, Sowjets;
— Kleinrosseln, Lager II.

Diese Liste ist kein vollständiges Verzeichnis der Zwangsarbeiterlager in und um Saarbrücken, sie zeigt aber in ihrer mehr zufälligen Zusammenstellung, wie eng das Netz von Arbeitslagern geflochten war. Die Nationalität der Lagerinsassen ist, soweit angegeben, durch die standesamtlichen Eintragungen verbürgt; möglich ist jedoch, daß auch andere Nationalitäten in den Lagern vertreten waren.

Die Insassen waren in verschiedenen Betrieben eingesetzt. Dies ist ersichtlich aus Angaben über Betriebsunfälle. Aber auch ein Fall von Erschießen auf dem Gelände der Burbacher Hütte ist aktenkundig geworden.

Sicherlich könnten ältere Saarbrücker Bürger aus ihrem eigenen Erleben diese Liste von Lagern vervollständigen, korrigieren — sie ist aber erschütternd genug, führt man sich die Lebens- und Arbeitsbedingungen dieser Lagerinsassen vor Augen. Die hohe Zahl von Totgeburten und Säuglingssterblichkeit werfen ein Licht darauf. Diese Liste zeigt aber auch, wie saarländische Unternehmen mit den Zwangsarbeitern Profite erwirtschaften konnten.

Diese Lager im Bereich von Saarbrücken, aber auch aus anderen Teilen des Saarlandes, müssen in sehr engem Zusammenhang mit dem Konzentrationslager Neue Bremm gesehen werden — Todesmeldungen der Neuen Bremm weisen auch Überstellungen aus den genannten Lagern auf. Ein Augenzeuge, Emil Limbach aus Saarbrücken, weiß über die Zwangsarbeiterlager zu berichten:

E. Limbach: „Ich war in der Zeit 1943/44 und darüber hinaus bei der Eisenbahn beschäftigt. Ich wurde jedoch disziplinarisch versetzt, weil ich nicht kapitelfest war für die anderen, die braune Macht. Da haben sie mich überall schikaniert — sie haben mich in das Russenlager geschickt, ich war bei den sowjetischen Frauen und französischen Männern, die hier zur Arbeit herangezogen wurden. Da ich nicht fähig war, deutsche Arbeit zu machen, 'für mit den Russen zu arbeiten' ist er noch grad gut genug, haben sie gemeint."

Frage: Was hast Du vorher bei der Bahn getan?

E. Limbach: „Ich war Tabellierer, an der Lochkartenstelle habe ich gearbeitet. Weil ich Tabellierer war, war ich U.K. gestellt. Um mich wegzubringen, haben sie die Maschine, an der ich gearbeitet habe, kaltgestellt. Da bin ich dann versetzt worden ins Russenlager. Ein SA-Mann hat das beaufsichtigt, ich habe die Kartei aufgestellt für die Gefangenen aus der Sowjetunion und Frankreich. Von jedem habe ich Bilder bekommen, eins für das Lager, eins für die Regierung, eins für die Eisenbahn... Ich konnte dadurch alles beobachten, wie der Umgang ist, mit den Frauen; die Frauen, die in der Küche waren, auf dem Büro, sie haben mich unterrichtet, wie z.B. der Umgang war.

Ein SA-Mann hat Leuten, wenn sie sich was geholt haben, Kappesblätter (Kohl) oder so — wenn sie sich gebückt haben, hat er ihnen in den Hintern getreten — er hat sie schikaniert, wo er nur konnte.

(Es muß hier angemerkt werden, daß der Status von Konzentrationslager-Bewachern bzw. ihre Zugehörigkeit zu SA, SS oder SD oftmals nicht eindeutig erkannt und in den Berichten unklar bleibt, dies gilt insbesondere für die nachfolgenden Berichte französischer Häftlinge; Anmerkung des Verfassers.)

In den Lagern waren zwei Dolmetscher, die deutsch sprachen. Mit denen habe ich Verbindung aufgenommen, denen habe ich meinen Schlüssel vom Büro zur Verfügung gestellt, damit sie ans Radio kamen, und über die war ich dann auch im Bilde. Als die SA sah, daß ich nicht für sie bin, wollten sie mich wieder abschieben in die Bahnmeisterei (Rottenarbeit), das habe ich aber nicht angenommen.

Nachdem ich bei der Direktion war, kam ich zur Bahnmeisterei nach Burbach als Lohnrechner — für die sowjetischen Arbeiter. Ich habe die Abrechnung für die sowjetischen Zwangsarbeiter gemacht, die meistens (auf deutsch) keinen Namen schreiben konnten. Sie haben nur drei Kreuze gemacht, wenn ich ausgelöhnt habe. Sie sind eines Tages alle nach Merlebach versetzt worden (Frankreich), und wir mußten die Löhnung dort auszahlen. Daß sie den Namen nicht schreiben konnten, habe ich ausgenutzt. Sie haben Kinder gehabt, und die Kinder habe ich auch eingesetzt und den Frauen das Geld mit ausgezahlt. Es war sowieso nur ganz wenig, was sie bekamen — wieviel, weiß ich heute nicht mehr. Ein anderes Lager mit, glaube ich, zwei Baracken war noch bei der Firma Jurisch, ein anderes in Malstatt Unterdorf. Das war im Bereich Breite Straße/Wiesenstraße bei einem Metallbetrieb. In der Parallelstraße war ein Zeitungsvertrieb, da waren auch sowjetische Frauen. Bei uns in der Straße waren auch Frauen, die sich sowjetische Mädchen und Frauen zur Hausarbeit holten. In der Breite Straße durften die sowjetischen Mädchen und Fauen auch in den Bunker, bei Fliegerangriffen, aber nicht in die Kabinen. Im Eisenbahnlager waren etwa 600-700 Franzosen und zwei Baracken mit sowjetischen Frauen, sie waren bei der Gepäckverladung eingesetzt. Die Sowjets waren eingesetzt, um Bombentrichter bei der Bahn zu glätten — das mußten sie manchmal auch während der Fliegerangriffe tun. In Schaffhausen gab es meines Wissens noch ein Lager der Eisenbahn mit Frauen."

Frage: Wo war das Saarbrücker Lager der Eisenbahn genau?

E. **Limbach:** „Das war am Bahnhof, am Rangierbahnhof. Dort waren die französischen Männer, die Frauen waren auf der Höhe, wo heute der Eisenbahn-Tennisplatz ist. Zum Teil wurden die Zwangsarbeiter, wenn sie morgens mit der Bahn ankamen, in Saarbrücken aus den Zügen herausgeprügelt. Die wollten alle weiterfahren nach Burbach, bei uns war das Essen für sie so miserabel — in Burbach war die Verpflegung etwas besser. Ich erinnere mich auch noch an ein Lager mit Italienern, am Gersweiler Sportplatz — das waren Badoglio-Soldaten. Es gab natürlich in all diesen Lagern Aufseher. Als mal einer was mit ins Lager schmuggeln wollte, wurde er vom Aufseher gleich getreten. Viele Leute wußten, daß es den Zwangsarbeitern dreckig ging — da haben manche Brot eingewickelt und es auf den Müllkübel morgens gelegt, für sie."

Frage: Hatten diese Lager etwas mit der Neuen Bremm zu tun?

E. Limbach: „Direkt nicht. Dort sind nur Leute vom Lager eingeliefert worden, wenn sie was gemacht haben. Z.B. ein französischer Koch des Zwangsarbeiterlagers, ich traf ihn, als er Besorgungen in der Stadt erledigte, und sagte, daß ich ihn lange nicht gesehen hätte. Er antwortete: Ich spreche mit Dir nicht über das. Aber dann hat er doch erzählt. Er ist auf der Neuen Bremm gewesen, von dort immer wieder runter in die Gestapozelle am Schloß — dort wurde er verhört. Sie haben ihm eine Kiste auf den Buckel geladen, eine schwere Kiste, und die mußte er hoch tragen, einige Stockwerke. Oben mußte er sie wieder absetzen und wieder runtertragen."

Frage: Was hat man sonst noch vom Konzentrationslager Neue Bremm gesehen, oder gehört?

E. Limbach: „Man durfte ja nicht ins Lager reingucken, selbst von der gegenüberliegenden Wirtschaft aus ging es nicht. Da hing ein Schild: Aus dem Fenster gucken verboten. Es waren kleine Baracken gewesen. Es war ein Weg dort, auf der einen Seite die Gefangenen, auf der anderen die Wachmannschaften. Da kamen wir eines Tages auf dem Weg nach Merlebach auch die Metzer Straße hoch, am Konzentrationslager Neue Bremm vorbei. Stehen bleiben durften wir ja nicht. Es war morgens acht Uhr, die Gefangenen haben mit ihrem Eßnapf dagestanden, stillgestanden, in Reih und Glied — im Lager. Und als wir gegen Abend wieder zurückkamen, da haben sie noch dagestanden. Es war eine kolossale Hitze an diesem Tag. Die haben stillstehen müssen, von morgens bis abends, es war nicht die Nachtessenausgabe. Vorher sind wir oftmals spazieren gegangen — und wenn einer mal stehen geblieben ist, hat die Wachmannschaft, die unter einer Überdachung gesessen hat, gerufen: Weitergehen — sonst schießen wir! — Das waren SS-Wachen."

Das Verbundsystem von Arbeitslagern und dem Konzentrationslager Neue Bremm wurde auch von verschiedenen seiner Häftlinge erkannt. So sagt René Mérard, daß er aufgrund der Grausamkeiten, die er auf der Neuen Bremm erlebte, noch eine Menge Erinnerungen an dieses Konzentrationslager bewahrt hat: „Dieses kleine Lager war ein Disziplinierungslager und diejenigen, die sich hier befanden, wurden von SS-lern aus den Nachbarlagern hergeschickt — zur Erziehung. Die Strafzeit war immer begrenzt auf einige Wochen, und das aus gutem Grund... Alle, die je mit den SS-lern vom Lager Neue Bremm zu tun hatten, werden leicht verstehen, was Erziehung bedeutete. Viele dieser Sträflinge starben hier vor Verbüßung ihrer Strafe."

Wer waren sie? — Woher kamen sie?

In diesem System, zwischen Zwangsarbeiterlager und großem Vernichtungslager, nahm die Neue Bremm ihren Platz ein, geprägt durch die grenzenlose Brutalität ihrer Wachmannschaften und unbeschreiblich schlechte Ernährung. Die nun folgenden Berichte sagen etwas zur Vorgeschichte der verhafteten Franzosen und Deutschen, die ins Lager Neue Bremm kamen. Über die größte Gruppe aber, die sowjetischen Häftlinge, gibt es nur spärliche Informationen. Ihre Namen wurden zum Teil falsch in die lateinische Schrift übertragen, ihr Geburtsort, ihr Geburtsjahr war für die SS so uninteressant, daß man es in Todesmeldungen einfach ausließ. Die meisten Franzosen und Deutschen waren Angehörige der Résistance — Kommunisten, Sozialisten und Sozialdemokraten.

Susanne O r t s : „Ich wurde am 21. Mai 1944 in Perpignan, wo ich einen Auftrag zu erfüllen hatte, festgenommen. Ich verließ die Festung von Perpignan, nachdem ich, schmerzlich berührt, meine Mutter, die auch festgenommen worden war, habe eintreffen sehen. Wir fuhren am 12. Juni (in Romainville) ab und kamen am 13. Juni in Saarbrücken an."

Pierre V e r d u m o : „Ich bin einer von ihnen und habe 56 Tage in diesem Lager verbracht. Als ehemaliger Eisenbahner wurde ich am 2. Februar 1944 zusammen mit 16 Kameraden — alles Eisenbahner — im Eisenbahndepot von Chambery (Savoyen) wegen Sabotage verhaftet. Wir verbrachten acht Tage in der Curial-Kaserne in Chambery und fuhren dann nach Deutschland. Unser Transport von 50 Personen — alles Savoyarden — wurde in zwei Lastwagen der deutschen Wehrmacht verladen, Bestimmungsort Paris Ostbahnhof. Das war am 28. Februar 1944 vormittags. Wir stiegen in einen zum Zellenwaggon umgebauten Passagierwaggon. Ziel war 'Sarrebruck', wo das Lager Neue Bremm uns am Morgen des 2. März in Empfang nahm."

Jean C o u r d o u x nennt Namen: „Abfahrt von Blois am 5. Februar 1944 — Compiègne — Saarbrücken (Ankunft Ende Februar). Eine Gruppe von 50 Personen, darunter Colette, A. London, Jourdain (von der Gewerkschaft der Metallarbeiter), der Senator Codard, streikende Arbeiter aus Romans im Département Drôme."

Die Franzosen waren zum Teil als N.N. gekennzeichnet, „Nacht und Nebel" — als politische Häftlinge des Widerstandes erwartete sie eine „Sonderbehandlung" durch das Wachpersonal, auch in der Neuen Bremm. Aber Deutsche schlossen sich ebenfalls der Résistance an.

Jakob W e i s k i r c h e r ist Saarländer, geboren 1899 in Hüttigweiler, ältestes von elf Kindern eines Bergmannes. Er lernt ebenfalls Bergmann, wird Mitglied der Kommunistischen Partei Saar und ist zeitweilig Abgeordneter im Gemeinderat. Kämpft aktiv in der Einheitsfront gegen den Anschluß an Hitler-

Jakob Weiskircher

deutschland. Nach der Saarabstimmung geht er nach Frankreich in die Emigration, 1936 schließt er sich in Spanien den Internationalen Brigaden an. Er kämpft im Thälmann-Bataillon für die spanische Republik und wird verwundet. Weiskircher geht nach Frankreich zurück, arbeitet von 1940 an als Bergmann in Charbonnier-les-Mines im Département Puy de Dôme. Er schließt sich der Résistance an und wird von Offizieren der SS am 23.8.1943 verhaftet. Der Grund: Er hatte u.a. auf dem Weg zu seiner Arbeitsstelle Flugblätter an den Kasernen deutscher Wehrmachtsangehöriger abgelegt, die demoralisiert von der Ostfront zur „Erholung" nach Frankreich verlegt worden waren.

Er wurde gefragt, ob noch Saarländer in seiner Nähe wohnen würden, worauf er verneinte: „...und schon hab' ich eine gehabt, daß ich auf dem Boden lag — und da haben sie bei mir schon gewußt, was da gespielt wird." Er war erst in Vichy, dann in mehreren französischen Gefängnissen. Von August bis September wurde er mehrmals verhört: „Ich befand mich in einer Einmannzelle, mit vier weiteren Personen, u.a. mit einem Abgeordneten und einem Kriminalkommissar aus dem Gebiet der Ardèche. Und es war da der jüngste französische Major, der damals von London nach Frankreich abgesetzt wurde, um eine führende Funktion in der Résistance zu übernehmen. Er wurde aber am Laufsteg, beim Verlassen des Schiffes direkt verhaftet. Er war von England aus schon signalisiert und ist dann auch acht Tage später auf die Neue Bremm gekommen."

Frage: Jakob, wie bist Du dann auf die Bremm gekommen?

J. Weiskircher: „Eines Tages, in Fresnes, sind wir benachrichtigt worden: morgen früh geht es nach Deutschland. Und auf diesem Transport waren noch mehrere deutsche Kommunisten, auch noch andere Politische. Die wurden alle nach Deutschland transportiert — ich kam nach Saarbrücken, mit der Eisenbahn. Auf diesem Transport waren auch Franzosen, drei oder vier, die zum Tode verurteilt waren. Es gab einen Erlaß, soweit ich weiß, eines Generals Stülpnagel, daß zu der Zeit verurteilte Partisanen nach Deutschland, zur Vollstreckung des Urteils, zu überführen waren. Und diese drei oder vier hatten meiner Ansicht Signal gehabt, daß nach Metz der Bahndamm gesprengt war — von der Résistance. Der Zug fuhr ganz langsam — man merkte, der Zug schwankte, die Gleise lagen frei. Die Franzosen haben währenddessen die Bodenplatten des Waggons aufgerissen und sich dazwischen durchfallen lassen — auf den Bahndamm, während der Fahrt. Als wir dann in Saarbrücken angekommen sind, hörten wir auf einmal davon. Sie haben dann bei der Ankunft, beim Aussteigen schon mit Schlägen angefangen. Die ganze Meute von Aufsehern war da und prügelte drauflos. Wir sind auf die Bremm geführt worden, zu Fuß. Den Franzosen aber ist die Bremm und mehr erspart geblieben."

Jakob Lorscheider berichtet von einer Gruppe sowjetischer Kriegsgefangener, einer ganzen Flakbesatzung, die ins Lager Neue Bremm eingeliefert wurde. Bereits in den Berichten französischer Häftlinge ist die Rede davon, daß sowjetische Kriegsgefangene zu Wehrmachtshilfsdiensten herangezogen wurden. Diese Flakbesatzung, die in der Nähe der Burbacher Hütte postiert war, wurde zur Strafe ins Lager Neue Bremm gebracht, weil sie sich den Anweisungen widersetzt hatten. Auch die Anwesenheit von Italienern, Badoglio-Soldaten, die anfangs im Zwangsarbeiterlager Gersweiler untergebracht waren, kann er bestätigen.

Nachdem in einer sowjetischen Zeitung ein Bericht von Inge Plettenberg zur Wiederentdeckung der Gestapozelle im Saarbrücker Schloß veröffentlicht wurde, war kurz darauf in der „Sowjetfrau" Nr. 5/76 der Erlebnisbericht des ehemaligen Häftlings B e s k o r o w a i n y zu lesen:

„Ich will Ihnen kurz meinen Alltag im Konzentrationslager Saar schildern. Am 9. Juni 1943 wurde ich von den Nazis festgenommen und nach Deutschland verfrachtet. Zur gleichen Zeit nahmen sie aus Berestiwez 32 Mann. Zwölf schickten sie ins Saargebiet in die Gruben. Am 14. Juni 1943 brachten sie uns zur Grube Heinitz. Da waren schon andere sowjetische Jungen und Mädel. Uns packte das Grauen. Gerade war Schichtwechsel, und wir sahen die zerlumpten, ausgemergelten Kumpel. Es war zum Weinen. Wir waren alle noch jung, manche weinten wirklich. Das Konzentrationslager *(gemeint ist das Zwangsarbeiterlager bei Heinitz, Anm. d. Verfassers)* war mitten im Wald. In der ersten Nacht bildeten wir aus drei bis vier Mann Gruppen und brachen aus. Manche wurden gleich wieder eingefangen. Die Hunde rissen mit den Zähnen an ihnen, man hörte herzzerreißendes Schreien. Stephan Nagorny, Andrej Wichristjuk und ich legten in jener Nacht 25 Kilometer zurück. Danach irrten wir zwei Monate lang durch die Wälder. Eines nachts kletterten wir in einen Güterzug mit Heu. Er ging nach Osten, wir dachten, wir kämen wenigstens bis nach Polen. Auf einer Station wurde das Heu ausgeladen; wir konnten nur verschwinden, weil gerade ein Bombenangriff einsetzte. Die Polizei suchte uns aber schon mit Hunden. Sie fing uns ein, setzte uns wieder in den Zug und schickte (uns) ins Saarbrücker Gefängnis. Von da fuhr uns eine schwarze Minna wieder in ein Konzentrationslager. Es war von geladenem Stacheldraht umzäunt und von Hunden bewacht."

Auch wenn es Beskorowainy aus seiner Erinnerung nicht mehr weiß, vielleicht hat er den Namen des Konzentrationslagers auch nie gesagt bekommen — aber es war das KZ Neue Bremm.

„Nach dem Krieg bekam ich viele Anfragen, ob ich nicht einen Bruder, Vater, Sohn oder Großvater getroffen hätte. Was konnte ich den Leuten antworten? Wir waren 34 Tage in der Hölle von Saarbrücken, keiner sagte seinen richtigen Namen. Höchstwahrscheinlich waren auch andere unter fremden Namen da. Viele gingen zugrunde..."

Der inzwischen verstorbene Max W e b e r, Mitglied der KPD, aktiver Gewerkschafter, stammt aus dem Saarland. Er hatte bis 1935 gegen den Anschluß an das faschistische Deutschland gekämpft, wurde deshalb zusammen mit seiner Frau verhaftet, wieder freigelassen — 1944 erneut verhaftet: „Nach dem Putsch am 20. Juli 1944 wurde ich am 23. Juli verhaftet, nach dem Schloßplatz gebracht und am Abend zum KZ Goldene Bremm *(oftmals wurde das KZ auch nach der Bezeichnung des Tales — Goldene Bremm — benannt. Anm. d. Verfasser).* Außer KPD- und SPD-Genossen wurden frühere Zentrumsmitglieder mit verhaftet.

Hier führe ich einige Namen auf:
KPD: Peter Fischer, Stadtrat Saarlouis, später im KZ Dachau; Lina Hesse, Stadtverordnete Saarbrücken. Zentrum: Emanuel Lauer, Amtsgerichtsrat Ottweiler. SPD: Julius Schwarz, Gewerkschaftssekretär, Alter Bergarbeiter Verband; Peter Zimmer, Gewerkschaftssekretär, Alter Bergarbeiter Verband; Peter Michely, Gewerkschaftssekretär, Alter Bergarbeiter Verband; Cebter, 1945 in Ottweiler Bürgermeister. Es waren etwa 40 Personen wie oben, in den Parteien hatten sie früher Funktionen."
In einem Interview sagte Max Weber folgendes: „Nach meiner Schätzung waren wir ungefähr 600 Gefangene — Politische, russische Arbeiter, Eisenbahner aus Frankreich und Bauern aus Lothringen. Deren Söhne waren geflohen und untergetaucht, weil sie nicht beim deutschen Militär dienen wollten. Die Väter haben sie dann verhaftet und nach Neue Bremm gebracht. Gegenüber von uns war eine Baracke mit Frauen. Aber wir konnten nicht richtig rübersehen, und so haben wir auch gar nichts Genaues über sie erfahren können. Später habe ich nur von einer Genossin gehört, daß dort eine Wärterin war, die mit den Frauen unverschämt umgegangen ist. Die hat gar keine Rücksicht auf sie genommen; sie konnten sich da auch nicht richtig waschen ... einmal haben sie 80 Juden gebracht. Die durften nicht gleich in die Baracke, sondern mußten erst einmal draußen bleiben. Auf dem Gelände war ein Löschteich. Da haben sie sich erst einmal hinknien müssen, und dann mußten sie stundenlang auf den Knien um den Teich herumrutschen. Und wenn einer zusammengebrochen ist, haben die Wärter draufgehauen. Das habe ich selber gesehen. Die anderen mußten ihn dann aufheben. Auch die russischen Arbeiter wurden besonders schikaniert..."[7]
Der französische Häftling René M o t t e t berichtet: „Ich wurde gefangengenommen, weil ich nicht am Arbeitsdienst teilgenommen hatte und wir darüber hinaus polnische Offiziere im Widerstand und einen libanesischen Arzt versteckt hielten. Ich selbst wartete auf falsche Papiere. Ich wurde in Lyon festgenommen, wo man mich ganz sicher denunziert hatte."
Der Häftling, der wohl die längste Zeit im Konzentrationslager Neue Bremm interniert war und die Haftzeit überlebte, ist der Saarländer Heinrich B r e n n e r. Ehemals Mitglied und technischer Leiter des RFB (Rotfrontkämpferbund), gehörte er zu denen, die auf der Seite der Republik in Spanien für Freiheit und Demokratie kämpften. Er wurde verwundet. Als Emigrant arbeitete er dann in Frankreich. Um einer Einweisung in ein französisches Lager bei Kriegsbeginn zu entgehen, versuchte er illegal mit falschen Papieren über die Pyrenäen nach Spanien zurückzugelangen. Beim Grenzübertritt wurde er von Gebirgsjägern der faschistischen deutschen Wehrmacht verhaftet. Dies geschah im Juni 1943. Man brachte ihn über Paris nach Trier und von dort nach Saarbrücken. Mit einem Gefangenenwagen fuhr man ihn ins Gefängnis Lerchesflur. Immer wieder wird er in der Folge zum Verhör in die Gestapozentrale im Saarbrücker Schloß transportiert. Von der berüchtigten Gestapozelle im Keller des Schlosses wird noch die

---

7) Bettina Wenke: Interviews mit Überlebenden, Stuttgart 1980, S. 262 f.

Rede sein. *(Vergleiche Horst Bernard: „Acht Tage wurde ich jeden Tag von der Lerchesflur zum Schloß gebracht, und nie hat es etwas zu essen gegeben. Kameraden haben mir ab und zu etwas Suppe hingestellt.")*
Die Fragen der Gestapo konzentrierten sich immer wieder auf die gleichen Punkte: „Wie bist Du nach Spanien gekommen?" und „Wo ist der Schneider-Jule?"
Hier muß eine Erklärung zu der Person Julius S c h n e i d e r s gegeben werden, denn die Frage nach dem 1908 in Schnappach geborenen Bergmann gehörte eine Zeit lang zum Standardrepertoire der Gestapo in Saarbrücken. Er war Mitglied und Funktionär der SAJ und der SP-Saar und aktiv in der Einheitsfront gegen den Anschluß an Hitlerdeutschland. Nach dem 13.1.1935 leistete er illegale antifaschistische Arbeit im Sulzbachtal. Ende 1936 geht er über Frankreich nach Spanien, um dort als Freiwilliger in den Internationalen Brigaden an der Verteidigung der Republik

Julius Schneider

mitzuwirken. Im Tschapajew-Bataillon der XIII. Inter-Brigade wird er Kompanie-Politkommissar im Range eines Hauptmannes, später Offiziersschüler. Nach Auflösung der Inter-Brigaden schlägt er sich in Paris und Troyes als Haushaltshilfe durch. 1942 wird Julius unter dem Decknamen Georges Pierron Commandant (Major) und militärischer Abschnittsleiter der Armée Secrète (Untergrundarmee der französischen Widerstandsbewegung) im Département Basses-Alpes. 1944 wird er als Beauftragter des Nationalkomitees „Freies Deutschland" für den Westen tätig. So gesehen lag es wohl im Ehrgeiz jedes Gestapomannes, in seinen Verhören etwas über den Verbleib einer solchen Schlüsselfigur des antifaschistischen Widerstandes zu erfahren. Heinrich Brenner machte jedoch nur Aussagen zu seiner eigenen Person. So kam er dann auf die Neue Bremm, sein Fuß war immer noch nicht verheilt und eiterte; was in der Folge zum Verlust des Fußes führte. Acht Monate verbrachte er im Konzentrationslager Neue Bremm, um dann ebenfalls in andere Lager transportiert zu werden. Die folgenden Dokumente belegen den Weg seiner Verfolgung, wie er von den Alliierten und später von der Regierung des Saarlandes zum Zwecke der Wiedergutmachung festgehalten wurde. Unter diesen Dokumenten befindet sich auch die Abschrift seines „Schutzhaftbefehles" von 1944.
Aussagen des ehemaligen Häftlinge Jacques L e c l e r c :
„Am 27. August 1944, frühmorgens, schließen sich die Tore des Lagers Neue Bremm wieder hinter zwei dem Anschein nach harmlosen Lastwagen, die den Namenszug eines Möbeltransportgeschäftes in Metz tragen. Heraus steigen SS-Leute. Ein kurzer Befehl — und die SS-Lagerwachen klettern an deren Stelle in den Wagen. Die etwa 60 Franzosen im Innern springen im Rhythmus der abwechselnd mit Gummiknüppeln und Gewehrkolben verabreichten Schläge. Woher kommen Sie? Aus Paris, wo sie am 25. August

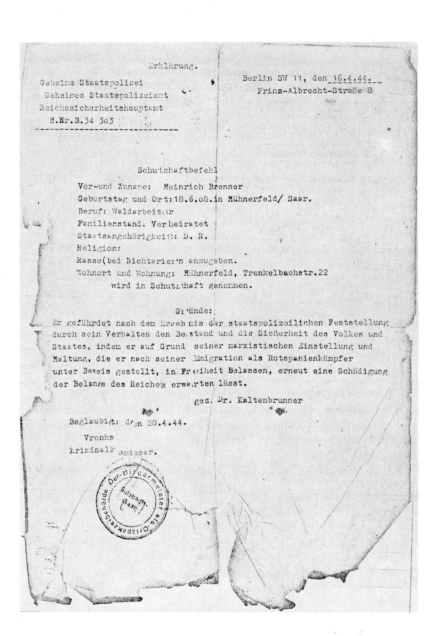

Erklärung.

Geheime Staatspolizei
Geheimes Staatspolizeiamt
Reichssicherheitshauptamt
H.Nr.B.34 303

Berlin SW 11, den 16.4.44.
Prinz-Albrecht-Straße 8

Schutzhaftbefehl

Vor-und Zuname: Heinrich Brenner
Geburtstag und Ort: 18.6.08.in Hühnerfeld/ Saar.
Beruf: Waldarbeiter
Familienstand. Verheiratet
Staatsangehörigkeit: D. R.
Religion:
Rasse(bei Nichtariern anzugeben.
Wohnort und Wohnung: Hühnerfeld, Trenkelbachstr.22
wird in Schutzhaft genommen.

Gründe:
Er gefährdet nach dem Ergebnis der staatspolizeilichen Feststellung durch sein Verhalten den Bestand und die Sicherheit des Volkes und Staates, indem er auf Grund seiner marxistischen Einstellung und Haltung, die er nach seiner Emigration als Rotspanienkämpfer unter Beweis gestellt, in Freiheit belassen, erneut eine Schädigung der Belange des Reiches erwarten lässt.

gez. Dr. Kaltenbrunner

Beglaubigt: den 28.4.44.
Vronhs
Kriminalkommissar.

Schutzhaftbefehl gegen Heinrich Brenner

MILITARY GOVERNMENT OF GERMANY MG/PS/G/14

Fragebogen für Insasser der Konzentrationslager

CONCENTRATION CAMP INMATES QUESTIONNAIRE

Name des Konzentrationslagers Dachau
Name of Concentration Camp

Datum 14. 5. 45
Date

Ort Dachau
Location

Name des Lagerinsassen Bronner   Heinrich
Name of Inmate   Zuname   Vorname
                         Last   First   Initial

Geschlecht male
Sex

Geburtsdatum 18. 6. 1908
Date of Birth

Staatsangehörigkeit Germany
Nationality

Glaubensbekenntnis no religion
Religion

Wohnungsanschrift Hühnerfeld (Saar)
Home Address

Beruf Ing.
Occupation

Datum der Verhaftung 18. 6. 1943
Date of Arrest

Durch wen pol. of frontier
By whom

Ort der Verhaftung Pyrenäen (Spain)
Place of Arrest

Grund für Verhaftung attempt of high treason, illegal crossing the frontier
Reason for Arrest

Anklage erhoben yes
Charges Made

Erkennendes Gericht Landesgericht Saarbrücken
Court Trying Case

Namen der Richter ----
Names of Judges

Urteil ----
Sentence

Wo in Haft gewesen und wie lange Aug. 943 - March 1944: Saarbrücken, Kießlau
Place of Detention Giving Dates   March 1944 - April 1945: K.L. Saarbrücken, Dachau

Einzelheiten betreffend die Haft, im besonderen etwaige grausame Behandlung und Zeit derselben, Gründe hierfür und die Namen der Täter, falls bekannt:
Give particulars of confinement including any inhumane treatment with dates, reasons and names of perpetrators, if known:

Stellungen, die Sie während der Haft hatten:
Positions held during confinement:

Haben Sie jemals der NSDAP, deren Gliederungen, angeschlossenen Verbänden oder betreuten Organisationen angehört?
Have you ever belonged to the Nazi Party or any of its affiliated or subordinate organizations?

Falls ja, geben Sie die Organisationen, die Zeit der Mitgliedschaft und die von Ihnen bekleideten Ämter an
If so, list Organizations, dates of membership and positions held:

bitte wenden - Please turn

Fragebogen der Militärregierung

Geben Sie Ihre Militärdienstzeit unter Angabe der Organisationen, Daten und des Dienstranges an
List periods of military service giving organizations and dates as well as ranks held:

Geben Sie Tatsachen an, die Ihre etwaige Gegnerschaft gegen die Nationalsozialisten erkennen lassen sowie diesbezügliche Tätigkeiten:
List any facts indicating anti-Nazi attitude or activities:

I served in the red Spain-army

Geben Sie Ihre Beschäftigung durch Regierungs- und NSDAP-Behörden einschließlich die Art der Beschäftigung und wie Sie diese Anstellung erhalten:
List any employment by governmental or Nazi Party agencies, giving nature of duties and method of appointment:

Waren Sie vom Militärdienst zurückgestellt?
Were you deferred from military service?

Wann? Warum?
When? Why?

Sind Sie jemals wegen einer strafbaren Handlung verurteilt worden? **yes**
Were you ever convicted of any criminal offense?

Falls ja, geben Sie hier in jedem einzelnen Fall Datum, Gericht, Urteil, die strafbare Handlung und das Datum der Haftentlassung:
If so, give date, court, setence, offense and date of release in each case:

1935, 20 days, distribution of broad-sheets
1935, 9 months, resistance against the state's authorities

Wohin beabsichtigen Sie zu gehen, falls Sie aus der Haft entlassen werden?
If released from detention, where do you intend to go?

Hühnerfeld (Saar)

Geben Sie die Namen und die Anschriften dreier vertrauenswürdiger Personen an, die in dem Orte wohnen, wohin Sie gehen wollen und die für Sie bürgen können:
Give names and addresses, if known, of three reliable persons living in the locality where you intend to go, who can vouch for you:

1. Julius Kneller, Hühnerfeld, Ziegelstr.
2. Eduard Schneider, "
3. Johann Hampel, " Trenkelbachstr. 8

Gezeichnet sgd. Brenner Heinrich.
Signed

Entscheidung des Ausschusses Release
Decision of the Board

Urlaubskarten ausgehändigt
Stadternährungsamt Heidelberg
5.6.45 & 6.45

Endgültige Verfügung betreffend den Lagerinsassen
Final disposal of inmate

Gezeichnet Vorsitzender des Ausschusses
Signed   Presiding Officer of Board
            Captain AUS
                              Datum 24. Mai 1945
Rang   Waffengattung   Date
Rank   Branch

AUSSCHUSS
BOARD   Name

        P. Goormaghtigh Major SAAR
        Rank   Branch

        Name   Rank   Branch

Thomas A. Emmet
        Name   Rank   Special Agent CIC
                         Branch

vom 14 Mai 1945

Regierung des Saarlandes
Ministerium des Innern
Wiedergutmachung politischer Schäden

Tgb.-Nr. 727 II/5 R/E

Saarbrücken, den 13.4. 1948

1. An Herrn/~~Frau~~
Heinrich B r e n n e r

in Hühnerfeld/Saar

Grühlingstr. 60

Gegen Postzustellungsurkunde!

Feststellungsbescheid

Auf Grund des § 2, Absatz 3, der Rechtsanordnung über die vorläufige Versorgung der Opfer des Nationalsozialismus vom 25. April 1947 (ABl. der Verwaltungskommission des Saarlandes vom 20. Juni 1947, Nr. 29)

wird Herr Heinrich B r e n n e r

geboren am: 18.6.1908 in Hühnerfeld

wohnhaft: Hühnerfeld Straße Grühlingstr. 60

als Opfer des Nationalsozialismus vorläufig — ~~nicht~~ anerkannt.

Gründe:

Der Antragsteller, Saarländer durch Geburt, war Mitglied der Kommunistischen Partei. Nach der Saarabstimmung emigrierte er nach Frankreich. In Spanien kämpfte er als Freiwilliger in den Reihen der Internationalen Brigade. Bei den Kämpfen um Teruel erlitt der Antragsteller ein Kriegsverletzung, die die Amputation des linken Fusses zur Folge hatte. Nach Frankreich zurückgekehrt wurde er im Juni 1943 verhaftet und über die Konzentrationslager Goldene Bremm, Kislau nach Dachau verbracht. Die Befreiung erfolgte im Juni 1945 durch alliierte Truppen. Die Angaben sind durch Urkunden glaubhaft nachgewiesen.

Da die Verbüssung der Schutzhaft in den verschiedenen Konzentrationslagern eine rein politische Angelegenheit war, hat die Kommission gemäss § 1, Ziffer 1 der Rechtsanordnung vom 25.4.1947 einstimmig die Anerkennung ausgesprochen.

Gegen die Entscheidung kann innerhalb zweier Wochen, vom Tage der Zustellung ab gerechnet, Klage beim Verwaltungsgerichtshof des Saarlandes erhoben werden.

I. V.
(Kunkel)
Ministerialdirektor

Heinrich Brenner: 1948 als Opfer des Nationalsozialismus anerkannt

1944 festgenommen worden waren, einer von ihnen, nachdem er vor der Oper noch die Truppen von Leclerc)* gesehen hatte. Aus Perreux, Maltournée, ein dutzend Zivilisten und Feuerwehrleute aus Paris, die in der Kaserne von Fontenay-sous-bois einquartiert waren; einer — er hatte nach der Uhrzeit gefragt — wird sofort erschlagen. Ein anderer — ein Unteroffizier — erhält eine Maschinengewehrsalve in den Bauch, er starb später auf dem Weg nach Metz. Schließlich, als Milizsoldaten verkleidet, die 27 Überlebenden der einst 300köpfigen Gruppe Hildevergert; Männer, die es noch nicht fassen können, gefangen zu sein. Alle werden zunächst in Neuilly-Sur-Marne, dann in Meaux umgeladen."

„ Der Tag beginnt sehr früh..."

Tagesablauf und Arbeit im Konzentrationslager Neue Bremm

War das Konzentrationslager Neue Bremm ein Arbeitslager? Die Antworten, die die ehemaligen Häftlinge in ihren Erlebnisberichten auf diese Frage geben, sind sehr unterschiedlich. Das hängt sicherlich damit zusammen, daß verschiedene Gruppen von Häftlingen auch unterschiedlich behandelt wurden. Jakob Weiskircher gab zum Beispiel folgende Antwort: „Ich kam nicht aufs Arbeitskommando; als Saarländer bestand bei mir Fluchtefahr, ich erhielt eine Einzelbehandlung mit Stacheldraht vor den Fenstern."
Saarländer und andere „fluchtgefährdete" Häftlinge wurden offensichtlich hauptsächlich im Lager selbst und beim Bau des Frauenlagers auf der anderen Straßenseite beschäftigt. Anders diejenigen Häftlinge, die aus Zwangsarbeiterlagern vorübergehend auf die Neue Bremm „strafversetzt" worden waren. Aus ihnen bildete man Arbeitskommandos, zu Max Webers Zeit sogar die einzigen im Lager. Er erinnert sich: „Nein, Arbeit haben wir keine bekommen, nur die Russen. Die haben außerhalb des Lagers gearbeitet, in verschiedenen Betrieben und auf dem Bau, wie ich später erfahren habe. Die wurden von Extra-Wachleuten bewacht, viele waren Wächter aus dem Bergbau. Die haben die Russen morgens geholt und abends dann wieder ins Lager gebracht."[8]
Aber die Arbeit war nicht die eigentliche Strafe, denn das waren diese Unglücklichen ja aus ihrem Zwangsarbeiterdasein gewohnt. Nein, ihre eigent-

---

*) Es handelt sich hierbei natürlich nicht um den berichtenden ehemaligen Häftling selbst, sondern um den General Leclerc, einen der führenden französischen Militärs bei der Befreiung von Paris am 25.8.1944

8) Bettina Wenke, Interviews mit Überlebenden, Seite 265

liche Strafe bestand in der „Sonderbehandlung", in den stundenlangen Freiübungen, in der Ernährung.
Roger V a n o v e r m e i r beschreibt ihr Schicksal: „Aber sie *(die N.N.-Häftlinge, Anm. d. Verf.)* waren nicht die einzigen Internierten in diesem Lager Neue Bremm, das auch die Bestimmung eines Polizeilagers für das Saarland hatte; diese Art von Lagern gab es in allen Gebieten Deutschlands. Hier fand man vor allem Zwangsarbeiter und Kriegsgefangene, die bei der Flucht wieder aufgegriffen worden waren ... oder verschiedene 'Straftaten' begangen hatten: mangelnder Arbeitseifer, Schwarzmarkt, Verlassen des Gebiets, in dem es ihnen erlaubt war, sich zu bewegen, Sabotage, antideutsche Propaganda... Die Höchstdauer des Aufenthaltes hier betrug — so sagte man — acht Wochen, nach denen die schlimmsten Fälle in ein Gefängnis oder Konzentrationslager kamen. Aber die Mehrzahl wurde 'befreit', d.h. sie wurden nach einigen Wochen in ihr früheres Arbeitslager zurückgeschickt ... und waren dort, abgemagert und mit Spuren von Schlägen am ganzen Körper, ihren Kollegen ein Beispiel für die Behandlung, die den 'Starrköpfen' blühte. Es war unnötig, noch etwas hinzuzuerfinden, um diese Furcht zu schüren. Die nackte Wahrheit genügte..."

Wenn andere Häftlinge schreiben, daß zu ihrer Zeit keine Arbeitskommandos in die Stadt geschickt wurden (Marcel Saussard: „Es war kein Arbeitslager..."), so ist das wohl auch darauf zurückzuführen, daß nicht zu jeder Zeit entsprechende Anforderungen von den dort ansässigen Betrieben kamen.

Aber ob die Lagerinsassen nun arbeiten mußten oder nicht, der Tag begann für alle gleich. Roger Vanovermeir schildert den Tagesbeginn: „Wir mußten um 4.30 Uhr aufstehen, aber da es weder Wecker noch ein Wecksignal gab, kündigte uns das Öffnen der Stubentür an, daß es soweit war. Oft organisierten wir eine Wachrunde, die die diesem Wecken vorausgehenden Geräusche anzeigen sollte ... andernfalls kamen die Gummiknüppel und Reitpeitschen ins Spiel. Wir mußten dann mit nacktem Oberkörper warten, bis etwa 400 Gefangene in Gruppen von 16 (die Zahl der existierenden Waschbecken) vom Waschen gekommen waren."

„Der Tag beginnt sehr früh, 5.30 Uhr etwa aufstehen, waschen ohne Seife mit kaltem Wasser, kein Handtuch, unser Hemd genügt, um uns abzutrocknen. Schwarzer Kaffee und eine kleine Scheibe Brot." (René Mérard)

„Im Normalfall 4 Uhr bis 4.30 Uhr Wecken, Waschen, Morgenappell. Da wurden die Arbeitskommandos zusammengestellt, die einzelnen Gruppen mit ihren Kommandoführern." (Jakob Weiskircher)

Hier also teilten sich die Wege der Lagerinsassen. Welches Los war wohl schlimmer — die Arbeit auf den Kommandos oder der „Sport" und die anderen Quälereien im Lager ? Uns ist es nicht gelungen, auf diese Frage eine Antwort zu finden. Aus den folgenden Berichten möge sich jeder selbst ein Urteil bilden. Zunächst Schilderungen eines Tagesablaufs der im Lager Zurückgebliebenen:

„Was uns betrifft, hier unser tägliches Programm während dieser drei schier nicht endenwollenden Wochen: Um 5 Uhr wecken, blitzschneller Lauf zu den Waschbecken, Zeit, sich bis zur Taille mit Wasser zu benetzen. Dann raus zum Appell. Normalfall: zwei Stunden strammstehen. Nach dem Appell hieß es: auf zum Zirkus um das Becken, das zu diesem Zeitpunkt völlig zugefroren war. In Fünferreihen marschieren, im Schnee, im Schlamm, im Regen. Wenn sich das Tempo verlangsamt, eine gymnastische Einlage: Entengang, Kriechen, Laufschritt, hinlegen – aufstehen – hinlegen – aufstehen unter dem hysterischen Brüllen der Kapos und der SSler, die auf die Menge einschlagen, erfrorene Hände unter ihren Stiefeln zerbrechen, uns an die Beine und in die Seiten treten und mit Gummiknüppeln unsere Schädel und Rücken traktieren. Nach einer halben Stunde müssen wir uns wieder in Kolonnen aufstellen und im Gleichschritt marschieren, marschieren. Eine halbe Stunde Mittagspause für die Suppe, eine übelriechende Kohl- und Rübenbrühe. Dann geht es wieder um das Becken bis 7 Uhr abends, die Zeit, um die die Arbeiter von auswärts zurückkommen und der Abendappell stattfindet. Alles in allem also elf Stunden Marschieren, nur unterbrochen von Laufschritt und noch ermüdenderen Übungen. Der Abendappell. Der längste. Wie immer wollen die SS-ler nicht zählen können. Alles ist willkommen, um die Qual des Stehens zu verlängern. Wenn ein Kamerad vor Erschöpfung zusammenbricht, fällt sofort der Kapo Molotov mit seinem Knüppel und den Fußtritten einer mageren Bestie über ihn her. Wenn nicht er, dann der finstere und schwere Drokur. Gegen zehn Uhr endlich bekommen wir das Brot und die Abendsuppe, bevor wir in unsere Baracken gesperrt werden. Das ist die einzige Atempause, während der man sich ein wenig unterhalten, sich gegenseitig Mut zusprechen kann, aber alle sind völlig erschöpft und rollen sich nur noch auf ihren Pritschen zusammen. Endlich im Trockenen und fast Warmen." (André Laithier)[9]

Marcel L e g e r : „Im Lager Neue Bremm wurde um 5 Uhr geweckt, dann ging's im Laufschritt zu den Waschbecken, danach hieß es beim Appell zwei Stunden 'Stillgestanden'. Danach mußten wir uns für den Sport rund um das Becken in Gang setzen, die ganze Zeit laufen, laufen, Gymnastik, hinlegen, aufstehen; und das, während die SS-ler rumbrüllten und blind in die Menge schlugen. Eine halbe Stunde Mittagspause, jetzt gab es die widerliche Suppe, einen wässrigen Aufguß aus Steckrüben und Weißkohl, dann wieder bis sieben Uhr abends um das Becken laufen, langer Abendappell, jeden Abend verlängerten die SS-ler die Qualen des Stehens."

Jakob Weiskircher gehörte auch zu den im Lager verbliebenen Häftlingen. Er erzählte im Interview: „Wenn die Arbeitskommandos raus waren, mußten wir anderen antreten, Oberkörper nackt (im Winter!), und dann hat es geheißen: 'Jetzt marschieren wir um den Tümpel herum!' Und dann: 'Was, ihr wollt nicht marschieren? Das wollen wir mal sehen!' und dann ist das im Galopp gegangen und dann: 'Was, ihr wollt auch noch nicht laufen?', und dann kam das systematische Schikanieren. Da ging das los mit dem Ochsenziemer, mit Schläuchen, und was die sonst so hatten. Und dann mußte man immer schneller laufen; und wer nicht laufen wollte oder konnte, wurde

---

[9] Bernadac Christian, Des Jours sans Fin, S. 30/31

geschlagen, bis er liegenblieb. Einen jungen Franzosen von sechzehn, siebzehn Jahren haben sie so getrieben, daß er an Schwindsucht kaputtgegangen ist. Regelrecht zu Tode gejagt."
Aber nicht alle, die im Lager blieben, trieben elf Stunden lang ununterbrochen „Sport". Einige wurden zu Arbeiten im Lager herangezogen. Diese — zum Teil sehr beliebten — Arbeiten waren in der Regel leicht im Verhältnis zum sonstigen Lagerleben und boten die Möglichkeit, sich selbst und den Kameraden einige kleine Vorteile zu verschaffen.
François C u n y : „Ich für meinen Teil wußte mir zu helfen und wurde dem Küchenschäldienst zugeteilt, nachdem ich mir von einem Franzosen aus meinem Transport hatte erklären lassen, wie man sich benehmen muß, um das zu erreichen."
Pierre V e r d u m o : „Hinter einer Baracke am Feldrand war ein Kaninchenstall. Die SS-ler züchteten Hasen. Ausgerechnet einer der Brüder Grenat, von denen ich noch schreiben werde, war damit betraut, sie zu füttern und den Stall auszumisten. Wie oft brachte er uns trockenes Brot oder Weizenbzw. Gerstenkörner mit, die er zurückbehalten hatte."
Auch in der Schreibstube wurden Häftlinge beschäftigt: „Der Zeuge war als Hilfsschreiber im Lagerbüro beschäftigt. Da er als Hilfsschreiber mehr Bewegungsfreiheit hatte, konnte er genaue Beobachtungen machen...", schreibt die NSZ vom 30. Mai 1946 über Hans Helmer, der als Zeuge im Rastatter Prozeß aussagte.
Auch die Schneiderarbeit wurde als leicht empfunden *(siehe Kapitel Frauenlager)*; Roger Vanovermeir schreibt: „Der Zufall wollte es, daß ich hier als Schreiner beschäftigt wurde *(Ausbesserungen und Aufbau des Lagers, Anm. d. Verf.)*, was mir erlaubte, Zugang zu den verschiedenen Örtlichkeiten und bestimmte Informationen zu bekommen."
Ganz anders die Arbeit auf dem Feld, das um das Lager herumlag. Sie war eine Strafe.
Pierre M i g m o m : „Noch eine Erinnerung. Mein Kamerad Charles Beaugertuis (einer der Kameraden, die mit mir verhaftet wurden) wurde vor einen Pflug gespannt, um das Feld außerhalb des Lagers zu pflügen. Sie waren etwa zu zehnt eingespannt. Der alte SD-ler, der sie mit Gewehrkolbenschlägen antrieb, wurde 'Der Priem' genannt. Mit leerem Bauch war das eine mörderische Arbeit."
Lucien M o n o t t e : „Da es im Lager keinen Arbeitsdienst gab, wurden wir zu den verschiedensten Frondiensten in der Stadt und auf den umliegenden Feldern herangezogen."
„Von Molotov, einem großen, mageren Teufel, war ich gemeinsam mit zwei anderen Häftlingen vor einen Pflug gespannt worden, mit dem wir ein Feld bearbeiten mußten. Es lag hinter der 'Stube' *(Lagerbüro – d. Übers.)* wo sich die Aborte und der Hasenstall befanden. Diese Arbeit verrichteten wir mehrere Tage hintereinander." (Pierre Verdumo)
Auch Jean C o u r d o u x bestätigt in einem Telefoninterview: „Die Gefangenen liefen um das Becken oder mußten, zu acht vor einen Pflug gespannt, Felder bearbeiten."

Und dann der Bau des Frauenlagers. Pierre de F r o m e n t war daran beteiligt und erinnert sich: ,,Der Appell. Wir müssen alle siebzig von 4.30 Uhr bis 7 Uhr völlig sinnlos draußen stehen. Schließlich werden die Arbeitskommandos zusammengestellt. Die Kranken und die Ältesten bleiben im Lager und müssen dort für Sauberkeit sorgen, andere gehen auf den Kartoffelacker; der Rest, zu dem auch ich gehöre, wird beim Bau des Lagers auf der anderen Seite der Straße nach Spichern benötigt. Erdarbeiten müssen verrichtet werden. Schippe — Hacke — Schubkarren; oder Beton mischen unter den bösen Blicken und manchmal auch Schlägen einiger SS-ler und dem Gezeter eines deutschen Baustellenleiters bisher nicht gekannter Bosheit, der schon um zehn Uhr morgens halb betrunken war. Mittags — die erste Pause. Wir gehen wieder ins Lager zurück, um unsere Suppe zu uns zu nehmen. Sofort danach geht die Plackerei wieder weiter, immer noch unter sengender Sonne. Gegen 17.30 Uhr ist es zum Glück geschafft. Wir räumen hastig die Werkzeuge zusammen und kehren nach dem Überqueren der Straße in unser Zuchthaus zurück... 15 Sekunden am Waschbecken, die Abendsuppe mit einer Brotscheibe und der Appell, dem sich die Einteilung der Kommandos für den nächsten Tag anschließt, von 18 Uhr bis ca. 21.30 Uhr. Im Laufe dieser Versammlung müssen die 'Bestraften' fast eine Stunde lang unter Schlägen im Entengang um das Becken laufen. Um 22.30 Uhr ein weiterer Appell im Block und ab 23 Uhr Nachtruhe."[10]

Derselbe ehemalige Lagerinsasse gehörte aber auch einmal zu der Gruppe, die für die Sauberkeit im Lager zuständig war. Er schreibt: ,,Wir müssen im Hof alle Steine, die größer als ein Taubenei sind, und alle Papierschnitzel aufheben. Und dann mit der Hand Halm für Halm das Unkraut um die Baracken und vor dem Stacheldrahtzaun ausrupfen. Das wird wenigstens nicht so hart, das Schlimmste ist, daß uns die Sonne erbarmungslos auf die rasierten Schädel knallt."

Schließlich zu den Arbeitskommandos, zur Frage, was es für Arbeiter waren, die die Kommandos ausführten: ,,Diese Arbeitskommandos waren in Saarbrücken, hauptsächlich in den Fabriken zur Kriegsmaterialherstellung, in der saarländischen Industrie. An Erhardt & Sehmer erinnere ich mich noch. Das Wachpersonal war mobil. Die kamen morgens, haben ihre Leute abgeholt, sind ab bis abends. Sie haben alle zwölf Stunden gearbeitet und abends kamen sie wieder zurück." (Jakob Weiskircher)

François C u n y erinnert sich, daß die Kommandos, die das Lager verließen, ihre Mittagssuppe mitnahmen und diejenigen, die im Lager blieben — denn nicht alle arbeiteten — sie mittags im Lager erhielten.

Edmond M i c h e l e t arbeitete in der Grube. Er schreibt: ,,Wir trugen noch unsere eigene Kleidung, die, die wir seit dem Tag unserer Verhaftung anhaben, und die uns auch ins Gefängnis *(die Neue Bremm, d. Übers.)* begleitet hat. Ohne unsere rasierten Schädel — und vom Charakter unserer Begleitmannschaft einmal abgesehen — hätte man uns auf den Saarbrücker

10) Bernadac Christian, Des Jours sans Fin, S. 40

Straßen, durch die wir in aller Herrgottsfrühe auf dem Weg zur Grube liefen, für einige Straffällige halten können, die in der vorhergehenden Nacht bei einer normalen Polizeirazzia gefaßt worden waren... In der Grube mußten wir Steine räumen. Wir hatten das Schlimmste befürchtet – so erscheint uns die Arbeit nicht übermenschlich schwer. Die SS-ler sind nicht genug, um uns alle überwachen zu können, und sobald der uns zugeteilte uns den Rücken zuwendet, verausgaben wir uns nicht unnötig. Wir führen sogar endlose Gespräche. Wir stellen tausend Spekulationen über unser weiteres Schicksal an und wissen nicht, daß wir sehr bald weit voneinander weggerissen werden. Freundschaften bahnen sich an. So traf ich in dieser Saarbrücker Grube täglich Jean Dopchie, einen belgischen Kameraden, dessen Andenken für immer in meinem Gedächtnis eingegraben ist."[11]

Pierre de F r o m e n t empfand die Arbeit auf den Kommandos als härter: „Die zwei Suppen täglich sind gut, aber die Brotration, 200 g, die mit der Suppe die gesamte Tagesnahrung bildet, ist zu gering, um vorzuhalten, um so mehr, als die Arbeit sehr schwer ist: Erdarbeiten und Betonieren im neuen Lager, Feldarbeit (das beste), Bauarbeiten in Saarbrücken, selbst auf Bunkerbaustellen, Waggons mit Kohle oder Steinen entladen, Bauarbeiten in den umliegenden Fabriken; unsere Kräfte schwinden von Tag zu Tag mehr und ein schrecklicher Hunger wütet die ganze Zeit in unseren Gedärmen."[12]

Doch, das Lager Neue Bremm war auch ein Arbeitslager; und es ist bezeichnend dafür, daß in der gesamten Prozeßberichterstattung diese Tatsache und die Namen derjenigen, die den Profit aus dieser Arbeit zogen, nicht einmal erwähnt wurden.

„Die Hasen haben gute Kohlblätter"

Unter der Zwischenüberschrift „Wie die Saarbrücker Gestapo für ihre Feste sorgte" dokumentiert die NSZ* vom 30. Mai 1946 folgende im Rastatter Prozeß gemachte Zeugenaussage: „Der Zeuge schildert dann ausführlich, wie den ankommenden ausländischen Häftlingen alle Wertsachen und Pakete mit Eßwaren, sowie Schokolade, Zigaretten und andere Genußmittel abgenommen wurden. Hierbei erwähnt er, daß einmal an einem besonders lebhaften Einlieferungstag in seiner Gegenwart durch die Gestapo-Hauptstelle am Schloßplatz telefonisch im Lager angefragt wurde, wieviel Rote-Kreuz-Pakete diesen Häftlingen abgenommen worden wären. Der Angeklagte Arnold habe ihm daraufhin heimlich zugeflüstert: 'Die feiern heute abend ein Fest, dafür brauchen sie diese Sachen.' Direkte Beweise für die Unehrlichkeit des Lagerverwalters Weiß hat der Zeuge nicht, wohl aber habe er oftmals beobachtet, wie Weiß mit gefüllter Aktentasche das Lager verließ. Die gleiche Beobachtung habe er auch bei vielen anderen Lagerangestellten gemacht und ebenso bei Leuten, die dort sonstwie dienstlich zu tun hatten oder zu den Wachleuten zu Besuch kamen."

* NSZ = Neue Saarbrücker Zeitung
11) Michelet Edmond, Rue de la Liberté, 1955, S. 57/58
12) Bernadac Christian, Des Jours sans Fin, S. 41

René M é r a r d berichtet aus eigenem Erleben: „Bei der Abfahrt in Compiègne hatte jeder ein Rot-Kreuz-Paket von 3 bis 5 kg mit Lebensmitteln erhalten, sie hatten an alles gedacht. Während der Reise war das Abteil überheizt, wir saßen mit bloßem Oberkörper da, hatten Durst, aber keinen Hunger. Die Pakete sind so vollständig im Lager Neue Bremm angekommen, nur wenige Kameraden hatten teilweise etwas davon gehabt." Die anderen sollten auch später nichts mehr davon bekommen, denn „Die Rot-Kreuz-Päckchen, die wir während der Reise so sorgsam gehütet hatten, wurden uns abgenommen." (Susanne Orts)
Doch damit nicht genug: „Wir müssen unter Zwang auch noch eine Einverständniserklärung dafür unterschreiben, das ist wirklich der Gipfel!" (Susanne O r t s) Nur in einem Fall ist bekannt, daß die eigentlichen Besitzer der Päckchen je wieder etwas von deren Inhalt zu essen bekamen. Doch dazu später.
Vorenthalten wurden den Häftlingen jedoch nicht nur die Rot-Kreuz-Pakete, sondern ein Großteil der gesamten für sie vorgesehenen Verpflegung. Dazu heißt es in der NSZ vom 18.5.1946: „Von den vorgesehenen Verpflegungszuteilungen wurden im Lager zwei Drittel aller Lebensmittel unterschlagen, so daß die Häftlinge einer regelrechten Hungersnot ausgesetzt waren." Kein Wunder also, daß das Lager Neue Bremm dafür berüchtigt wurde, daß die Lagerinsassen hier wenig zu essen bekamen. So existieren Aufnahmelisten in anderen Konzentrationslagern, in denen Zugänge von der Neuen Bremm mit dem Vermerk „auffallend unterernährt" versehen sind.

Frage: „Was bekamt Ihr zu essen?"
J. Lorscheider: „Weniger als in Dachau. Pellkartoffeln, Steckrüben, viele Kartoffelschalen gekocht unter die Steckrüben gemischt. Jeder hatte ein kleines Netz mit Kartoffeln. Es war alles zu wenig. Die Russen haben noch weniger bekommen, hauptsächlich Kartoffelschalen."
H. Brenner: „Das Essen war zum Kotzen. Rote Rüben, die schwarz und trocken waren, durch den Wolf gedreht. Davon zwei Schöpfkellen voll für jeden. Das hat gestunken bis nach Saarbrücken runter."
„Eine scheußlich versalzene Suppe aus Brennesseln oder Kohl — das ist unsere Tagesmahlzeit, dazu eine Scheibe Schwarzbrot oder Brot aus mir unbekannten Getreidesorten, nicht ein Glas Wasser, das ist hart!" (Lucie M o r i c e)
Louis M i g u e t erinnert sich an die erste Mahlzeit im Lager: „Einige erhalten eine Art Teller aus den Kochgeschirren von 14-18, rund, mit einem etwa zwei Zentimeter hohen Rand. Er wird mit einer gelblichen Flüssigkeit gefüllt, Kochwasser von verwelkten Kohlblättern. Ich bekomme ein Blatt, der bestbediente zwei. Nicht die Spur irgendeines Fettes, wir zählten die Löffel: 43 für die Glücklichsten. Das wird bis zum Abend alles sein. Ein Blick auf die Hasenställe an der Küche: Sie — die Hasen — haben gute Kohlblätter, grün und gesund. Zweifellos essen wir das, was sie ihnen nicht geben wollten." Später wird diese Annahme in Rastatt vor Gericht durch den Zeugen Henri Garoute aus Marseille bestätigt: „Er war aushilfsweise in der Küche beschäftigt und erklärt bezeichnenderweise, daß von dem zur Verfügung

gestellten Kohl die besten Blätter in das Essen für die SS-Mannschaft kamen, die weniger guten Blätter an die von den SS-Leuten gehaltenen Stallhasen verfüttert wurden, und der bereits angefaulte Rest des Kohls in die Wassersuppe für die Häftlinge getan wurde." (NSZ, 23.05.46)

Louis Miguet weiter: „Mit einer Ausnahme, auf die ich später zurückkomme, waren alle Mahlzeiten die Wiederholung dieser einen. Keiner von uns erhielt je 45 Löffel dieser 'Bouillon' oder fand darin auch nur die Spur eines Kartoffelstückchens. Morgens: Eine Schüssel voll Kaffee, unnötig darüber zu sprechen, alle Deportierten wissen worum es geht, dazu ein Stückchen Brot, nicht ganz zwei Finger dick. Mehrmals haben wir das Gewicht geschätzt: um die 80 g. Das war die beste Mahlzeit des Tages. — Eine außergewöhnliche Suppe, so geht das Gerücht. Wir zögern nicht, schnell hinzulaufen. Es gibt das, was wir aus Compiègne mitbringen konnten oder am Gare de L'Est *(Ostbahnhof in Paris, d. Übers.)* vom Roten Kreuz erhalten hatten: Brotstücke, Lebkuchenkrümel, Sardinen oder Thunfisch aus Konserven, Marmelade. Alles wird mit Kohlblättern in einen Kessel gegeben. Die Suppe wird etwas dicker als sonst. Wir fanden sie köstlich!"

Der Hunger — allgegenwärtig im Lager — muß furchtbar gewesen sein. Der Zeuge Larenaudie aus Toul gibt in Rastatt vor Gericht an, daß er in den 109 Tagen seines Aufenthaltes auf der Neuen Bremm „nicht weniger als 60 Pfund Körpergewicht abgenommen" habe. (NSZ, 23.05.46)

André L a i t h i e r berichtet, daß alle Angehörigen seines Konvois in drei Wochen sechs bis sieben Kilo verloren. Laithier weiter: „Es gab hier noch vier Überlebende eines seit drei Monaten 'vergessenen' Transportes: Arbeiter aus einer Schuhfabrik in Romans (Département Drôme), die in Streik getreten und daraufhin von einem auf den anderen Tag in diese Hölle gebracht worden waren. Alle waren nach dem ersten Monat in Abstand von drei bis vier Tagen gestorben. Übrig blieben diese vier wandelnden Skelette, diese vier 'Muselmänner', von denen wir in der Folgezeit noch mehr zu sehen bekommen sollten. Hier sahen wir aber zum ersten Mal Menschen, die einen solchen Grad von Magerkeit erreicht hatten, abgestumpft durch Müdigkeit, Folter, Hoffnungslosigkeit und Hunger. Die wenigen verbliebenen Fünkchen von Intelligenz in ihren Augen belebten sich nur, wenn die Rede vom Essen war. Arme, kranke, ausgehungerte Tiere!"[13]

Vor diesem Hintergrund ist es nur verständlich, wenn jede Möglichkeit, an zusätzliche Nahrung zu kommen, begierig aufgegriffen wurde. So erinnert sich Bernard Cognet „an eine Begebenheit, wo eine Katze gefunden und roh verschlungen wurde, so schlimm war der Hunger." Dabei ertappt zu werden, konnte allerdings das Leben kosten.

Pierre M i g m o n : „Eine andere Szene, die mich sehr beeindruckte, Martyrium und Tod des Flugkapitäns Lavergne. Da wir furchtbaren Hunger litten, gab Kapitän Lavergne in einem vorübergehenden Zustand der Schwäche seinen Ehering einem in der Küche arbeitenden Jungen, der ihm als Tausch ein Stück Brot gab. (Ich muß hinzufügen, daß Lavergne seinen

---

13) Bernadac Christian, Des Jours sans Fin, S. 42/43

Ehering nur deshalb noch besaß, weil es ihm bis dahin gelungen war, ihn zu verbergen.) Ich habe noch nicht erwähnt, daß unter uns ein fünfzehnjähriger Pole war, ein Freund von Yoaun und Molotov, der Vergnügen daran fand, mit uns wie eine Katze mit einer Maus zu spielen, bevor sie sie tötet.[14] Er war stets darauf erpicht, uns Leid zuzufügen. Dieser junge Pole also, dem nichts entging, hat Lavergne mit seinem Stück Brot überrascht. Sofort machte er Molotov Meldung, der sie wiederum an einen SD-ler weitergab. Es folgte ein Verhör. Dieses fand im Duschraum statt, in dem man einen Tisch — den Martertisch — gebracht hatte. Lavergne gab alles zu, der Küchenhelfer aber wollte seinen bevorzugten Platz nicht verlieren, leugnete und wurde so zum Henker. Der unglückliche Lavergne wurde geschlagen, bis er in einen Koma-Zustand fiel. Als von ihm nichts mehr zu erwarten war, brachten sie ihn auf seine schlechte Pritsche, wo er unter schrecklichen Krämpfen starb. Das war das traurige Ende eines guten Kameraden, dessen Gesicht ich nie vergessen werde. Auch die Jahre wischen die Erinnerungen nicht aus."

Selbst die Essenausgabe wurde noch genutzt, um die ausgehungerten Lagerinsassen zu demütigen und zu quälen.

Marcel S a u s s a r d : „Das Austeilen der Suppe — eine Art von stinkender Brühe, in der manchmal ein Stückchen Kohlrübe schwamm — fand draußen in Form eines gut durchorganisierten Wirrwarrs statt. Im allgemeinen bekamen wir ebensoviele Schläge mit der Schöpfkelle wie Schöpfkellen voll Suppe." Und Jakob Weiskircher erinnert sich: „Da waren ein Russe und ein Pole, die haben das Essen ausgeteilt, das ist in eine Hektik ausgeartet, jeden Morgen beim Essen war das dann eine Schlägerei durch die Aufseher... Diese Schlägereien wurden denen selbst zuviel, so daß sie eines Tages mich in die Küche schickten. Da war auch keine Ordnung mehr, keine Hygiene. Nicht mehr tragbar! Wenn eine Seuche ausgebrochen wäre, hätte das ja auch auf die Kommandos Auswirkungen gehabt. Dann hätten die ja keine Arbeiter mehr gehabt, die in die Betriebe geschickt werden konnten. Da habe ich gesehen, wie das Essen gemacht wurde, mußte selbst mitmachen (in der Küche waren 6 bis 7 Mann): In einen Vier- bis Fünfhundert-Liter-Kessel kamen zwei Würfel Margarine. Dann habe ich vorher schon erlebt, wie das Fressen — ich kann ja nicht mehr Essen dazu sagen — zubereitet wurde. Bei Kartoffeln wurden nicht die Augen usw. rausgemacht, denn was weggemacht wurde, fehlte ja hinterher im Kessel. Ob angefault oder nicht ist der Kappes (saarländisch: Kohl) hineingekommen, ein bißchen weggeschnitten mit soviel Wasser, und jeder hat dann einen Liter von diesem Zeugs bekommen."

Und so klingt es, wenn einer der Angeklagten — also die andere Seite — im Rastatter Prozeß die gleiche Suppe beschreibt: „Ein Vernommener gesteht zwar, daß die den Häftlingen verabfolgte Suppe zwar dünn war, sagte dann aber gleichzeitig schützend: 'Aber sie bekamen jedesmal das vorgeschriebene Quantum von einem Liter.' "

Frage: „Was gab es zum Frühstück?"
J. Weiskircher: „Das galt für alle Lagerinsassen. Morgens eine Schnitte Brot,

---
14) Die sonderbare Rolle des 'jungen Polen' kann von den Verfassern heute nicht mehr definiert werden, zumal es keine weiteren Aussagen über ihn gibt.

entweder nichts darauf oder gemixte Marmelade, die in einer Schüssel — einer großen Teigschüssel — war, mit Wasser verdünnt, damit eine große Menge entstand. Dann hat jeder auf die Schnitte Kommißbrot einen Löffel dieser gemixten Wassermarmelade geknallt gekriegt, und wenn er nicht schnell sein Brot gegessen hat, war sie fortgelaufen. Sie war so verwässert, daß sie sofort runter lief."
Nach diesen Schilderungen liegt es nahe, anzunehmen, daß die Unterschlagungen von Lebensmitteln für das Wachpersonal im Lager Neue Bremm eine durchaus übliche Form der persönlichen Bereicherung darstellte. Angeblich konnte dafür auch im Prozeß der letzte Beweis nicht erbracht werden, obwohl die Untersuchungen zu diesem Thema einen breiten Raum in den Verhandlungen einnahmen. So kann man unter der Zwischenüberschrift „Wo sind die Rationen geblieben?" folgendes in der NSZ vom 4.6.1946 lesen:
„Bucks war als Einkäufer der Lebensmittel für das Lager tätig. Neben der Beköstigung für das Lagerpersonal, hat er nach seinen detaillierten Angaben ausschließlich für die Häftlinge monatlich regelmäßig folgende Lebensmittelzuteilungen erhalten: Für jeden Häftling monatlich 6,9 Brote à 3 Pfund, ferner für jeden Häftling pro Woche 182 g Fett, 125 g Nährmittel, 100 g Zucker, 200 g Fleisch und 60 g Marmelade, dazu 400 g bis zu 1 kg Kartoffeln pro Tag und Gemüse, freibleibend, je nach Abfuhr." *(Daß diese Aussage der Wahrheit entsprach, muß wohl angezweifelt werden. Es wäre selbst auf dem Papier ein einmalig hohes Zuweisungsquantum für ein Konzentrationslager. Anm. d. Verf.)* „Das Gericht legt nun größten Wert darauf, festzustellen, wo diese Lebensmittellieferungen geblieben sind, die, den damaligen Verhältnissen entsprechend, immerhin derart waren, daß eine solche katastrophale Unterernährung der Häftlinge mit der darauffolgenden Zeit des großen Sterbens im Lager in den Wintermonaten 1943/44 niemals hätte vorkommen können. Bucks gibt an, die von ihm genannten Lebensmittelmengen wären im Lager regelmäßig durch zwei Saarbrücker Großhandlungen restlos zugeführt worden. Er habe sie dann dem Lagerverwalter Weiß übergeben, womit seine Aufgabe erfüllt gewesen wäre. Weiß behauptet nun, alle diese Lebensmittel, ohne auch nur ein Gramm zurückzubehalten, in jeweiligen Tagesrationen, je nach Anzahl der Häftlinge an die Köche Weyland und Groß zur Zubereitung des Essens verausgabt zu haben, worüber diese auch täglich quittiert hätten. Die beiden Köche bestätigen diese Angaben im großen und ganzen, behaupten dann aber, derartige Mengen nicht immer voll erhalten zu haben, wogegen ihnen Schmoll und Weiß vorwerfen, sie hätten sie als ungelernte Köche nicht richtig verwenden können.
Die drei Anklagevertreter geben sich alle Mühe, hier eine restlose Aufklärung zu ermöglichen. Sie halten den Angeklagten vor, daß bei einer nicht vollen Auswertung der Lebensmittel unmöglich derartige Mengen Fett und Kartoffeln, wenn nicht durch Diebstahl, einfach hätten verschwinden können; vor allen Dingen erst recht nicht die ungeheuren Mengen Brot, da die Häftlinge nachweislich etwa 150 g Brot und nur geringe Mengen Margarine — oder Marmeladenaufstrich erhalten hätten. Wenn sie auch sonst hartnäckig zusam-

menhalten, beschuldigen sich trotzdem in diesem Falle Büropersonal und Köche gegenseitig versteckt des Diebstahls, und der Angeklagte Regulski platzt erneut mit der Behauptung dazwischen, Groß und Weyland hätten vielfach Pakete mit nach Hause genommen. Zum Schluß wollen aber alle Angeklagten sich das Verschwinden der Lebensmittel 'nicht erklären' können."
Diese „Ahnungslosigkeit" jedoch konnte ihnen nicht mehr helfen: „Ihnen (den beiden Köchen Mathias Weyland und Fritz Groß) spricht der Ankläger die Hauptschuld an der schlechten Zubereitung der Speisen und die volle Mitschuld an der unzureichenden Ernährung der Häftlinge zu, die bei vielen derselben zum Hungertode führte." (NSZ, 4.6.1946) Sie wurden zum Tode verurteilt und hingerichtet. Was es nun im einzelnen mit den „offiziellen" Verpflegungsrationen auf sich hatte, ob sie jemals in der Planung so hoch waren, daß sie die Ernährung der Häftlinge hätten sichern können, blieb in diesen Aussagen im Dunkeln. Die Erfahrungen und Vergleiche mit anderen Konzentrationslagern sprechen für sich.

„Das ist die 'Hygiene' in Deutschland!" — Der Waschraum

Im Konzentrationslager Neue Bremm gab es keine Gaskammer — aber auch in diesem Lager wurde der Waschraum zweckentfremdet, diente er weniger zum Waschen als zum Foltern und Quälen, wurden die Duschen oft nur angestellt, um verräterische Blutspuren zu beseitigen. Auch auf der Neuen Bremm starben viele Menschen in diesem Raum oder an den ihnen hier beigebrachten Mißhandlungen. Sowohl in der Berichterstattung über den Rastatter Prozeß als auch in den von uns ausgewerteten Erlebnisberichten und Interviews findet man dafür eine Reihe von Beweisen.
Pierre M i g m o n : „Die Dusche. Sie muß hier erwähnt werden, denn sie gehörte zu den zahlreichen Methoden, die zur Vernichtung von Häftlingen eingesetzt wurden. Bevor es in den Duschraum ging, mußten wir uns in unserer Baracke ausziehen, nackt auf den Hof gehen und dort Aufstellung nehmen. Dann hieß es warten, bis Molotov die Güte haben würde, die Tür zu öffnen. Wenn sie endlich aufging, standen hinter uns sowohl der Pole Yoaun als auch SD-ler und schlugen auf uns ein, wenn sie fanden, daß wir nicht schnell genug reingingen. Diejenigen, die schon drinnen waren, mußten sich dieses Schauspiel ansehen. Wir wurden gejagt wie die Tiere. Wir fielen übereinander, traten uns in der Verwirrung gegenseitig mit Füßen und waren nur bestrebt, den Schlägen auszuweichen, was nicht leicht war. Wenn wir im Duschraum waren, begann das Wasser brühendheiß zu laufen, dann eiskalt. Je mehr wir brüllten, desto länger dauerte die Pein. Man trieb uns ebenso aus den Duschen, wie wir reingekommen waren. Immer noch verstört und unter Schlägen rannten wir zu unserer Baracke zurück, um uns wieder anzuziehen, naß natürlich, denn Handtücher zum Abtrocknen gab es nicht. Danach — immer noch hieß es 'schnell, schnell', ging es wieder zum teuflischen Rundgang um das Becken."

Louis M i g u e t : „Die Nacht vom 24. auf den 25. Dezember 1943. Die jüngsten SS-ler halten Wache. Sie langweilen sich. Um Mitternacht etwa kommen sie in unsere Baracke, wir werden gezwungen, uns vollständig auszuziehen, nicht mal eine Socke dürfen wir anbehalten. So treiben sie uns über den Hof und zeigen im Vorbeigehen auf ein Thermometer: -20°C. Wir gehen in den Duschraum. Langanhaltende und starke Kaltwassergüsse. Zurück zur Baracke, das Wasser friert auf der Haut. Den Rest der Nacht verbrachten wir zähneklappernd."

General Pierre de F r o m e n t : „Der Morgenappell dauerte lange, um so mehr, als man den Tagesanbruch in Reihen stehend vor den Baracken erwarten mußte. War er beendet, kamen die Duschen dran. Dahin gings im Laufschritt, der hier obligatorischen Gangart. Sie sind gut eingerichtet, es gibt sogar Spiegel an der Wand — aber wozu? (Wir haben keine Haare mehr und besitzen kein Rasierzeug). Schon wenige Minuten nach unserem Eintreten beginnt das Wasser zu fließen, schlimm für diejenigen, die in ihren Bewegungen etwas langsamer sind. Das Wasser ist schön warm, aber das dauert nicht einmal ein Minute. Man muß sich wieder anziehen, ohne sich vorher abtrocknen zu können, und Molotov treibt die armen Leute raus, von denen die meisten ihre Kleidungsstücke noch in der Hand haben. Das also ist die 'Hygiene' in Deutschland. Wenn hoher Besuch kam, so konnte man in diesem für 300 Männer konzipierten Lager stolz einen Duschsaal vorzeigen mit mindestens 20 Duschen, Waschbecken mit etwa 15 Wasserhähnen und Spiegeln an der gegenüberliegenden Wand... Aber man erzählte nicht, daß die Duschen nur für wenige Sekunden angestellt werden und daß wir den 'Washraum' oft unter Schlägen wieder verlassen mußten, ohne überhaupt mit Wasser in Berührung gekommen zu sein. Natürlich wurde auch verschwiegen, daß die Männer weder Seife noch Handtuch, Zahnbürste oder Rasierzeug besaßen, während sich all das nur wenige Meter entfernt in den Gepäckstücken befand, die man ihnen bei der Ankunft weggenommen hatte."[15]

Die NSZ vom 30.5.1946 gibt wörtlich eine Zeugenaussage wieder, die die schon im Zusammenhang mit dem Tod des Flugkapitäns Lavergne geschilderten Folterungen auf dem „Martertisch" im Waschraum bestätigt: „Nein, der junge Mensch wurde in den Waschraum geschleppt und dort etwa 20 Minuten lang derart geschlagen, daß er furchtbar schrie und immer wieder 'Mutti, Mutti' rief."

Roger V a n o v e r m e i r : „Dieser Gang zu den Waschbecken — der sich abends nach der Arbeit wiederholte — verdient besondere Aufmerksamkeit: 16 Waschbecken und 16 Nägel, an denen ebenso viele Handtücher hingen. Jeden Sonntag vor dem Duschen wurden 16 'saubere' (besser: trockene) Handtücher aufgehängt. *(Zu anderen Zeitpunkten berichten Häftlinge davon, daß es gar keine Handtücher für sie gab. Anm. d. Verf.)* Die 16 ersten Häftlinge konnten davon Gebrauch machen, den nachfolgenden war das nur noch bedingt möglich. Schließlich wurde es unmöglich und der Wind im Hof

---

15) Bernadac Christian, Des Jours sans Fin, S. 27

mußte uns trocknen. Eine schnelle Rechnung ergibt, daß jedes Handtuch nach der Dusche 25 Häftlingen dienen mußte, aber sie wurden die ganze Woche über täglich zweimal benutzt, d.h. alles in allem 350 mal... Das nur, um eine Vorstellung von der Hygiene im Lager Neue Bremm zu vermitteln." Die war allerdings nicht nur, was das Duschen anging, katastrophal. So erinnert sich Marcel Saussard: „Wir hausten zu dreißig in Baracken, in denen es Ungeziefer gab und ein widerlicher Gestank herrschte." Und Heinrich Brenner berichtet: „Die Aborte waren offen, nur überdacht, die Klärgrube war auch offen."

Die ehemaligen Lagerinsassen geben übereinstimmend an, daß es keine Häftlingskleidung und keine Kennzeichnung durch Nummern oder verschiedenfarbige Winkel gab, wie sie in anderen Konzentrationslagern üblich waren. Lediglich der ehemalige Häftling Beskorowainy, der als sowjetischer Zwangsarbeiter ins Saarland und nach einem mißglückten Fluchtversuch ins Lager Neue Bremm verschleppt worden war, schreibt gegenteiliges.

B e s k o r o w a i n y : „Die Nazis ließen ihre Wut an den sowjetischen Häftlingen aus. Was ich ausgestanden habe, war unmenschlich. Sie nannten uns politische Häftlinge, wir waren als solche mit einem roten Streifen am Ärmel kenntlich gemacht. Nachts strolchten betrunkene Wachen durchs KZ, holten Leute mit roten Streifen heraus und peinigten sie: Sie stießen sie in den Teich, der mitten im Lager war, stachen ihnen die Augen aus und erschossen sie dann. Alle anderen mußen antreten und zusehen."[16]

Es ist denkbar, daß es sich bei den roten Streifen um eine besondere Kennzeichnung der sowjetischen Häftlinge, die sich zu dieser Zeit im Lager befanden, durch die SS handelte. Genaueres darüber wissen wir aber nicht.

An Kleidung und Schuhwerk besaß jeder nur das, was er bei seiner Ankunft im Lager auf dem Leib getragen hatte. Alles andere war ihnen weggenommen worden. Marcel Saussard: „Dann nahm man uns alles, was wir besaßen, behalten durften wir nur eine Hose, ein Hemd oder einen Pullover und etwas an den Füßen — Schuhe, Hausschuhe, Holzschuhe, je nachdem, nichts auf dem Kopf." René Mérard: „Wir mußten zur Durchsuchung unsere Kleidung ausziehen. Diejenigen, die schöne Schuhe trugen, sahen diese nie wieder; sie erhielten statt dessen Holzschuhe oder gebrauchte Schnürstiefel, und das ganze vollzog sich in großer Geschwindigkeit innerhalb von wenigen Minuten!"

Mehrere Häftlinge berichten, daß ihnen nach der Ankunft oder vor dem Abtransport in ein anderes Lager die Haare geschoren wurden. Nachdem es mehrere Fälle von Flucht und Fluchtversuchen gegeben hatte — von einem von ihnen wird im Zusammenhang mit dem Frauenlager noch zu berichten sein —, verfiel man offensichtlich darauf, zunächst den besonders fluchtverdächtigen und dann allen Lagerinsassen Muster (Kreuze u.ä.) ins Haar zu scheren, um sie eventuell außerhalb des Lagers als Flüchtlinge besser erkennen zu können.

16) Brief von Beskorowainy, veröffentlicht in: „Sowjetfrau" 5/76

So schreibt René M o t t e t über seinen Transport, „daß wir einer nach dem anderen auf eine Bank gesetzt (wurden) und eine Schur in der Kopfmitte von der Stirn bis zum Nacken über uns ergehen lassen mußten, die uns für den Fall einer Flucht kennzeichnen sollte."
Louis M i g u e t : „Die Schur wird von einem Deportierten vorgenommen, den wir 'Molotoff' getauft haben. Mit seinem Werkzeug zeichnet er auf unseren Köpfen Quadrate, Rauten und Kreise... Diese Kopfhautstücke, die aus unserer struppigen Mähne schauen, sehen aus, als ob wir Haarausfall hätten. Dann rasiert er uns: mit einem Messer, das ohne die geringste Wartung schon mehreren Generationen gedient zu haben scheint. Alle Gesichter sind von Schmissen geziert. — Nichts um uns abzuwischen und Verbot, zu den Waschbecken zu gehen: sie dürfen nur morgens benutzt werden. François Nabili versucht es dennoch. Ein SS-ler entdeckt ihn und ein anderer kommt dem ersten zuhilfe. Der arme François! In welchem Zustand kam er zu uns zurück!"

„Ihr seid hier, um zu leiden und zu sterben...": Folter und 'Sport' im Lager Neue Bremm

Das Lager des langsamen Sterbens — so nannte der Sonderberichterstatter der „Neuen Saarbrücker Zeitung" (NSZ), Wilhelm Rüske, das Konzentrationslager Neue Bremm, nachdem ihm die Zeugenaussagen einen ersten Eindruck der hier verübten Grausamkeiten vermittelt hatten. Und: „Wenn in den großen Konzentrationslagern von Buchenwald, Auschwitz, Dachau usw. Hunderttausende vergast und ermordet worden sind, so war das Lager der Saarbrücker Gestapo dasjenige Todeslager, in welchem die unschuldigen Opfer langsam, aber systematisch zu Tode gemartert wurden." (NSZ, 21.5.1946)
Einen Vorgeschmack dessen, was die Häftlinge im Lager Neue Bremm erwartete, erhielten sie bereits bei der Ankunft in Saarbrücken. Louis Miguet schildert den Empfang, der ihm und seinen Kameraden damals bereitet wurde: „Aus Compiègne kommend traf unsere Gruppe von 42 Mann (deren Namen ich alle angeben kann) am Dienstag, den 21.12.1943, kurz vor Sonnenaufgang im Bahnhof von Saarbrücken ein. Wir wurden von SS-lern mit Totenkopfzeichen an den Mützen übernommen. Der Lastwagen, der uns zum Lager transportieren sollte, war zu klein. Während wir auf seine Rückkehr warteten, wurden einige von uns an ein Gitter angekettet, noch dazu mit Handschellen, eine Kette schnürte mir die Handgelenke zu und kettete mich so eng an die Sprosse eines Gitters, daß ich keine Bewegung davon weg machen konnte. Wir warteten zwei Stunden oder länger in Schnee und Regen, die Füße in überfrorenem Schneematsch. Einige Passanten, Zivilisten und Soldaten verabreichten uns Fußtritte oder Ohrfeigen."
Der von Louis Miguet erwähnte Lastwagen taucht in den meisten Schilderungen ehemaliger Häftlinge auf. Die Franzosen nannten ihn „Le saladier" — den Salatkorb. Er trug die Aufschrift einer Metzer Speditionsfirma, und so schien es wohl ziemlich unverdächtig, daß dieser Wagen zum Teil mehrmals täglich vom Bahnhof aus die Richtung Neue Bremm — Metz einschlug.

Marcel S a u s s a r d erinnert sich an die Fahrt im „Salatkorb": „Wir werden in kleinen Gruppen in eine Art Lastwagen gepfercht, der in winzige, zweifellos für einen einzelnen stehenden Menschen vorgesehene Zellen aufgeteilt ist. Wir mußten uns zu zwei oder zu dritt hineindrängen, halb erdrückt und trotz der Unebenheiten der Straße unfähig, eine Bewegung zu machen."

Und wenn das noch nicht genug war — die Ankunft im Lager selbst zerstörte auch die letzten Illusionen der Zuversichtlichsten: „Bei der Ankunft, als wir den Zellenwagen, der uns vom Bahnhof hierher gebracht hatte, verließen, enttäuschte mich schon der bloße Anblick dieses Lagers zutiefst. Ich hatte mir nämlich bei der Abfahrt von Compiégne vorgestellt, daß wir für Arbeiten in der Landwirtschaft eingesetzt werden würden. Schon seit den ersten Schritten in diesem Lager hat mich der Anblick derer, die unter Schlägen, Stiefeltritten und Gebrüll der SS-ler um das zentrale Wasserbecken liefen, über das Schicksal, das uns hier erwartete, ins Bild gesetzt; und das ließ nicht auf sich warten." (René M é r a r d)

Ganz ähnlich die Schilderung der ersten Eindrücke von François C u n y : „Beim Ausladen im Hof des Lagers begreifen wir sofort, wo wir gelandet sind. Es hagelt Peitschen-, Ochsenziemer-, Gewehrkolbenhiebe und Fußtritte. Bepackt mit unserer persönlichen Habe und den in Romainville verteilten Rot-Kreuz-Päckchen, stellen wir uns um das berüchtigte Wasserbecken auf und warten, daß man uns ruft. Wir stellen unser Gepäck auf den Boden. Während dieser Wartezeit wird uns eine Gymnastikübung aufgezwungen, im Entengang, die Hände im Nacken, beginnt die Runde im Takt der Schläge. Ende der ersten Einlage. Wir gehen an unsere Plätze zurück. Im Lager ist alles ruhig, nur von Zeit zu Zeit rennt ein Häftling aus einer der Baracken zum WC. Im Laufen flüstern sie uns zu, wir sollten die Lebensmittel, die wir noch besitzen, auf dem WC deponieren, da man uns unsere gesamte Habe wegnehmen wird, und zwar für immer."

Einen zentralen Platz in den Schilderungen aller „Ehemaligen" des Lagers Neue Bremm nehmen das Wasserbassin und die „Übungen" ein, die Tag für Tag stundenlang um dieses Becken herum zu absolvieren waren. Dieser Zwangssport bildete zweifellos neben der völlig ungenügenden Ernährung das zweite Hauptmittel der systematischen Vernichtung in diesem KZ, über das René M o t t e t schreibt: „Es war wirklich ein kleines Lager, aber noch schlimmer als Mauthausen und seine Arbeitskommandos, wo ich bald darauf landen sollte. Im Lager Neue Bremm gab es eine Form von langsamer, schleichender Folter: und wenn jemand ihr unterzogen wurde, dann ließ man (oft, Anm. d. Verf.) nicht eher von ihm ab, bis daß er tot war. Die sogenannte Gymnastik um das Becken war ein Teil dieser langsamen, schleichenden Folter." Die Erinnerungen der ehemaligen Lagerinsassen dazu bedürfen keines Kommentars.

Pierre M i g m o n : „Der tägliche Stundenplan bestand darin, von morgens bis abends um das Becken zu laufen. Während dieses Marsches gab es Einlagen, wo wir rennen, im Schnee kriechen und in der Hocke, die Hände

hinterm Kopf, laufen mußten, was sie Entengang nannten. Während dieser Übungen wurden wir von Molotov und Yoaun, denen ein SS-ler beistand, geschlagen. Unter den Fußtritten, Gewehrkolbenschlägen usw. schwollen Nieren, Rücken, Kopf an. Was Drokur betraf, so gebot er diesem Spektakel Einhalt und führte eine neue Marter ein. Er ließ uns strammstehen und die Hände kreuzen, es war verboten, sie zu senken.
Die Vernichtung begann. Unter Schlägen brachen die Ältesten zusammen, und dies bedeutete unweigerlich den Tod. Das Fehlen von Nahrung und die schlimmen Schläge, die wir erhielten, lichteten bald unsere Reihen. Wir durften keinem Kameraden zuhilfe kommen. Wenn ein Kamerad im Glied starb, zwang man uns alle in der Kolonne, über ihn zu laufen. Wer das umgehen wollte erhielt Schläge. Und wir mußten Schläge (möglichst) vermeiden, wenn wir noch etwas länger leben wollten."
Marcel S a u s s a r d : „'Täglich mußten wir um das Becken laufen, auf allen Vieren, im Laufschritt, im Entengang, meist hinlegen — aufstehen, hinlegen — aufstehen, im Schnee oder Schlamm. Der Oberaufseher dieses Lagers, ein dicker saarländischer Unteroffizier, namens 'Trocourt' (ich weiß nicht, wie sich der Name schreibt) machte sich ein Vergnügen daraus, uns mit seinem vollen Gewicht auf den Rücken zu steigen, wenn er der Meinung war, daß wir nicht flach genug auf dem Bauch lagen."
René M é r a r d : „Gymnastik bis Mittag, vielleicht (hier besaß ja keiner eine Uhr). Der Sport — eine Beschäftigung, die man sich ausgedacht hatte, um uns so schnell wie möglich zu töten — bestand darin, von Sonnenauf- bis Sonnenuntergang unter den aufmerksamen Blicken unserer Wächter um das Bassin zu laufen, im Entengang, die Hände im Nacken, auf allen Vieren, flach auf dem Bauch eine halbe Stunde ohne aufzustehen, sogar durch Pfützen, wenn es regnete, und das war unglücklicherweise oft der Fall. Ein Unglück, wenn jemand schwächer wurde. Er bezahlte das oft mit seinem Leben."
Lucien M o n n o t t e : „Nach der Arbeit mußten wir um das Becken Sport treiben, z.B. einen anderen als 'Schubkarren' schieben oder in der Hocke — die Hände hinterm Kopf verschränkt — hüpfen. Diejenigen, die als letzte ankamen oder das überhaupt nicht konnten, mußten ins Becken springen, selbst die Nichtschwimmer."
Jacques L e c l e r c erinnert sich unter anderem an ein besonderes „Sportfest" anläßlich der Ankunft der Feuerwehrleute aus Paris *(s. Kapitel „Wer waren sie? Woher kamen sie? " — Anm. d. Verf.)*: „Sport, Laufen, die einen müssen über die anderen springen, stundenlang Bockspringen mit leerem Magen. Und mit 74 Jahren, wie einer von uns, 'der Gallier', er hatte einen so schönen Schnurrbart, der dann später mit ihm in Saxo *(Lagersprache für Sachsenhausen, d. Übers.)* fallen sollte. Jedem das Seine! Ja, unsere Feuerwehrmänner tragen Uniformen, also gebührt ihnen der Elitesport. Das Lager verwandelt sich in ein Stadion. Sprint, Hochsprung, nicht Kugel-, sondern Pflastersteinstoßen, d.h. mit Steinen von mehreren Kilo Gewicht. Von ihnen, unseren Feuerwehrmännern, hört man keine Klage. Sie absolvieren alles wie spielend, ein Lächeln auf den Lippen."

Aber es blieb nicht beim „Sport". Wie die Erlebnisberichte beweisen, kannte die Phantasie der Wächter keine Grenzen, wenn es darum ging, neue Torturen zu erfinden und insbesondere solche, in deren Mittelpunkt das Wasserbecken stand.
M. M a l l e - J a u r e g u y von der französischen Lagergemeinschaft Mauthausen schildert eine davon: „Diese *(Tortur, Anm. d. Verf.)* bestand aus einem ca. 1,50 m hohen Holzblock, der am Beckenrand stand und von einer um 45 Grad geneigten, manchmal eingeseiften, Planke überragt wurde. Darauf mußte sich der 'Bestrafte' aufrecht halten. Gegenüber auf der anderen Seite des Bassins zielte eine SS-Bestie, den Karabiner auf ein Stativ gestützt, langsam, sadistisch ... auf den Kopf, ein Ohr oder ein Körperglied. Schießt er oder schießt er nicht? Die geringste Handbewegung, das kleinste Wackeln, und schon kam der arme Kamerad ins Rutschen und fiel ins Wasser. Und das ganze mußte von vorne beginnen, denn natürlich hatte die Bestie nicht die Zeit zum Zielen gehabt. Nach mehreren Versuchen hieß es: Wenn der Elende nicht durch die Kugel sterben will, wird er eben ertränkt... Und dann begann diese abscheuliche Sache: Sobald sich der 'Schwimmer' am Beckenrand festklammerte, um rauszuklettern, fand er dort einen SS-ler oder Kapo vor, der ihm auf die Hände schlug und ihn so zwang, loszulassen und auf eine andere Seite des Beckens zuzuschwimmen. Schließlich kam der Augenblick, in dem der Gequälte erschöpft und mit dem uns allen bekannten Ausdruck der Todesresignation im Blick Adieu sagte... Und dann, und erst dann, nachdem sie sich köstlich amüsiert hatten, gestatteten ihm die SS-ler ostentativ 'edelmütig', herauszukommen oder gaben die Erlaubnis, daß man ihn herausholte. Und natürlich, Sie wissen ja: keine trockenen Kleider zum Wechseln!
— Manchmal lief das 'Spiel' umgekehrt. Die Planke war eingeseift und der 'Bestrafte' mußte sich darauf halten unter der Drohung, von einer Karabinerkugel getötet zu werden, sobald er ins Rutschen kam. Das war teuflisch!"
In einem anderen Abschnitt werden wir auf Scheinerschießungen noch eingehen. In der Prozeßberichterstattung heißt es sogar, daß „ein kleines Kind vor den Augen der fast wahnsinnig werdenden Eltern im Löschwasserbassin ertränkt wurde..." (NSZ, 23.5.1946)
Eine Möglichkeit, das „Angenehme" — nämlich das Amüsement der SS-ler — mit dem Nützlichen zu verbinden, boten die Appelle, die mehrmals täglich zum Zählen der Lagerinsassen und zum Einteilen der Arbeitskommandos durchgeführt wurden.
René M é r a r d erinnert sich, welche Schikane das jedesmal für ihn und seine Kameraden bedeutete: „Der Appell findet auf einen Pfiff hin statt; wir müssen zu mehreren Hundert die Baracke verlassen. In voller Geschwindigkeit durch eine enge Tür, vor der sich alles staut. Da steht ein SS-ler mit einem Schlagstock, den er nach Herzenslust tanzen läßt, um uns zu prügeln. Es ist für ihn wie ein Rausch. Dann müssen wir uns mit Blick auf das Becken aufstellen, das dauert manchmal Stunden. Wenn sie mit unserer Aufstellung nicht zufrieden sind, müssen wir wieder zurück und von neuem aus den Baracken kommen. Einige Kameraden können sich nicht mehr auf den Beinen halten, die SS-ler stürzen sich mit ihren Schlagstöcken auf sie. Die

Zählung stimmt nie, sie wird mehrmals von vorn begonnen. Wir zittern vor Kälte in unseren Fetzen auf dieser Anhöhe, über die der Wind hinwegfegt; es ist März und sehr kalt, sogar die Kranken aus dem Krankenrevier müssen zum Appell nach draußen. Wenn der Appell endlich beendet ist, müssen wir uns wieder sehr beeilen, unter den gleichen Bedingungen, dem Gedränge am Eingang und den Beschimpfungen durch die SS-ler in die Baracke zurückkehren. Die Appelle folgen aufeinander und ähneln sich; es sind die sich täglich — oder vielmehr dreimal täglich — wiederholenden Vergnügen der SS-Bestien."

Marcel L e g e r : „Im Lager Neue Bremm gab es einen polnischen Kapo, der gemeinsam mit den SS-lern die Appelle vorbereitete. Jedes Mal, wenn wir unseren Block verlassen oder betreten, postiert er sich an der Tür, auf der anderen Seite ein SS-ler, und dann wird auf die Menge eingeprügelt. Wir werden zurückgerufen und müssen die Prozedur zu jeder Versammlung drei- bis viermal durchmachen. Derjenige, der beim Rein- oder Rausgehen fällt, wird von allen Kameraden überrannt. Nachts mußten wir drei- bis viermal auf ein Pfeifsignal der SS hin die Baracken verlassen."

Und auch Marcel S a u s s a r d betont, daß die Wächter sich jedesmal einen Spaß daraus machten, wenn es galt, die Häftlinge aus den Baracken zu treiben: „Eine der Lieblingsquälereien unserer Wächter bestand darin, uns in der Gruppe vor der jeweiligen Baracke zu versammeln. Sie postierten sich dann mit Knüppeln bewaffnet zu beiden Seiten des Eingangs, und auf einen Pfiff hin mußten wir trotz des Gedränges in voller Geschwindigkeit in die Baracke zurück, während die beiden Bestien nach Herzenslust auf die Menge einknüppelten. Sobald alle drin waren, ließ uns ein neuer Pfiff unter den gleichen Bedingungen wieder rauslaufen, und das ging solange, bis diese Herrschaften sich genug amüsiert hatten oder müde wurden. Danach durften wir wieder um das Becken laufen."

Waren die „normalen" Appelle schon grausam, so steigerte sich das noch, wenn einem oder mehreren Lagerinsassen die Flucht gelungen war. Marcel Saussard beschreibt einen solchen Appell: „Eines Nachts gelang es einigen Kameraden mit Ach und Krach zu fliehen. Am nächsten Morgen fielen die Bestrafungen für uns sehr brutal aus: grausame Disziplin, Nahrungsentzug, und schließlich schor man uns zur besseren Kenntlichkeit im Falle der Flucht ein Kreuz in die Haare. Der Morgenappell von Sonnenaufgang dauerte unmenschlich lange. Die Leute vom SD zählten uns mehrmals durch und erhielten — gewollt oder nicht — immer wieder andere Zahlen, so daß sie ständig von neuem begannen. Einige arme Teufel brachen wegen der Kälte oder physischer Leiden zusammen, was die Verwirrung und Wut unserer Bewacher noch steigerte."

Nicht nur Sport und Appelle waren eine Qual für die Lagerinsassen, die Wachmannschaft verstand es, jede Minute, jede der täglich anfallenden Arbeiten, ja selbst das Sich-Bewegen auf dem Lagergelände so zu gestalten und zu reglementieren, daß die Häftlinge dabei gemartert und gedemütigt wurden.

Louis M i g u e t : „Vormittags: Reinigen der Baracken und der Strohsäcke, die im Hof ausgeschüttelt werden. Häcksel fällt heraus, auf den bei minus 10 bis minus 15 Grad gefrorenen Boden, normale Temperatur. Wir müssen, nachdem wir die Strohsäcke zurückgebracht haben, diese Reste Stück für Stück sammeln, und jeder muß zeigen, wieviel er aufgehoben hat. Je nach Lust und Laune der SS-ler muß man von neuem mit der Nachlese beginnen — oder es gibt Schläge mit dem Knüppel und Ohrfeigen. Dann laufen wir ums Bassin ohne Pause, Zwangsgymnastik. Jeder Ortswechsel im Innern des Lagers muß im Laufschritt erfolgen, und sei es, um zum 'Abort' zu gehen. Andernfalls Pfiffe, Anruf durch einen SS-ler und Schläge mit dem, was er gerade in der Hand hat." Daß es in der Tat sogar verboten war, auf dem Lagergelände langsam zu gehen, bestätigt die folgende Aussage von François C u n y : ,,Wir erfahren auch, daß wir uns nur laufend bewegen dürfen, andernfalls sind die Posten auf den Wachtürmen berechtigt, auf uns zu schießen."

Mehrere Häftlinge berichten auch von simulierten Exekutionen: ,,Einen Halbjuden haben sie geholt, ein Gewehr genommen; er mußte in eine Himmelsrichtung gucken, sie haben ihm das Gewehr ans Ohr gelegt und das entsprechende Gespräch geführt: 'Jetzt kommst du ins Jenseits', und dann am Kopf vorbeigefeuert — da konnte der Mann verrückt werden" (Jakob Weiskircher). ,,Am selben Tag *(Tag der Ankunft, Anm. d. Verf.)* noch mußten wir vor den SS-lern Aufstellung nehmen, und diese simulierten dann standrechtliche Erschießungen." (Lucien Monnotte).

Eine weitere Methode der SS-ler, die Häftlinge zu schikanieren, bestand darin, sie unnötige Arbeiten verrichten zu lassen: ,,Der Boden im Lager bestand aus viel Kies. Russen mußten sich mit vollbeladenen Schubkarren völlig unsinnigerweise durch diesen Kies um das Becken herum quälen, und die SS-ler liefen hinterher, bis jemand zusammenbrach. Wir mußten auch Papierschnitzel aufsammeln, die die SS vorher mit Absicht in den Kies geworfen hatte." (Jakob Lorscheider)

,,So viele Schikanen: in der Baracke haben Tische gestanden; unser Eßgeschirr stand darauf, Blechteller, Blechtasse und Blechlöffel. Der Löffel mußte genau auf der Tasse liegen — in einer Linie — und er mußte immer blank geputzt sein, obwohl das Blech rostete. Und wenn etwas nicht stimmte, ist die SS gekommen und hat alles umgeschmissen und wir mußten alles ganz schnell wieder aufbauen." (Jakob Lorscheider)

,,Die schlimmsten Mißhandlungen" — so heißt es in einem Artikel der NSZ über den Prozeß in Rastatt — ,,kamen bei den Vernehmungen vor, wobei hauptsächlich Peter Weiß, Drucks, Drokur und Kunkel als Vernehmungsbeamte fungieren und den Häftlingen bis zu 25 und 30 Stockschläge zudiktierten. Die Folge davon war, daß die Mißhandelten oft bewußtlos aus dem Vernehmungsraum herausgetragen werden mußten." (NSZ, 18.5.1946)

Dieser ,,Vernehmungsraum" war — wie wir bereits wissen — der Waschraum. Das geht auch aus der Schilderung von Fernande Haag hervor: ,,Mein Mann erhielt 25 Peitschenhiebe, weil er nicht gesehen hatte, daß in der Nacht ein anderer Deportierter auf seinem Strohsack gestorben war. Er mußte sich über ein Waschbecken beugen, und wenn er sich unter den Hieben bewegte,

stieß er mit dem Kopf gegen den Wasserhahn und verletzte sich noch zusätzlich."
Wir haben an anderer Stelle ausgeführt, daß das Hauptmittel, die Lagerinsassen im KZ Neue Bremm zu quälen, zu entsolidarisieren und letztlich auch zu töten, die katastrophale Ernährung war. Völlig „natürlich" also nur, daß es noch eine ganze Reihe von Foltermethoden gab, die sich auf den schrecklichen Hunger, den hier alle litten, gründeten. Das fing damit an, daß man den zu wandelnden Skeletten abgemagerten Häftlingen ständig zeigte, was ihnen vorenthalten wurde. Sie sahen nicht nur, daß selbst die von ihren Bewachern gezüchteten Stallhasen besseres Futter bekamen als den Fraß, den man ihnen täglich vorsetzte. Nein, es wurden mehrmals vor den Augen von Häftlingen Geburtstagsfeiern für die Gestapomitglieder im Lager abgehalten und dabei „wüst gefeiert und auch ausgiebig gegessen und getrunken. Das alles, als um die gleiche Zeit im Lager zahlreiche Häftlinge hungerten oder sonstwie zu Tode gequält wurden. Ebenso habe man an einem Fenster der Küche Schinken zum Trocknen aufgehängt, wo ihn die hungernden Häftlinge alle sehen konnten." (NSZ, 1.6.1946)
Marcelle I t z k o w i t z schildert eine andere — durch Hunger begründete — Szene: „Einmal konnte ein Mann in Handschellen seine Suppe nicht trinken, da seine Hände die Hitze nicht vertrugen; die Suppe lief auf den Boden, der Mann warf sich auf die Erde und schleckte diese widerliche Brühe auf. Natürlich wurde er von den wachhabenden Deutschen geprügelt."
Schließlich noch eine Erinnerung von Pierre de F r o m e n t, die dieser niedergeschrieben hat, weil er sie als „ziemlich charakteristisch für das Wesen der Nazis" einschätzt: „Im Lager gab es einen jungen Italiener, etwas einfältig, ein ehemaliger freiwilliger Arbeiter. Dieser Bursche versuchte eines Abends, mehrmals Suppe zu bekommen, da er einen regelrechten Heißhunger hatte. Ich glaube, es war ihm bereits gelungen, als er — sein Glück von neuem versuchend — erwischt wurde. Selbstverständlich kassierte er sofort eine beträchtliche Serie von Hieben mit dem Ochsenziemer ein, dann fragte ihn der SS-ler, ob er Hunger habe; auf sein 'Ja' hin zwang man ihn, zwei Liter Suppe hinunterzustürzen. Danach wurde er vor die Tafel der Wächter gestoßen, auf die Knie gezwungen und genötigt, fünf Kilo gekochte Kartoffeln zu essen, zwei Liter Wasser zu trinken und schließlich unmittelbar nacheinander zehn Zigaretten zu rauchen, in die sie Puder gemischt hatten. Als das beendet war, warfen sie ihn mit allen Kleidern ins Bassin. Hier mußte er mehr schlecht als recht herumpaddeln und allein herausklettern. Unnötig zu sagen, daß der Unglückliche die ganze Nacht über krank war. Daß er überlebte, kam einem Wunder gleich."
Gefoltert wurden alle, aber viele Zeugen berichten, daß es hier eine — von SS-lern selbst auch immer wieder betonte — Rangfolge gab.
Marcel S a u s s a r d fiel sie gleich bei der Ankunft im Lager auf. Er schreibt: „Als der (Flieger-)Alarm vorüber war, folgte die Musterung. Einige, die schon vorgemerkt schienen, nahm man besonders aufs Korn; einen von uns traf es sofort: er wurde gezwungen, unter Fußtritten und Peitschenhieben bis zur Erschöpfung um das Becken zu laufen. Dann wurde er allein

in eine Zelle gesperrt, er mußte Tag und Nacht, selbst zum Essenfassen, Handschellen tragen. Seine Gelenke waren so geschwollen, daß das Fleisch die Handschellen verdeckte."
Diese „Auszeichnung" durch eine der schlimmsten Foltern, die Isolierung von allen anderen Kameraden, wurde in der Tat nur wenigen „Vorgemerkten" zuteil. Man hatte jedoch von Anfang an Einrichtungen im Lager dafür vorgesehen.
Pierre V e r d u m o beschreibt sie: „Die Baracken, die die dritte Seite (des Lagers) bildeten, enthielten wohl einige Zellen, zwei oder drei. In einer davon war Colette. Derjenige, der versucht hatte, Laval zu töten. Es gab noch eine andere Zelle, in der ein Häftling schon fortgeschrittenen Alters einsaß... Diese beiden Gefangenen durften nur einige Minuten morgens mit Handschellen an den beiden Händen einer nach dem anderen nach draußen. Während sie draußen waren, mußte der Rest des Lagers in den Baracken bleiben."
Auch im Rastatter Prozeß kam zumindest ein Fall einer solchen „Sonderbehandlung" zur Sprache: „Der Zeuge Armand Urschell aus Forbach, ein junger Mensch, war aus der deutschen Wehrmacht desertiert und gehörte dann der Widerstandsbewegung an. Er ... hat sieben Wochen lang in einer Dunkelzelle des Lagers zubringen müssen, die ganze Zeit hindurch an Händen und Füßen gefesselt. Die Fesseln wurden niemals abgenommen, selbst nicht beim Waschen. Wie ein Hund mußte er aus einer ihm vorgestellten Schüssel essen. Er hat verschiedentlich Züchtigungen auf den nackten Körper erfahren. So einmal 27 Schläge und ein anderes Mal 24 Schläge hintereinander, Anordnung des Lagerkommandanten Schmoll... Andere Zeugen bestätigen, daß dieser Unglückliche jedesmal nach derartigen Torturen bewußtlos in den Waschraum geschleppt wurde, aus Nase und Mund blutend." (NSZ, 23.5.1946) Dort wurde er dann, nachdem ihn das Wasser wieder zu Bewußtsein gebracht hatte, weiter „behandelt"...
Zu den „Vorgemerkten" gehörten nicht nur Deserteure, die sich auf die Seite der Widerstandsbewegung geschlagen hatten, sondern vor allem Juden und Geistliche. Auch Edmond M i c h e l e t berichtet, wie er am Tag der Ankunft Zeuge einer „Sonderbehandlung" von Juden wird: „Dort *(am Bassin, d. Übers.)* beehrte uns zu Beginn ein SS-Mann mit einer kleinen Ansprache, um uns deutlich vor Augen zu führen, was für ein neues Leben uns erwartete. Er schloß, wie der Dolmetscher wörtliche übersetzte: 'Ihr werdet jetzt sehen, wie man diese dreckigen Judenschweine, die am Krieg schuld sind, im Großdeutschland von Adolf Hitler behandelt.' Dann befahl er die Juden des Transports heraus. Außer unseren beiden kleinen jüdischen Kameraden mußten sich vier oder fünf Unglückliche während 16 Stunden hintereinander — genau von sechs Uhr morgens bis zehn Uhr abends — ohne Unterbrechung der beschämenden und quälenden Disziplinarübungen des sogenannten Froschhüpfens unterziehen. Sie besteht darin, mit gebeugten Knien und im Nacken verschränkten Händen vorwärts zu hüpfen. Bleischwer fiel die Sonne auf die kahlen Schädel, die der wilde Molotow, der sagenhafte Henkersknecht dieses Höllenlagers, uns soeben geschoren hatte. Wenn einer

unserer unglücklichen Gefährten nicht mehr weiter konnte und bewußtlos niederbrach, half ihm ein SS-Mann mit dem Gummiknüppel wieder auf die Beine. Um ihn wieder ganz zu sich zu bringen, warf er ihn dann mit einem Fußtritt in das Wasserbecken, um das sich diese Lustbarkeit abspielte. War dann der 'Patient' vorschriftsmäßig auf seiner Bahn, wandte sich der Dolmetscher mit süßlicher Stimme an uns Arier. Wir standen unbeweglich 'stillgestanden' vor diesem Schauspiel; Gluthitze und Erschöpfung ließen es geradezu gespenstisch unwirklich werden. 'Diejenigen, die Mitleid mit ihnen haben, können sich ihnen jederzeit anschließen', sagte er. Jacques Renouvin flüsterte mir mit zusammengebissenen Zähnen zu: 'Ich bin entehrt. Ist es nicht meine Pflicht, mich ihnen anzuschließen?' 'Was würde das nützen?', antwortete ich, 'so wie die Dinge liegen, wäre es nur ein Leichnam mehr.' Tatsächlich, als endlich die Nacht einbrach, mußten wir die Leiber unserer drei jüdischen Kameraden auf improvisierten Tragbahren in den Block bringen und auf nackte Pritschen niederlegen. Wir waren überzeugt, daß wenigstens die beiden jüngsten nie wieder erwachen würden, so furchtbar schien diese Prüfung über ihre armen Kinderkräfte gegangen zu sein. Sie waren schon mehrere Stunden aus dem Rennen, und der zufriedene SS-Mann hatte sie am Rand des Beckens wie leblos liegen lassen. Wir zitterten vor Zorn und innerer Empörung."

„Ein Jude kam. Er mußte exerzieren, auch mit dem schweren Baum. Hinlegen — auf! Hinlegen — auf! Das ging von 3 Uhr an. Nachts um 12 habe ich ihn immer noch schreien hören. Am anderen Morgen wollte ich Asche rausbringen. Da habe ich den Juden nackt auf einem Tisch neben dem Klo liegen sehen. Hände und Beine standen verrenkt vom Körper weg — gebrochen. Es lagen sieben oder acht dort — tot. Jeden Tag waren es fast so viele in der Zeit." (Heinrich Brenner)

„Die Juden und Geistlichen sind offensichtlich 'privilegiert'! 'Die Juden vortreten!' Es sind vier in unserem Transport, und die vier sterben: Zwei Jugendliche, ein Mann in den besten Jahren, ein Greis. Ein Monster führt jetzt das Kommando, ein SS-Mann, dessen Gesicht gleichzeitig etwas von einer Dogge und einem Bullen hat. Wenn man sieht, wie er sich bewegt, so denkt man an einen Filmschauspieler in der Rolle eines verrückten Sadisten. Die vier Israeliten werden vor unseren Augen halbtot geschlagen und bleiben bewußtlos liegen.

Der ehrwürdige Jesuitenpater De Jabrun, ein Mann in den Sechzigern, der Mitglied einer Widerstandsgruppe in Bordeaux war, und Abbé François Basset sind jetzt an der Reihe. Sie tragen ihre Soutanen. Sobald er ihrer ansichtig wird, ergreift den SS-ler eine frenetische Wut. Er läßt sie rennen und folgt ihnen, um sie mit aller Kraft zu schlagen, dann müssen sie — die Hände im Nacken gekreuzt — immer schneller um den Tümpel springen, bis sie gerädert und ausgepumpt zusammenbrechen. Pater De Jabrun und Abbé Basset sind einige Monate später gestorben, der eine in Mauthausen, der andere in Dachau. Ich mußte mich damals abwenden, da ich den Anblick

dieser beiden in den Dreck getretenen und blutenden Geistlichen nicht ertragen konnte." (Georges Loustaunau-Lacau)[17]
Auch Max W e b e r erinnert sich in einem Interview mit Bettina Wenke an Mißhandlungen von Juden: „Ja, einmal haben sie achtzig Juden gebracht. Die durften nicht gleich in die Baracke, sondern mußten erst einmal draußen bleiben. Auf dem Gelände war ein Löschteich. Da haben sie sich erst einmal hinknien müssen, und dann mußten sie stundenlang auf den Knien um den Teich rumrutschen. Und wenn einer zusammengebrochen ist, haben die Wächter draufgehauen. Das habe ich selber gesehen. Die anderen mußten ihn dann aufheben. Auch die russischen Arbeiter wurden besonders schikaniert."[18]
Auch andere ehemalige Lagerinsassen schildern besonders brutale und nicht selten tödliche Mißhandlungen an ihren sowjetischen Mithäftlingen. Das waren sowjetische Zwangsarbeiter, die vorübergehend „zur Besserung" auf die Neue Bremm kamen, sie in vielen Fällen aber nicht mehr lebend verließen. Welchem Schicksal erlagen Kiril Krawzow, Petrow Rebalka und die anderen sowjetischen Häftlinge, die unter ihrem Namen oder als „Unbekannt" in dem Gräberfeld im Südfriedhof ihre letzte Ruhestätte fanden?
Louis M i g u e t : „Nachmittags: Wir laufen pausenlos um das Becken. Jetzt kommen die Bestrafungen. Eine immer im Schatten liegende Ecke des Lagers ist die reinste Eisbahn. Die SS-ler beweisen es, sie rutschen. Vier Gefangene — Russen — sind bis zum Abend barfuß im 'Entengang' über dieses Eis gelaufen. Jedesmal, wenn sie scheinbar schwächer wurden, trifft sie der Knüppel eines Deportierten *(Kapo, Anm. d. Verf.)*. Er — ein Luxemburger — handhabt ihn sehr geschickt. Freiwillig oder gezwungenermaßen? Er stirbt in Buchenwald. Offiziell heißt es, er haben sich umgebracht!"
Heinrich B r e n n e r : „Aus der Russenbaracke kam ein Trauerzug — die haben ewig gebraucht, um über den Platz zu gelangen. Ein Hund stürzt sich auf den ersten und verbeißt ihm die Beine. Der Russe steht da und lacht. Er hatte überhaupt kein Gefühl mehr für Schmerzen."
Auch Pierre V e r d u m o erinnert sich daran, daß Hunde gegen die Häftlinge zum Einsatz kamen: „Diese Gymnastik vollzog sich unter Schlägen mit dem „goumi" und bedroht durch einen Hund, den einer dieser Terroristen an der Leine hielt. Einige Male ließen sie den Hund auf Nachzügler in der Kolonne los. Das bedeutete dann eine Bißwunde in der Wade oder im Arm, oder das Verschwinden eines Jacken- bzw. Hosenstückes auf Nimmerwiedersehen."
Diese Lagerhunde spielten auch in den Verhandlungen des Rastatter Prozesses eine Rolle: „Der Zeuge Rudolf Nasse aus Forbach berichtet als erster Zeuge davon, daß auch zwei Hunde im Lager waren, die oftmals auf die Häftlinge losgelassen wurden. Besonders der Angeklagte Kunkel hat sich dieser Hunde bedient. Das eine Tier gehörte der Angeklagten Olga Braun, den anderen Hund hatte Schmieden mit ins Lager gebracht. Sämtliche Ange-

---

17) zitiert nach Bernadac Christian, Des Jours sans Fin, S. 38/39
18) Bettina Wenke, Interviews mit Überlebenden, S. 262/263

klagten hatten die Verwendung von Hunden bisher verheimlicht, doch als auch der Pole Regulski die Angaben des Zeugen bestätigt, mußte der Angeklagte Schmoll die Anwesenheit der Hunde zugeben." (NSZ, 23.5.1946)
Pierre M i g m o n schildert die Mißhandlungen an einem jungen russischen Juden: „Ich habe einer schrecklichen Szene beigewohnt, einer unter vielen, an die ich mich erinnern kann. 'Drokourt' ließ sich an einem armen jungen Russen aus, den er unter Fußtritten um das Becken laufen, rennen und kriechen ließ. Der arme Kleine war erschöpft, konnte sich nicht mehr aufrichten. 'Drokourt' schien bei diesem schrecklichen Anblick nachdenklich zu werden, legte einen Moment lang scheinbar seine Peinigerrolle ab und wurde ganz guter Großvater. Ruhig sagte er zu dem kleinen Russen: 'Haouf! Haouf!', was soviel bedeutete wie 'Steh auf! Steh auf!' Mit bloßen Füßen, Hemd und Hose zerfetzt, richtete sich der Ärmste mühsam und völlig verwirrt auf. Wir dachten, seine Pein sei jetzt beendet, aber weit gefehlt! Als er ganz langsam seinen Marsch wieder aufnahm, stürzte sich der SS-ler von neuem auf ihn, indem er wie eine große Bestie – die er ja war – auf ihn einschlug. Diesmal fiel der Junge erschöpft. Besonders traf es mich zu sehen, wie dieser Junge die Stiefel des 'Schleu' *(vergleiche boche, d. Übers.)* umklammerte und ihn anflehte, einzuhalten. Ja, das war es, was wir im Lager Neue Bremm täglich zu sehen bekamen."

Neben Juden, Geistlichen und sowjetischen Zwangsarbeitern wurden auch die italienischen Kriegsgefangenen, die sogenannten „Badoglio-Soldaten"[19] und die Häftlinge mit dem N.N. (d.h. „Nacht und Nebel")-Vermerk besondere Zielscheiben und nicht selten Opfer der Wut ihrer Bewacher.

Über die N.N.-Transporte schreibt Eugen Kogon: „Bald kam von der politischen Abteilung her im Lager *(Buchenwald, Anm. d. Verf.)* das Stichwort 'NN-Transporte' auf. Man konnte anfangs glauben, daß es sich um eine Spezialmaßnahme gegen die Niederländer handelte. Bald sickerte jedoch die wahre Bedeutung durch: 'Nacht- und Nebel-Transporte' erfaßten einige hundert Holländer, Franzosen und Belgier, die nach 'rassenbiologischer Untersuchung' Sonderversuchen in anderen Konzentrationslagern, besonders in dem berüchtigten Natzweiler zugeführt wurden.

Nach welchen Gesichtspunkten die Auswahl für die NN-Transporte erfolgte, ist nie ersichtlich geworden. Im Februar 1941 nach Buchenwald eingelieferte 150 niederländische Geiseln aller *(politischen, Anm. d. Verf.)* Richtungen hatten jedoch Vorzugsbehandlung erfahren und waren nach verhältnismäßig kurzer Zeit wieder entlassen worden. Hingegen befand sich unter den im April 1942 eingebrachten rund 300 Niederländern eine größere Anzahl von Kommunisten, aus denen 85 Mann ausgewählt, schon wenige Tage später dem Konzentrationslager Groß-Rosen überstellt wurden und dort restlos liquidiert wurden.

19) Nach dem Zusammenbruch des faschistischen Regimes in Italien und dem Sturz Mussolinis bildet Marschall Badoglio am 26.7.1943 ein neues Kabinett ohne faschistische Mitglieder. Am 3.9. schließt er den Waffenstillstand Italiens mit den Alliierten und am 13.10. desselben Jahres erklärt die Regierung Badoglio Hitlerdeutschland den Krieg.

Die für die NN-Transporte bestimmten Häftlinge durften ab sofort nicht mehr an ihre Angehörigen schreiben. Ihr Schicksal im KZ Natzweiler war, wie dann allmählich bekannt wurde, recht verschieden." Es folgt eine Beschreibung der schlechten Lebensbedingungen in Natzweiler. Kogon weiter: „Auch im KZ Natzweiler trat im Laufe der Zeit auf manchen Gebieten eine gewisse Änderung ein, teils durch Verdrängung der BVer *(Berufsverbrecher; z.T. kleine Kriminelle, Anm. d. Verf.)*, teils durch Korruption und Ermüdung der SS, so daß es nicht mehr allen der später aus den verschiedenen Lagern angekommenen NN-Häftlingen gleich schlecht erging, obwohl noch sehr viele zu Tode kamen. Besondere Experimente, wie ursprünglich beabsichtigt, scheint man mit ihnen nicht mehr gemacht zu haben. Überlebt haben die Transporte gleichwohl nur sehr wenige."[20]

Wir fanden jedoch auch andere Erklärungen für die NN-Transporte. Daß auch den betroffenen Häftlingen selbst nicht klar war, was das NN bedeutete und welche Folgen damit verbunden waren, geht aus folgender Aussage von Edmond Michelet hervor. Er schreibt: „Diejenigen unserer Kameraden, die den finsteren Vermerk 'N.N.', 'Nacht und Nebel', trugen, wurden in die verschiedensten Lager verschlagen, ohne daß es möglich war, darin ein Motiv zu erkennen. Und das zu einer Zeit, als der Nazi-Kriegsapparat noch einen durchaus intakten Eindruck machte."[21]

In einem Geschichtsnachschlagwerk eine ganz allgemeine Erklärung: „7. Dezember 1941, Nacht- und Nebel-Erlaß des Oberkommandos der Wehrmacht. Er richtet sich vor allem gegen den antifaschistischen Widerstandskampf auf den vom Hitlerfaschismus okkupierten Territorien Europas. Sieht schwere Bestrafungen (meist Todesstrafe) politischer Gegner des Faschismus vor."[22]

Louis M i g u e t, ein NN-Häftling, schildert den Empfang im Lager: „Die Registrierung unserer Namen. Der SS-Offizier, der den Vorgang überwacht, zeigt auf mich und fragt den Schreiber: 'Warum NN?' Die Antwort 'Ich weiß nicht' bringt mir eine Ohrfeige ein, die sich gewaschen hat."

„'Schmidt' hat man gerufen. Schmidt ist ein deutscher antifaschistischer Schriftsteller, der mit uns gemeinsam aus Cherche-Midi ankam. — 'So hilfst du uns also den Krieg zu gewinnen?' schreit ihm der SS-ler beim Näherkommen entgegen. Schmidts Exekution durch Stockschläge dauerte keine drei Minuten. Man reißt ihn hoch, er stirbt, man wirft ihn über die Umzäunung. — Die Juden, die Geistlichen, die Hitlergegner! — die Nazihysterie war auf ihrem Höhepunkt." (Georges Loustaunau-Lacau)[23]

Noch einmal zurück zu Louis Miguets Ankunft im Lager Neue Bremm am 21.12.1943: „Eine Ohrfeige befördert mich direkt vor ein viersprachiges Schild: 'Ihr seid hier, um zu leiden und zu sterben. — Die Nahrung, die man euch gibt, ist nur ein Geschenk!' Diese Tafel wurde am Vorweihnachtsabend entfernt."

20) Kogon, Eugen, Der SS-Staat, S. 190/191
21) Michelet Edmond, Rue de la Liberté, S. 52/53
22) Autorenkollektiv, Weltgeschichte in Daten, Berlin 1965, S. 942
23) zitiert nach: Bernadac Christian, Des Jours sans Fin, S. 39

Alle Schilderungen über die im Lager Neue Bremm verübten Greueltaten legen den Schluß nahe, daß sie am Morgen nach dem „Fest der Liebe" wieder am Lagereingang hing...

„Wir waren alle verlaust": Das Krankenrevier

Angesichts der schon beschriebenen Ernährungslage und der miserablen hygienischen Verhältnisse ist es kaum verwunderlich, daß Kranke im Lager Neue Bremm nicht die Ausnahme, sondern die Regel waren. Und bestimmte durch die Umstände zwangsläufig auftretende Krankheiten wie Ungezieferbefall (Fernande Haag: „Wir waren alle verlaust") und Unterernährung wurden wohl auch von der Lagerleitung gar nicht als solche gesehen und bekämpft. René Mérard berichtet z.b., daß erst in Mauthausen seine bereits sehr weit fortgeschrittene Unterernährung behandelt wurde: „Bei der Ankunft in Mauthausen habe ich neuen Mut gefaßt. Obwohl es von diesem Lager hieß, es sei sehr hart, erhielten wir hier zweimal täglich Suppe statt eingedicktem Wasser wie im Lager Neue Bremm. Bei der Ankunft wurde ich ins Krankenrevier eingewiesen bis zum 14. Juli *(d.h. zehn Wochen!, Anm. d. Verf.)*, sie päppelten uns wieder soweit auf, daß wir zur Arbeit gehen konnten."
So wurde Marcel Saussard erst in Mauthausen Hilfe zuteil: „Zu Fuß im Lager angelangt *(Mauthausen, Anm. d. Verf.)*, wurde ich dem Krankenrevier zugeteilt, wo meine von den Läusen verursachten Wunden — eitrige Beulen — gepflegt werden sollten. Geheilt — nach 14 Tagen — verbrachte ich eine Woche im Zentrallager." Inwieweit nun tatsächlich eine Relativierung hinsichtlich der Zustände in Mauthausen zutraf, mag dahingestellt sein; der Berichterstatter empfand sie jedenfalls subjektiv so. Für die „ernstlich" Erkrankten gab es auch im Lager Neue Bremm ein Krankenrevier, das aber von der Ausstattung her kaum geeignet schien, den Patienten Heilung oder auch nur Linderung zu verschaffen. Folgerichtig wurde es auch meistens nur als letzte Station für offensichtlich unheilbare Fälle benutzt, die dann in dieser Baracke ihrem Tod entgegendämmerten.
Eine in der NSZ vom 30.5.1946 dokumentierte Zeugenaussage belegt besonders eindringlich, daß diese Krankenstube nur eine Farce war und das Leben der Lagerinsassen kaum erleichterte: „Aus dem Gefängnis in Reims kommend, wurde ein Schriftsteller, Schmidt-Weber, ins Lager gebracht, der sehr leidend war. Ein im Lager anwesender französischer Arzt hatte gebeten, diesen Menschen schonend zu behandeln. Hornetz habe den Schwerkranken aber noch am gleichen Abend über eine Stunde lang Kniebeugen machen lassen, bis er durch einen anderen Wächter in die Krankenstube gebracht werden mußte. Am anderen Morgen war der Schriftsteller tot." Es ist anzunehmen, daß ihm dann die im Lager übliche letzte Behandlung zuteil wurde, zu der der französische Hauptmann Dumolin im Zeugenstand des Rastatter Prozesses aussagte, daß „die Leichen der auf so gräßliche Weise getöteten Häftlinge vom Krankenrevier aus einfach auf den Misthaufen des Lagers geworfen worden ... (wären)" *(NSZ, 25.5.1946)*

Im Revier müssen zeitweise auch Sanitäter gearbeitet haben, denn im Prozeß wurden zwei als solche bezeichnete Männer, Saar und Dörr, zu 15 bzw. 10 Jahren Gefängnis mit Zwangsarbeit verurteilt. Aber, wie gesagt, nur zeitweise, denn es gibt eine Reihe von Erlebnisberichten ehemaliger Häftlinge, die ausdrücklich betonen, es habe von der Lagerleitung aus keine medizinische Betreuung gegeben.

Dazu Pierre de F r o m e n t : „Der große Tätowierte wurde nach einem Hitzschlag ins Revier eingewiesen, weil er über 40 Grad Fieber hatte. Ein schönes Revier jedoch, in dem es weder einen Arzt noch einen Sanitäter oder Medikamente gab. Sein einziger Sinn besteht in der Befreiung von Arbeit, Appellen und Schlägen, und das ist bereits enorm!"[24] Aber selbst das galt nicht immer: „...sogar die Kranken aus dem Krankenrevier müssen zum Appell nach draußen", schreibt René Mérard in dem Bericht über seinen Aufenthalt auf der Neuen Bremm.

Andererseits gab es auch Zeiten, in denen die Krankenstube ihren wahren Zweck erfüllte, in denen den hier eingelieferten Patienten wirklich geholfen wurde. Das war nicht etwa auf einen Gesinnungswandel der Lagerleitung zurückzuführen, sondern immer dann der Fall, wenn ein Arzt oder ein anderer in der Krankenpflege bewanderter Lagerinsasse von der SS die Erlaubnis erwirkt hatte, sich um die Kranken im Revier kümmern zu dürfen. Wie sich dann das Leben dieser Patienten veränderte, beschreibt André Laithier am Beispiel des französischen Pater Jacques, der, nachdem das Revier ein Jahr verwaist gewesen war, den Wächter Hornetz so lange drängte, bis ihm dieser erlaubte, den Kranken zu helfen.

André L a i t h i e r schreibt: „Er *(Pater Jacques, Anm. d. Verf.)* verausgabte sich, ohne an sich zu denken. Er wusch die Kranken einen nach dem andern. Er leistete Übermenschliches trotz der Schläge, mit denen er täglich dafür belohnt wurde; mehrmals bezog er Prügel, weil er Medikamente und Verbandszeug verlangt hatte. Niemals ließ er sich trotz all dieser Nachstellungen von seiner selbstgesteckten Lebensrichtlinie abbringen. Er nutzte den Einfluß, den er offensichtlich auf Hornetz hatte, aus und kam jeden Tag in die Küche, um die aus den SS-Quartieren zurückgekommenen Essensreste in den Feldkessel als zusätzliche Nahrung für die Kranken zu fordern: bessere Suppe, Kartoffeln usw. Er hatte keine Angst, eine Abfuhr erteilt zu bekommen, ja selbst brutal abgewiesen zu werden. Ich kann das bezeugen, denn ich war damals dem Spüldienst zugeteilt. Mit Hartnäckigkeit erreichte er schließlich, daß diese zusätzliche Nahrungszuteilung an die Kranken zur Gewohnheit wurde. An Ostern erkühnte er sich sogar, von Hornetz die Erlaubnis zu bitten, am nächsten Tag in der Krankenstube die Messe zu zelebrieren. Hornetz selbst konnte diese Erlaubnis nicht geben. Er versprach, das Anliegen dem Lagerkommandanten vorzutragen... Tat er es wirklich? Ich weiß es nicht. Bis zum Abend hatten wir etwas Hoffnung. Dann kam die Antwort, ein Nein."[25]

---

24) Bernadac Christian, Des Jours sans Fin, S. 40/41
25) Bernadac Christian, Des Jours sans Fin, S. 44

Doch diese Zeiten, in denen sich ein Kamerad aufopferungsvoll für sie einsetzte, währten nie lange. Denn so wie ständig neue Lagerinsassen ankamen, wurden auch mehrmals wöchentlich Transporte zusammengestellt, die diejenigen, die Tage oder Wochen hier waren, in andere Konzentrationslager bringen sollten. Auch Pater Jacques erhielt auf seine Bitte, bei den Kranken auf der Neuen Bremm bleiben zu dürfen, vom Lagerkommandanten Schmoll nur die lapidare Antwort: „Ich bin nicht befugt, eine Liste über den Abtransport von Häftlingen zu ändern, die von der Gestapo in Paris erstellt wurde." (André L a i t h i e r)[26]

Es gab auch Frauen „ in einem kleinen Lager nebenan..."

Das Sonderbarackenlager II

Ein Frauenlager gab es auf der Neuen Bremm nicht von Anfang an. Wie bereits in der Entstehungsgeschichte des Lagers erwähnt, wurde erst im Dezember 1943 der Antrag auf Errichtung eines 'Sonderbarackenlagers II' gestellt, also ein halbes Jahr nach Beantragung des ersten Teils. Zu diesem Zeitpunkt standen allerdings auch hier die Baracken schon. Das spätere Frauenlager entstand gegenüber dem Männerlager auf der anderen Straßenseite des Alstinger Weges.
Mit dem Bau waren wohl Saarbrücker Bauunternehmungen befaßt, die Zeugen sprechen auf jeden Fall von „Zivilisten". Aber auch hier kam die in anderen Konzentrationslagern und schon beim Männerlager Neue Bremm „altbewährte" SS-Methode zur Anwendung, wonach die Häftlinge sich ihre späteren Folterstätten unter größten Entbehrungen und Qualen selbst errichten mußten. So waren am Bau des „Sonderbarackenlagers II" auch die Häftlinge des gegenüberliegenden „Sonderbarackenlagers I", des Männerlagers, beteiligt.
Frage: „Was kannst du über das Frauenlager sagen?"
J. Weiskircher: „Der von Burbach, der Braun, wollte mich durch irgendeine Sache umbringen und der Kartes — der hat fünf Jahre gekriegt — von Wemmetsweiler/Stennweiler, der half mir; er fragte mich: 'Kannst du Holzarbeiten machen?' — Es war meine Lieblingsbeschäftigung außerhalb meines Berufes als Bergmann. Er sagte mir: 'Da wird ein neues Lager gemacht, für Frauen.'"

---

26) Bernadac Christian, Des Jours sans Fin, S. 45

Baugesuch des *Reichsbauamtes Saarland-Ost*

hier *Moltke*str. Nr. *5* vom *24.9.43*

betr.: *Errichtung eines Sonder-Barackenlagers II*

auf dem Grundstück *Josef-Bürckel-Straße (Maria Braun)*

Bauverwaltungsamt   Saarbrücken, den *15.12.43*
Nr. 60/ *368* II

1. Das Baupolizeiamt übersendet den Baugenehmigungsantrag nebst Unterlagen mit Schreiben vom *10.12.* 194*3* zur Stellungnahme.

   [Stempel: 16. DEZ 1943   265/43]

2. Mit *4* Anlagen *(1 Aktenheft u. 3 Pläne)*

   G.R.

   a) dem Vermessungs- und Liegenschaftsamt
   b) dem Planungsamt
   c) dem Kanalbauamt

   übersandt mit der Bitte um Prüfung und Angabe der von dort zu stellenden Bedingungen.

Termin: je 2 Tage

[Stempel: 29. DEZ 1943 18³⁰]

St.A. 64   S. 28.12.43

Grundstück gehört Stadt und ist an den Reichsminister des Innern, vertreten durch den Polizeipräsidenten in Saarbrücken, verpachtet. Gegen widerrufl. Genehmigung für Kriegsdauer keine Bedenken.

Weiter an Planungsamt

...und wieder ein Baugesuch

Stadtamt 61 Sbr., den 31. Dez. 1943
Tgb. Nr. 1838

An Stadtamt 663.
Die Baracken sind fertig, es kann sich nur um eine kriegsbeding[te]
Massnahme auf Kriegsdauer handeln. Unter diesen Voraussetzungen
keine Bedenken.

J.A.

[Unterschriften, Stempel: 4. JAN. 1944]

Der Oberbürgermeister Saarbrücken, den 5.1.44
Nr. 60/368/II
1) Auf die Urschrift ist zu setzen:
   U.
   ───── dem Baupolizeiamt

zurückgesandt. Die Baracken sind bereits fertig. Gegen eine
widerrufliche Genehmigung auf Kriegsdauer bestehen keine
Bedenken.
Einholung der Stellungnahme des Schutzbereichsamtes ist
Sache des Antragstellers.

2) z.d. Hausakten

I.A.

31. Dezember: „Die Baracken sind fertig"

Offensichtlich wurden beim Bau dieses Lagers bevorzugt die saarländischen Häftlinge eingesetzt, die aufgrund ihrer Sprach- und Ortskenntnisse und der Tatsache, daß sie leicht bei Bekannten oder Verwandten Unterschlupf finden konnten, besonders „fluchtverdächtig" waren und deshalb auch nicht den in der Stadt arbeitenden Kommandos zugeteilt wurden. Mehrere Aussagen ehemaliger Häftlinge belegen, daß das spätere Frauenlager vor seiner endgültigen Fertigstellung noch eine andere Funktion als „Schneider"-Lager oder Lager „Die Schneider" erfüllte.
Eine dieser Aussagen stammt von Pierre V e r d u m o, der darin auch den schon einmal an anderer Stelle erwähnten Fluchtversuch eines Kameraden schildert:
„Mit ihm *(gemeint ist Drokur, d. Übers.)* waren wir gegen Ende März in dem Lager arbeiten, das man 'Die Schneider' nannte. Dieses Lager war auf der anderen Straßenseite in Bau. Sein Eingang war dem unseren gegenüber leicht (10 m) verschoben. Der Aufbau wurde von Zivilisten geleistet. Der Eingang war nicht wie der unsere bewacht. So kamen und gingen die Arbeiter ganz normal ohne Kontrolle. In diesem sich noch im Bau befindlichen Lager war eine Baracke bereits fertiggestellt. Sie war aus Holz und stand auf einem Meter hohen Betonsockel. Man mußte vier bis fünf Stufen hinaufsteigen, um in den Raum zu kommen. Darin waren Tische, Schemel und in einer Ecke haufenweise Jacken und Hosen. Diese Sachen stammten von deutschen Soldaten, die an den verschiedenen Fronten getötet worden waren. Sie waren gereinigt worden, zeigten aber Löcher, sicherlich Spuren von Kugeln. Jeden Morgen verließen wir das Lager, wurden beim Wachtposten gezählt und legten die etwa 30 Meter bis zu den 'Schneidern' zurück. Das vollzog sich viermal täglich: morgens, mittags (zum Essen), um 13 Uhr und abends am Ende des Arbeitstages, immer vor Einbruch der Nacht. Jeden Morgen teilte Drokur jedem eine Jacke, oft auch zwei, und eine Hose zu. Wir nahmen unsere Plätze an einem der Tische ein. Dann gab er wieder jedem eine Rasierklinge oder eine kleine Messerklinge. Man mußte sie ihm mittags (bevor es zum Essen ging) und abends (am Ende des Arbeitstages) zurückgeben. Ein Unglück für den Ärmsten, der seine Rasierklinge zerbrochen hatte, denn dafür gab es Schläge wegen Sabotage. Von diesen Jacken und Hosen mußten wir mit unserer Klinge und ohne den Stoff zu beschädigen alle Nähte, Taschen, Ärmel, Kragen, Säume, Futter, Knopflöcher ab- bzw. auftrennen. Dann hieß es, alle aus den Nähten gezogenen Fadenstückchen zu entfernen. Der 'Goumi' trat für denjenigen in Aktion, der ein Fädchen übersehen, in den Stoff geschnitten oder seine Arbeit bis zum Abend nicht beendet hatte...
Drokur führte die Aufsicht über die Werkstatt. Er saß auf einem ziemlich hohen Stuhl am Fenster, den Revolver in Reichweite, und konnte so die Werkstatt und einen großen Teil des Hofes überblicken. Den Hof, auf dem sich die 'Aborte' befanden. Etwa 15 Meter vom Block entfernt und seinem Fenster gegenüber. Wir konnten frei zum WC gehn, nachdem wir darum gebeten und die Erlaubnis unseres 'Metzgers' erhalten hatten. Es war unmöglich, daß zwei gleichzeitig gegangen wären, man mußte abwarten, bis der

Vorgänger zurück war. Eines Tages jedoch versuchte einer der Kameraden aus meinem Transport die Flucht und hatte trotz Drokurs Wachsamkeit Erfolg.
Während unseres Aufenthaltes im Lager Neue Bremm rasierte man uns die Schädel, aber wir behielten unsere Zivilkleidung. Dieser Kamerad hatte also, nachdem er aus den 'Aborten' gekommen war, festgestellt, daß Drokur (einen kurzen Augenblick nur) nicht aufpaßte und sich unter das Kommen und Gehen der *(Zivil-, Anm. d. Verf.)* Arbeiter gemischt. Er fand sich außerhalb des Lagers in Freiheit wieder. Das hatte sich morgens zugetragen, und trotz des Zählens und wiederholten Zählens (eine Spezialität der SS-ler) mittags und um 13 Uhr am Wachtposten, bedurfte es eines besonderen Appells am Nachmittag, daß sie die Flucht bemerkten. Da dieser Kamerad keine Ahnung von der deutschen Sprache hatte, wurde er zwei Tage später in Metz aufgegriffen und ins Lager zurückgebracht.[27] Geprügelt und von den SS-lern sehr schlimm zugerichtet, fuhr er mit mir zusammen nach Mauthausen. Er kehrte aus der Deportation zurück. Ich glaube, daß er noch lebt, aber er ist schon seit mehreren Jahren schwer krank..."

René M o t t e t : „Ich meinerseits konnte einige Tage der Ruhe als 'Schneider' verbringen, wobei die Arbeit darin bestand, Uniformen aufzutrennen."

Marcel S a u s s a r d : „Es war kein Arbeitslager; mit Ausnahme einiger Tage, die manche von uns damit zubrachten, Militäruniformen auszubessern (die besten Tage!)"

Die beschriebenen Schikanen als „Tage der Ruhe" oder „die besten Tage" zu bezeichnen... — Wie schrecklich muß das „normale" Lagerleben erst gewesen sein!

Wie kamen Frauen ins Lager Neue Bremm, und was geschah später mit ihnen? Stellvertretend für alle hier der Leidensweg von Fernande H a a g, die Ende Januar 1944 im Lager Neue Bremm ankam und hier einige Wochen verbrachte: „Wir — mein Mann, unser neun Monate altes Baby und ich — waren im Januar 1943 in das P.R.O.*-Lager nach Leubus in Schlesien gekommen. Unser Baby starb im Februar '43 in Leubus. Im September desselben Jahres floh ich mit einigen Freundinnen und versteckte mich bei meinen Eltern, bis mein Mann sich ebenfalls befreien konnte, was im Januar '44 um den 2.1. dann auch gelang. Aber aufgrund einer Denunziation wurden wir beide wieder verhaftet. Danach gingen wir durch Lager *(u.a. auch das Lager Neue Bremm; d. Verf.)* und Gefängnisse bis nach Breslau, das wir vier Monate später wieder verließen, um nach Strigau ins P.R.O.-Lager zu kommen. Mein Mann erholte sich später nie wieder, er wog noch 39 kg, hatte in diesen vier Monaten 40 kg verloren. Die P.R.O.-Familien fragten mich, was haben sie nur mit euch gemacht, daß ihr nur noch so wenig wiegt, aber wir hatten solche Angst, daß sie es nicht glauben würden. Ich darf nicht vergessen, daß uns beim Verlassen des Breslauer Gefängnisses, wo mein Mann von morgens bis abends mit anderen Unglücklichen übereinandergeschichtet war und un-

---

* P.R.O. = Patriotes Résistants à l'Occupation — Franzosen, die in den von den Nazis besetzten Ländern organisierten Widerstand leisteten.
27) In Elsaß-Lothringen war zu dieser Zeit Deutsch die Amtssprache

ter ihnen die Toten, ein SS-ler ankündigte: 'Beim nächsten Mal seht ihr die Sonne nicht wieder!' Und im Mai 1944 kam die Gestapo in die Schweißerwerkstatt, in der mein Mann damals arbeitete, um ihm mitzuteilen, daß wir beide von neuem verhaftet werden sollten, weil er sich geweigert hatte, die deutsche Staatsbürgerschaft anzunehmen. Glücklicherweise sind dann die Russen einmarschiert und haben uns am 26.1.1945 evakuiert. Wir kamen sechs Monate später am 28.8.1945 wieder nach Lothringen zurück."
Daß es in Saarbrücken und Umgebung Zwangsarbeiterinnenlager gab, ist bekannt. Auch Emil Limbach erwähnte das in dem Interview, das wir mit ihm führten. Und so wurden nicht wenige Frauen — ähnlich wie ihre männlichen Leidensgefährten — aus diesen Lagern auf die Neue Bremm geschickt, um hier ,,erzogen" oder ,,diszipliniert" zu werden. Schließlich ist neben den Widerstandskämpferinnen und Zwangsarbeiterinnen noch eine dritte Kategorie von weiblichen Häftlingen bekannt: Lothringerinnen, deren Männer, Brüder oder Väter sich geweigert hatten, Soldaten der Hitler-Wehrmacht zu werden.
Die NSZ vom 21. Mai 1946 schreibt: ,,...daß ein junger Franzose, obwohl er total erblindet war, an Händen und Füßen gefesselt wurde und von den Bestien des Lagers eine ganze Woche hindurch ohne Nahrung gelassen worden ist. Dabei war dieser arme Mensch nur deshalb durch die Gestapo verhaftet worden, weil sein jüngerer Bruder sich geweigert hatte, einem Gestellungsbefehl zur deutschen Wehrmacht Folge zu leisten, da er nicht gegen seine eigenen Landsleute kämpfen wollte. Aus dem gleichen Grund waren auch mehrere junge Französinnen verhaftet worden, die im Frauenlager von 'Neue Bremm' schlimmsten Demütigungen und Qualen ausgesetzt waren. So waren diese Ärmsten während der glühenden Augusthitze zu 200 Frauen in einem kleinen Unterkunftsraum eingesperrt, wobei sie acht Tage hindurch kein Wasser zum Trinken noch zum Waschen bekamen. Die Fensterläden mußten von fünf Uhr nachmittags bis zum anderen Morgen fest verschlossen bleiben, und vor jedem Fenster stand die ganze Nacht hindurch ein SS-Posten mit geladener Schußwaffe, um auch nur das geringste Lüften zu verhindern. Auch diese Zeuginnen waren bei ihrer Ankunft in Saarbrücken aller Eßwaren und Wertsachen beraubt worden, wobei in einem Falle die Angeklagte Frau Koch als diejenige geschildert wurde, die eine wertvolle Damenuhr an sich genommen hatte."
Zwei Tage später heißt es in der gleichen Zeitung: ,,Der Zeuge Armand Urschell aus Forbach, ein junger Mensch, war aus der deutschen Wehrmacht desertiert und gehörte dann der Widerstandsbewegung an. Er war mit seiner Frau und Schwiegermutter verhaftet worden..."
Im ,,Sonderbarackenlager II' gab es eine eigene, aus Frauen bestehende Wachmannschaft. Einige dieser Frauen wurden gefaßt und im Rastatter Prozeß für ihre Greueltaten zur Verantwortung gezogen.
,,Im Frauenlager hat Frau Koch gleich nach Frau Thome, bezüglich der Gewalttätigkeiten und Unmenschlichkeiten, die größte Schuld von allen hier anwesenden angeklagten Frauen auf sich geladen. Ihr Urteil, meine Herren, wird dieses in Rechnung stellen und Frau Bruhns ganz hinter Frau Koch in

unmittelbarer Nähe folgen lassen. Sie führte eine unmenschliche, strenge Ordnung im Frauenlager ein und verlangte für sich größte Achtung, während sie ihre Opfer gleichzeitig durch tiefste Mißachtung zu erniedrigen verstand. Wenn der Fall der Frau Schröder in ihrer Eigenschaft als Wächterin im Frauenlager zunächst auch etwas mildernde Beurteilung zu verdienen scheint, so darf aber trotzdem nicht vergessen werden, daß diese angeklagt wird, hinterher eine zeitlang in der Küche beschäftigt gewesen zu sein und dies ausgenutzt habe, um die Häftlinge in der Ernährung zu ihrem eigenen Vorteil zu schädigen." *(NSZ, 6.6.1946)*

Die letztgenannte Frau Schröder war übrigens erst nach Prozeßbeginn in der amerikanischen Zone verhaftet und dann nach Rastatt gebracht worden *(siehe dazu NSZ, 18.5.1946).*

Die Tatsache, daß sie nach ihrer einjährigen Beschäftigung im Frauenlager dann in der Küche des Männerlagers Dienst tat, beweist schon, daß die beiden Lager verwaltungsmäßig eine Einheit bildeten. So wurden die Küche und der Duschraum — wenn überhaupt — gemeinsam genutzt. Heinrich Brenner berichtet im Laufe unseres Interviews, daß er beobachtet hat, „wie Frauen nackt ins Bad, ins Männerlager getrieben wurden, ohne Handtuch. Sie schrien, weil das Wasser zu heiß war, kochend heiß, dann wurde es eiskalt und wieder kochend. Molotov war dafür verantwortlich."

Kein Hinweis darauf, daß man mit den Frauen etwa rücksichtsvoller umgegangen wäre als mit ihren männlichen Leidensgefährten auf der anderen Straßenseite. Warum auch? Gleiche „Verbrechen", gleiche Foltermethoden. Frauen, die in der Widerstandsbewegung politisch aktiv gewesen waren, die ihre Männer, Söhne und Väter versteckten, damit sie nicht für Hitler in den Krieg mußten, oft — wie im Falle der Elsaß-Lothringer — gegen die eigenen Landsleute, waren für die Nazis keine richtigen Frauen. Die nämlich taten das, was der Führer befahl und schenkten ihm möglichst viele Kinder für die Front. Sie wurden verehrt, bekamen Mutterkreuze. Frauen, die Widerstand leisteten, wurden gejagt, eingesperrt, gefoltert und nicht selten ermordet. Und sie waren sexuelles Freiwild.

Eine Aussage von Jakob L o r s c h e i d e r belegt, daß auch in Saarbrücken — zumindest in der Gestapo-Hauptstelle im Schloß, wohin auch die Frauen zur Vernehmung gebracht wurden — Vergewaltigungen an der Tagesordnung waren: „Ich habe im Schloß erlebt, daß sie auch bei der Vernehmung in den

Lagerskizze, von Pierre Verdumo aus dem Gedächtnis angefertigt.

1) Das Lager; 2) Stacheldrahtzaun; 3) Straße (nach Spichern); 4) Hauptstraße Saarbrücken — Metz; 5) Lagereingang; 6) „Schreibstube" (Büro, in dem die Personalien aufgenommen wurden); 7) Küche und Lebensmittelmagazin; 8) Desinfektionsbaracke; 9) „Waschraum"; 10) Häftlingsbaracken; 11) Das Becken; 12) Zugang zum Hasenstall und zu dem von den Häftlingen zu bearbeitenden Feld; 13) Hasenstall; 14) Aborte und Dach, unter dem die Leichen bis zum Abtransport lagen; 15) Zellen; 16) Wachposten und SS-Unterkünfte; 17) Eingang zum Lager „Die Schneider" (nicht bewacht); 18) Schneiderbaracke; 19) Eingang der Schneiderbaracke; 20) Fenster, von dem aus Drokur den Hof überwachte; 21) Abort für die „Schneider"; 22) Weg, den man nehmen mußte, um zum Abort zu gehen; 23) sich noch im Bau befindliche Baracken

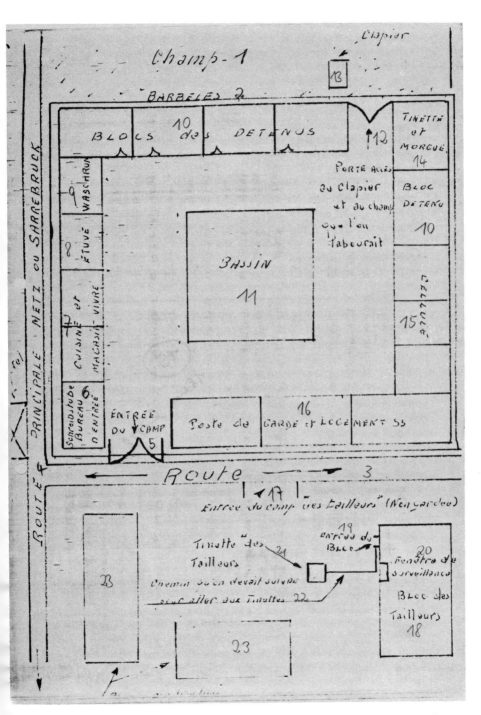

Käfig gesperrt wurden. Einmal ist ein SS-Mann, so ein alter Depp, zu mir gekommen und hat gesagt: 'Der habe ich mal gezeigt, was ein Deutscher ist!' Ich habe eingehakt und ihn gefragt. Im anderen Raum waren französische Frauen gewesen. Die haben sie geschlagen, daß sie schrien. 'Das geht dich nichts an, du kommst auch noch dran', hat er geantwortet! Die Frauen waren aus dem Maquis und haben den SS-lern nichts gesagt. Sie kamen dann an mir vorbei, keinen weißen Fleck mehr im Gesicht, die Kleider zerrissen, die Haar zerzaust, sie haben auch geblutet. Ich kann mir vorstellen, daß sie vorgewaltigt worden sind. In Dachau habe ich später eine Frau getroffen, die war auf der Neuen Bremm gewesen. Sie erzählte, daß sie geschlagen und vergewaltigt wurde."

Wie die Frauen ihren Aufenthalt auf der Neuen Bremm empfanden, die täglichen Quälereien und Demütigungen, das kann wohl heute niemand mehr nachempfinden, der nicht ähnliches durchgemacht hat. Deshalb möchten wir im folgenden stellvertretend für alle, die durch dieses „Sonderbarackenlager II" und die Hände seiner Wärterinnen gegangen sind, vier von ihnen zu Wort kommen lassen.

Lucie M o r i c e war vom 5. bis 11. August 1944 auf der Neuen Bremm. Sie schreibt: „Saarbrücken: Ankunft im Bahnhof um Mitternacht, das Lager Neue Bremm einige Kilometer entfernt. Das ist ein Vergeltungslager, wo die Gefangenen mit rasierten Schädeln, zu Skeletten abgemagert, mit blutigen Füßen bei jedem Schritt unter Schlägen straucheln, die ihnen von diesen blutrünstigen Monstern beigebracht werden. Wir kommen mitten in der Nacht im Lager an, herumgestoßen, geschlagen, grob beschimpft. Man pfercht uns im 'Salatkorb' zusammen, es fehlt uns an Luft, wir haben Durst. Wir kommen in einen riesigen Hof und erahnen in der Mitte eine große Wasserfläche. Man führt uns in eine Baracke, im Dunkeln, unter Beschimpfungen müssen wir auf die oberen Pritschen klettern, wo schon Kameradinnen liegen, die vor unserem Transport angekommen sind. Die Luft ist nicht zu atmen, schwer, wir sind 64 in einem hermetisch abgeschlossenen Raum mit einem Kasten, der als WC dient. Einige heimliche Stöße gegen die benachbarte Zwischenwand sagen uns, daß nebenan noch andere Französinnen sind. Eine Verhaltensmaßregel wird uns mit leiser Stimme gegeben: 'Absoluter Gehorsam oder Tod!' Um fünf Uhr brutales Wecken.

Wir finden unsere Koffer wieder, die wir in der Nacht liegengelassen hatten, und können einige Kekse aus den in Romainville verteilten Rot-Kreuz-Päckchen knabbern. Wir sind vom Männerlager durch ein Gitter getrennt. Einige wagen es, näherzukommen und flehen uns mit einem Ausdruck tiefster Traurigkeit in ihren verstörten Blicken an, ihnen etwas zu essen zu geben. Instinktiv reichten wir ihnen die leichtesten Sachen, aber die auf der Lauer liegenden Monster stürzen sich auf sie und schlagen sie mit den Gewehrkolben nieder. Wir erschaudern, weinen, zur Strafe werden uns die Koffer und Päckchen weggenommen. Jetzt besitzen wir nichts mehr, alles wird an die finsteren Deutschen gehen, wir müssen unter Zwang auch noch eine Einverständniserklärung dafür unterschreiben, das ist wirklich der Gipfel. Dieses Lager jagt uns schreckliche Angst ein. Es ist unser erstes, wir ahnten bisher nicht, daß es solche Rohheit gibt. Die unglücklichen, abgemagerten und zerlumpten Häftlinge müssen um diesen Tümpel laufen, in der Hocke, auf den Knien, die Hände erhoben, hüpfend. Wenn sie fallen, zwingen ein oder mehrere SS-ler sie mit Fußtritten, mit Schlägen ins Gesicht wieder aufzustehen, wenn sie ins Wasser fallen, werden sie noch geschlagen; all das geschieht, während wir bestürzt zuschauen. In Fünferreihen in der prallen Sonne laufen wir stundenlang um dieses riesige Gelände und treten Kohlenstaub fest; es gibt kein Wasser zum Waschen, die Unglücklichen, die noch ihre Regel bekommen, sind verzweifelt. Eine scheußlich versalzene Suppe aus Brennesseln oder Kohl — das ist unsere Tagesmahlzeit, dazu eine Scheibe Schwarzbrot oder Brot aus mir unbekannten Getreidesorten, nicht ein Glas Wasser, das ist hart!

Der Leidensweg durch dieses Lager war nur ein Durchgang, ein Aufenthalt von Monaten, das wäre hier der schleichende, grausame Tod. Wir verließen das Lager Neue Bremm nach einem furchtbaren Bombenangriff, diese Monster hatten uns eingesperrt und waren mit den Autos in Richtung Berge geflüchtet. Die Bomben explodierten, überall Schreie. Bei ihrer Rückkehr wurden sie von einer laut schallenden Marseillaise empfangen, das gab uns selbst Mut. Ein zweiter Alarm, wir waren im Waschraum eingesperrt. Aber selbst hier — kein Tropfen Wasser. Bevor wir in die Zellwagen kletterten, gab es endlich ein Glas Wasser aus einem Brunnen. Wir mußten es eiskalt hinunterstürzen und dann begann in Viehwaggons die lange Reise nach Ravensbrück (Ankunft am 15. August 1944) und später nach Sachsenhausen (1945)."

Auch Susanne O r t s erinnert sich. Sie war vom 13. bis zum 21. Juni 1944 in Saarbrücken: „Nach unserem Aufenthalt in Romainville, nach der unter guten Bedingungen in Abteilen der dritten Klasse verlaufenen Fahrt, bedeutete die Ankunft in Saarbrücken für uns die Entdeckung der Konzentrationslager, der Nazihölle. Sicher, wir wußten, daß man uns in ein Lager in Deutschland bringen würde, aber niemals hätten wir damit gerechnet, Versklavung in solchem Ausmaß zu finden. Der Anblick dieser lebenden Skelette, die um das Becken liefen, fielen, sich unter Schlägen aufrappelten, war für uns die Offenbarung dessen, was uns erwartete. Die Rot-Kreuz-Päckchen, die wir während der Reise so sorgsam gehütet hatten, wurden uns abgenommen. Man pferchte uns in Blöcken zusammen, gab uns widerliches Essen: Wasser, in dem Blätter und Maden schwammen. Am 21. Juni verließen wir Saarbrücken mit dem Ziel Ravensbrück, aber diesmal in Viehwaggons. Aber das ist schon eine andere Geschichte. Wir waren vorbereitet; jetzt wußten wir schon, was das bedeutet, ein Lager in Deutschland."

Marcelle I t z k o w i t z war auch im Juni 1944 auf der Neuen Bremm: „Vom Fort Romainville fuhren wir am 6. Juni 1944 in Wagen zum Gare de L'Est. Der Zug setzte sich um 8 Uhr mit einer Gruppe von Häftlingen, zu der auch ich gehörte, in Bewegung. Selbstverständlich kannten wir das Ziel dieser Reise nicht. Erst spät abends hielt der Zug in einem Bahnhof — Saarbrücken. Es waren viele Deutsche auf dem Bahnsteig. Sie pferchten uns in Zellwagen, die auf der Fahrt durch die Stadt anhielten, weil eine Sirene

Alarm ankündigte. Die Wagen fuhren dann weiter. Wir gelangten vor ein großes Tor — das Lager Neue Bremm. Wir fuhren durch das Portal und fanden uns in einem Büro wieder, wo man uns die Rot-Kreuz-Pakete und einen Teil des Inhalts unserer Koffer wegnahm. Dann führte man uns in eine Baracke, wo wir auf unbekannte Kameradinnen stießen, die auf den Pritschengestellen saßen. In der Baracke gab es weder eine Toilette noch Wasser. Wir blieben dort ohne Nahrung. Am nächsten Tag warteten wir bei geschlossenen Fensterläden. Abends führte man uns dann auf den Lagerplatz. In der Mitte ein großes Wasserbecken, umgeben von einigen Baracken. Wir hatten in Reih und Glied gegenüber den ebenfalls in Reih und Glied stehenden Männern Aufstellung genommen. Es wurde eine nicht zu trinkende, in einem dreckigen Behälter kochende Flüssigkeit verteilt — eine Brennesselsuppe...
Eine weitere Szene versetzte mich in Schrecken: Auf den Pfiff eines deutschen Wächters hin öffnete sich die Tür einer Baracke im hinteren Teil des Platzes. Ein Haufen Männer, in jämmerliche Fetzen gekleidet, kam herausgerannt, lief im Froschgang um das Becken und kehrte auf einen weiteren Pfiff hin wieder ins Gefängnis zurück, immer noch rennend. Die Tür dieses Kerkers schloß sich hinter den Männern. Aber einer von ihnen hatte uns 'Bonjour la France' sagen können und teilte uns mit, daß ein Franzose einige Tage zuvor bei der gleichen Übung vor Erschöpfung gestorben war. Das war das Leben, das sich in der kurzen Zeit, die ich im Lager Neue Bremm verbrachte, täglich dort abspielte. Wir fuhren zurück zum Bahnhof nach Saarbrücken. Die Deutschen pferchten uns in einen Zug, 40 Menschen in einen für acht Pferde vorgesehenen Waggon. Diesmal war der Bestimmungsort Ravensbrück."
Schließlich die Schilderung von Fernande H a a g, die Anfang des Jahres 1944 mit ihrem Mann auf der Neuen Bremm war: ,,Wir, d.h. mein Mann und ich, haben mehrere Wochen in diesem Lager verbracht. Das war in den Monaten Januar und Februar des Jahres 1944. Mein Mann war zuvor im Lager Woippy und ich im Keller des Gestapo-Gebäudes in Metz in der Adolf-Hitler-Straße 42. Wir kamen gleichzeitig im Lastwagen im Lager Neue Bremm an, Schnee lag, es war der 28. Januar. Die Männer mußten in eine Baracke gehen, darin waren SS-ler mit ihren Gummiknüppeln, die die Männer anbrüllten und schlugen. Die Deportierten mußten sich ausziehen, um durchsucht zu werden. Sie mußten die Hosen ausziehen und einer nach dem anderen unter Schlägen mit dem Knüppel und vor uns Frauen auf allen Vieren rauskriechen. Denn wir standen vor der Baracke, wurden von einer weiblichen Kapo, die uns mit allen möglichen Schimpfwörtern belegte, bewacht und mußten, da sie uns genau im Auge behielt, das Schauspiel mitverfolgen. Ein Italiener, der es sich erlaubt hatte, sie zu grüßen, indem er — wahrscheinlich eine Geste der Angst — die Hand hob, wurde zu Tode geprügelt, während er pausenlos um das Becken laufen mußte. Die Männer standen bei Appellen stundenlang mit nacktem Oberkörper, oft auch nachts...
Die Männer trugen die Haare kreuzweise geschoren. Ich habe einen großen jungen Mann mit braunen Haaren und kariertem Mantel gesehen, der sicherlich erst unmittelbar vorher verhaftet worden war. Einige Tage später traf

ich ihn im Männerlager wieder, er siechte in der als Krankenrevier bezeichneten Baracke dahin, mit den in Kreuzform geschorenen Haaren konnte ich ihn nur noch am Mantel erkennen. Wir waren alle verlaust.
Mein Mann, der leider an den Folgen der Krankheiten starb, die er sich in der Zeit seiner Deportation zugezogen hatte, erzählte mir, daß sie zur Feldarbeit vor den Pflug gespannt worden waren. Wir, die Frauen, hatten mehrere Kapos, aber eine, an die ich mich besonders gut erinnere, hieß Tomé. Die Deportierten zitterten vor ihr. Sogar nachts noch kam sie wie ein Wirbelwind in unsere Baracke gefegt, und wenn wir den Schlüssel im Schloß hörten, waren wir vor Angst wie gelähmt. Sie wohnte in Saarbrücken und nahm weibliche Deportierte mit zu sich nach Hause, die dort ihre Hausarbeit verrichten mußten, selbst Schneiderinnen unter den Gefangenen, die gezwungen wurden, ihr Kleider zu nähen.
Oft mußten Frauen, denen dieses Privileg zuteil geworden war, am meisten leiden, denn nachher verfolgte sie diese Personen grausam. Oftmals brüllte sie und erfand Geschichten, wonach man ihr angeblich ihre Handschuhe gestohlen hätte, ein anderes Mal ein Stück Leder. Und dann drohte sie schreiend, daß es heute keine Suppe mehr gäbe, falls die Diebin sich nicht stellen würde. Die Suppe — das war ein wenig Wasser mit einem dünnen Kohlblatt und Kraut.
Das war ein schreckliches Lager, das ich nie vergessen habe, nicht einen Tag, das war unmöglich. Unsere Baracken lagen dem Männerlager gegenüber; meine Leidensgenossinnen und ich haben oft gesehen, wie die SS-ler Häftlinge in das Becken stießen. Mein Mann erzählte mir, daß es Deportierte gab, die hinterhersprangen, um sie zu retten, aber oft kamen auch sie nicht mehr lebend aus dem Becken. Die SS-ler sagten ihnen: worauf wartet ihr, um ihnen herauszuhelfen; daraufhin sprangen die Ärmsten ins Wasser... Wir mußten mit ansehen, wie Männer um das Becken liefen und ausgepeitscht wurden. Mein Mann gab mir im Laufen ein kleines Zeichen, als er mich entdeckt hatte, aber ein SS-ler hatte es bemerkt und schrie: 'Ah, du hast wohl Lust zum Lachen?' und versetzte ihm einen kräftigen Schlag mit seinem Gewehrkolben. Mein Mann sagte später oft: 'Zum Glück war ich jung und konnte dem Schlag ausweichen, sonst hätte er mir den Kiefer zerschmettert.'"

Solidarität im Lager

Wir wollten wissen, ob es auch zwischen den Häftlingen der Neuen Bremm zumindest ansatzweise solidarisches Verhalten gab, und fanden erstaunlich viele Aussagen dazu. Erstaunlich deshalb, weil auf der Neuen Bremm im Vergleich zu anderen Lagern erschwerte Bedingungen herrschten — und das, obwohl offiziell das Saarbrücker Gestapolager als viel harmloser als die anderen Konzentrationslager beurteilt wird. Das nackte, brutale Gesetz des Stärkeren sollte das Grundprinzip im Lager sein: Wer seine Kameraden nicht prügelt oder quält, wird selbst zur Zielscheibe der Brutalität der Wächter; wer seine Kameraden bestiehlt, wird selbst satter; wer sie verrät, erhält Extrarationen.

Auch auf der Neuen Bremm wurde alles zur Entsolidarisierung der Häftlinge getan. Auf die Frage von Bettina Wenke: „Waren die politischen Gefangenen von den anderen getrennt?" antwortet Max Weber: „Ja, alle waren jeweils in einer Baracke für sich, die Russen, die Lothringer, die Juden und wir *(d.h. die politischen Häftlinge, Anm. d. Verf.).*"[28]

Dadurch und durch „Sonderbehandlungen" bestimmter Nationalitäten, z.B. der Russen, aber auch durch das ständige Betonen, um, daß die Kapos, die sich den Häftlingen als Abschaum der Menschheit darstellen mußten, zum größten Teil Polen waren, sollten die Lagerinsassen auseinanderdividiert, sollten der Haß und die Wut auf die Bewacher in Feindschaft und Aggression gegen die Kameraden anderer Nationalität in der Nachbarbaracke umgeleitet werden. Entsolidarisierend sollte auch der Nahrungsentzug wirken, ausgemergelte Häftlinge sollten sich in gierige Tiere verwandeln. Teilweise ging diese Rechnung auch auf, wie wir der folgenden Schilderung von Max W e b e r entnehmen können:

„Die haben sie *(die russischen Arbeiter, Anm. d. Verf.)* einmal mittags herausgeholt und in den Hof gestellt. Bis zum nächsten Mittag mußten sie dort stehen. Und dann kam einer von den SS-Leuten und brachte eine große Schüssel mit Essen. Er holte einen von den Russen, gab ihm die Schüssel und sagte: 'So, da!' Der Russe hat natürlich gegessen und die Schüssel leer gemacht. Und dann sagte der SS-Mann zu den anderen: 'Ihr kriegt jetzt nichts mehr, der hat ja alles leer gemacht.' Und dann sagte er noch: 'Schmeißt ihn ins Wasser, damit er noch saufen kann!' Was sollten die machen? Die haben ihn reingeschmissen. Man kann das ja verstehen. Der hatte eine Menge Essen gehabt und die anderen haben nichts bekommen. Das hat sie natürlich schockiert!"[29]

Keine Möglichkeit wurde von den Bewachern ausgelassen, bei den Häftlingen auf der Neuen Bremm jegliche menschliche Regung niederzutreten oder von vornherein zu unterdrücken. Man zwang sie beim Rundgang um das Becken und beim Verlassen und Betreten der Baracken über tot oder bewußtlos am Boden liegende Kameraden zu laufen; Kollektivstrafen waren an der Tagesordnung: wenn ein Häftling geflohen war, mußte das ganze Lager z.B. mit langen Appellen dafür büßen, sie mußten ihre kranken und schwachen Mithäftlinge solange tragen, bis diese gestorben waren.

Das alles blieb natürlich nicht ohne Wirkung. Mit dieser Strategie hatten die Nazis auch auf der Neuen Bremm teilweise Erfolg. Es fanden sich Häftlinge, die für Brot und Zigaretten Kapofunktionen übernahmen; es kam vor, daß der Sohn sich mit Entsetzen eingestehen mußte, daß er den Tod des kranken

---

28) Bettina Wenke, Interviews mit Überlebenden, S. 265
29) Bettina Wenke, Interviews mit Überlebenden, S. 263

Vaters fast mit Erleichterung aufnahm, weil er nicht mehr im Stande gewesen wäre, ihn noch einige Tage länger beim Sport um das Becken auf dem Rücken zu tragen.

All das gab es und ist durch Zeugenaussagen belegt. Aber diese Erlebnisberichte legen auch Zeugnis für die andere Seite ab. Ihnen kann man entnehmen, daß es den Nazis nicht gelungen war, Hilfsbereitschaft, Solidarität, Mitgefühl mit Stumpf und Stiel auszurotten. Da gab es Häftlinge, die — obwohl ihnen dafür schlimme Mißhandlungen, wenn nicht gar der Tod drohten — bei ihrer Arbeit in der Küche oder bei der Pflege der SS-Stallhasen nicht nur für sich, sondern auch für die Kameraden etwas abzweigten und versteckten, die kranken Häftlingen im Revier uneigennützig halfen, die sich vor andere Lagerinsassen stellten, um ihnen das Leben zu retten, oder die im Lager als Kostbarkeiten gehandelte Güter wie Tabak mit anderen teilten.

Jakob W e i s k i r c h e r erlebte folgendes, als er in der Küche beschäftigt war: „Die Franzosen hatten manchmal Tabak in den Nähten ins Lager geschmuggelt. Rauchen durften wir nicht. Die haben mir etwas abgegeben, und dann haben wir so Flammenschläger gemacht. Das war langes Tütenpapier oder was man so hatte, mit wenig Tabak. Und wenn wir geraucht haben, mußten wir immer die Tür im Auge behalten. Wenn sich nur die Klinke bewegt hat, flog die Zigarette in die Feuerung (in der Küche war Kesselheizung)."

Jakob L o r s c h e i d e r berichtet von einer Episode, in der er gemeinsam mit anderen Spanienkämpfern einigen russischen Kriegsgefangenen das Leben rettete. Er erwähnt dabei, daß die Bewacher den Spanienkämpfern mit besonderem Respekt entgegentraten, ein Respekt, der sich wohl auf völligem Unverständnis gründete: Diese Leute hatten sich nicht nur freiwillig gemeldet, um für ein fremdes Land und eine Idee, die die SS-ler nicht verstanden, mit völlig unzureichenden Mitteln gegen eine riesige Übermacht ihr Leben aufs Spiel zu setzen, nein, sie hatten sich dabei auch noch tapfer sehr lange gehalten und den anderen viele Opfer beigebracht. So etwas mußte den Nazis unheimlich sein.

Jakob L o r s c h e i d e r berichtet: „Eine ganze Flakbesatzung aus russischen Kriegsgefangenen, die ihren Standort nahe der Burbacher Hütte gehabt hatten, kam ins Lager, weil sie immer 'absichtlich daneben geschossen' hatten. Sie mußten antreten. Die Russen hatten noch ihre Uniformen an, an den Knöpfen waren noch Hammer und Sichel. Der Lagerführer hat das gesehen, riß einen Knopf ab und hielt ihn einem Russen vors Gesicht. 'Was ist denn das?' fragte er. Der Russe hat aber nichts verstanden und konnte nichts antworten, da hat er den niedergeschlagen. Er ist wieder aufgestanden, die Mithäftling sind ihm zuhilfe gekommen. Sie haben ihn in die Mitte genommen, die Spanienkämpfer haben sich drumrumgestellt. Vor den Spanienkämpfern hatte die SS Respekt. 'RSP' — Rotspanienkämpfer stand auf dem Einlieferungsschein. Sie sind dann mit gezogenen Pistolen losgestürzt und haben uns geschlagen und in den Bauch getreten, aber die Russen haben gemerkt, da stehen welche zu uns. Ein paar sprechen deutsch, und denen haben wir dann gesagt, wie sie sich zu verhalten haben."

Solche „Einführungen" für Neuankömmlinge waren die erste Form der Hilfeleistung, die viele erfuhren, wenn sie im Lager ankamen. Ein Wink, noch soviele Lebensmittel wie möglich zu essen, bevor sie für immer in den Taschen der Bewacher verschwanden, der Hinweis, daß man im Lager nicht langsam gehen darf, all das haben wir an anderer Stelle schon erwähnt. Eine weitere wichtige Hilfeleistung, die Leben retten konnte, war es, den ausländischen Lagerinsassen, die der deutschen Sprache nicht oder nur schlecht mächtig waren, die Kommandos zu übersetzen und zu erklären, so daß die Ausländer nicht mehr ständig durch Aus-der Reihe-Tanzen unangenehm auffielen und Anlaß zu zusätzlichen Strafen gaben.

Leider waren die mutigen Versuche, anderen auch unter Einsatz des eigenen Lebens zu helfen, bei weitem nicht immer erfolgreich. Viele Kameraden starben trotzdem. Sowohl Heinrich Brenner als auch Jakob Lorscheider erinnern sich an einen solchen Fall während ihrer Zeit auf der Neuen Bremm.

Heinrich B r e n n e r : „Neben unserer Baracke war ein Spanier, der hat den Weg nicht mehr gepackt, um Suppe zu holen. Ich habe vorher immer schon meine Suppe bekommen, da hab ich ihm meine Schüssel voll rübergetragen. Kaum hingestellt, pfeift es: 'Langer, komm rüber! Was hast du dahingestellt?' — 'Meine Suppe' — 'Und was ißt du?' — Der Spanier mußte mit der Suppe rüberkommen, er konnte kaum gehen, so dicke Beine hatte er schon. Der SS-Mann haut ihm unter die Schüssel, die Suppe fliegt dem Spanier ins Gesicht. Becher von der Auslands-SS ruft: 'Dort rin!' und meint den Löschteich, der mit Holzplanken umgeben war. Und da kamen gerade Russen, die wurden auch alle ins Becken geworfen. Es war schon Winter, Eis und Schnee im Lager. 'Die alle rin' die haben sowieso Läuse!' Der Spanier starb in der gleichen Nacht. Er hatte zwei Stunden im Teich gestanden, war kaum bis auf den Boden gekommen. Nur die Jacke hat sie über Wasser gehalten. Auf einmal war der Spanier weg. Sie haben mit der Stange im Teich gewühlt, da hat er ihn auf einmal auf der Stange gehabt. Anderen haben sie immer auf den Kopf gehauen, so daß sie untergegangen sind. Etwa neun Personen waren im Becken."

Jakob L o r s c h e i d e r : „Die Geschichte mit den Franzosen — die Baracken waren nach verschiedenen Nationalitäten getrennt: Franzosen, Russen, Deutsche usw. Ein Franzose hatte sich am Fuß verletzt. Der hatte Blutvergiftung, bis hoch ist es schon gegangen. Er hat geschrien. Die SS hat ihn zusammengeschlagen, bis er ruhig war. Ich hab dann mit dem Franzosen gesprochen, was los ist; dann bin ich zum Unterscharführer gegangen. Seine Antwort: 'Das soll unsere Sache sein. Das geht dich nichts an.' Ich: 'Das ist eine Gemeinheit. Man kann ihn nicht verrecken lassen wie einen Hund!' Da hat er mich zurückgestoßen und gedroht, ich soll nicht so vorlaut sein. Wir konnten in die Baracke rein, und dann hat er uns von seiner Familie erzählt. — Dann haben wir gehört, wie er nach seiner Mutter geschrien hat und nach seiner Frau. Danach wußten wir, daß er tot war, jetzt haben sie ihn totgeschlagen. *(Anm. d. Verf.: Offensichtlich wurde der Häftling geschlagen, bis er verstummte.)* Und dann haben sie ihn tot rausgetragen, am nächsten Morgen. — Die SS. Er wurde auf einem Lastauto weggefahren. Das hat zu einem heimlichen Tumult im Lager geführt, aber wir hatten auch Angst vor Spitzeln gehabt."

Diese „Angst vor Spitzeln" war im Lager natürlich noch viel größer als draußen. Gerade den politischen Häftlingen, die ja meist aus den Arbeiterorganisationen, Gewerkschaften, SPD und KPD kamen und gelernt hatten, daß gemeinsames Handeln und Einigkeit ihre einzigen Waffen waren, muß es schwer gefallen sein, in dem Häftling auf der Nebenpritsche zunächst nicht nur den Kameraden, sondern auch den möglichen Verräter zu sehen. Wenn es um kleine Hilfeleistungen ging, ein in der Küche unterschlagenes Brot heimlich in der Baracke verteilt werden sollte oder einem Neuen Verhaltensmaßregeln gegeben wurden — immer mußten Vorsicht und Zurückhaltung gegenüber allen Unbekannten die Grundhaltung sein. Selbst Lagerinsassen, die man bereits als gute Kameraden kennen- und schätzen gelernt hatte, konnten plötzlich „umfallen", wenn sie meinten, die Verhältnisse nicht mehr länger ertragen zu können und sich von einem Verrat Vorteile versprachen.
Die „Politischen" waren es vor allem, die in allen Lagern — auch auf der Neuen Bremm — sich untereinander und anderen Häftlingen gegenüber solidarisch verhielten. Aber wer auch — wenn nicht sie — hätte am besten wissen können, daß der fast zwangsläufig einsetzenden Entsolidarisierung im Lager — trotz aller gebotenen Vorsicht — nur durch Zusammenhalten, gegenseitige Rücksichtnahme und Hilfe zu begegnen war. Sollte es der SS erst einmal gelungen sein, daß die Vorsicht in Mißtrauen umschlug, so würde es bald nicht mehr möglich sein, in dieser Hölle Mensch zu bleiben.
André L a i t h i e r, Kommunist, bestätigt in seinen Erinnerungen diese Erfahrungen: „Unter diesen Bedingungen durchgehalten zu haben, das mag übermenschlich erscheinen. Auf der individuellen Ebene war es das auch unzweifelhaft, keiner hätte dem allein widerstehen können. Aber der Mensch ist ein gesellschaftliches Wesen, und was der einzelne nicht kann, der Gruppe gelingt es. Die fünfzig Kommunisten meines Transports haben sich organisiert, Solidarität war da; man verzichte auf seine Portion, um den kranken Kameraden zu unterstützen, man teilte sich in der Gruppe zu siebt eine rohe Kartoffel, die einer um den Preis einer Tracht Prügel vor der Küche gestohlen hatte. Sieben Tage hat die Woche, sieben Männer die Gruppe, die Rechnung geht auf. Der Fünfzigste wird geschont, er bekommt die doppelte Ration. Er ist sehr krank und ein wertvoller Kamerad. Während der Appelle stützen zwei jüngere möglichst unauffällig einen älteren, der zu wanken beginnt. Wie konnte dieser sechsundfünfzigjährige nur bis zum Schluß durchhalten? Seine Widerstandskraft und sein Wille müssen stählern gewesen sein!
Andere, die keine Kommunisten waren, sind da auch hindurchgegangen. Sie haben unter den gleichen Torturen gelitten, und sie haben, glaube ich, mehr gelitten, weil sie isoliert waren. Mit Ausnahme einiger weniger, die eine eiserne Moral hatten, einen unbezwingbaren Glauben an ihr Vaterland oder an ihren Gott, wie der Pater Jacques, den alle Franzosen (und die anderen

auch), die ihn kannten, zutiefst bewundert haben, auf der Neuen Bremm wie später in Gusen."[30]

Die anderen hatten es schwerer. Max W e b e r : „...Die einen haben sich eher, die anderen weniger auf die Lagerverhältnisse einstellen können. Zum Beispiel war, als wir eingeliefert wurden, unter uns ein Amtsgerichtsrat. Am nächsten Morgen, als wir unseren Kaffee abholten, hielt er seine Schüssel hin, und der SS-Mann füllte ihm den Kaffee rein, aber dann haute er gleich auf die Schüssel, so daß sie auf den Boden fiel, mitsamt dem Kaffee. Der Amtsgerichtsrat war ganz fertig und konnte gar nichts sagen. Der SS-Mann befahl ihm, die Schüssel wieder aufzuheben. Als er sich bücken wollte, hat ihm der SS-Mann in den Hintern getreten und ist dann fort. Der Amtsgerichtsrat hat bei uns in der Baracke geschlafen, im Bett über mir. Ich habe zu ihm gesagt: 'Kommen Sie, ich gebe Ihnen etwas Kaffee.' Er antwortete: 'Nein, ich kann nichts essen und nichts trinken.' 'Ja', sagte ich dann zu ihm, 'dann sind Sie aber bald fix und fertig.' Na, er hat dann etwas Kaffee getrunken, Brot wollte er aber keines haben. Was ich damit sagen wollte: Wenn ein solcher Mann aus seinem früheren Milieu so ganz herausgerissen wird und in eine solche Umgebung hereinkommt, zu der er früher gar keinen Kontakt hatte, dann kann er sich gar nicht zurechtfinden. Er hatte auch große Angst, das hat er selbst zugegeben."[31]

Im Lager Neue Bremm konnte sich nicht, wie in anderen Konzentrationslagern, eine Art illegale Lagerorganisation bilden: Da die meisten Häftlinge „nur" einige Tage oder Wochen hierblieben, konnte personelle Kontinuität kaum aufrecht erhalten und auch die dazu unabdingbare Vertrauensbasis kaum geschaffen werden.

Jakob W e i s k i r c h e r war längere Zeit auf der Neuen Bremm. In dieser Zeit schuf er Ansätze einer illegalen Häftlingsselbstverwaltung, die gewährleisten sollte, daß die Lagerinsassen trotz der katastrophalen hygienischen Zustände und des Hungers ihre Menschenwürde behalten konnten. Jakob Weiskircher, der damals in der Küche beschäftigt war, erinnert sich: „Da habe ich mir von jeder Nation einen als Vertrauensmann geholt, einen Russen, einen Polen, einen Franzosen, einen Italiener, einen Deutschen usw.... Diese Vertrauensleute waren geheim und dienten auch zur gegenseitigen Information und Sicherung... Das Brotverteilen — morgens bekam ich eine Liste zum Verteilen. Und das war gefährlich, denn wenn man kein Augnmaß hatte und schlecht verteilte, dann hast du für den letzten kein Brot mehr gehabt. Man mußte es korrekt machen. Und ich habe es so gemacht, daß es immer einen gewissen Rest gab, und den habe ich nicht protektionsgemäß verteilt, sondern eingeschlossen, gesammelt, bis ein paar Reste beisammen waren. Die habe ich dann den verschiedenen Nationen gegeben, und die mußten das dann jeweils unter sich aufteilen. Ich habe auch eine gewisse Sauberkeit eingeführt, ich hab mir gesagt, solange du noch den Kameraden das Leben durch Hygiene und Sauberkeit schützen kannst, mach das. Ich

---

30) Bernadac, Christian, Des Jours sans Fin, S. 43
31) Bettina Wenke, Interviews mit Überlebenden, S. 264

habe dann auch jeden Morgen die Vertrauensleute zusammengerufen und hab das mit denen abgesprochen, da hat die Gestapo gestaunt, und einer hat gesagt: 'Da kommt ja morgens nichts mehr vor!'"
Und auch das war aktive wichtige Hilfeleistung: Jacques Renouvin, ein Mithäftling des von uns schon zitierten Edmond Michelet, regte seine Kameraden an, abends in der Baracke aus dem Gedächtnis Gedichte zu rezitieren.

Edmond M i c h e l e t erinnert sich an diese Szene: „Da hatte Renouvin einen ganz ungewöhnlichen Gedanken. Um die melancholischen Insassen des Raumes etwas zu beleben, schlug er eine Art Gesellschaftsspiel vor. Es sei wichtig, sagte er, daß jeder, der zu dieser Stunde in der Lage sei, ein Gedicht auswendig nach seiner Wahl vollständig aufzusagen, dies tue. 'Du willst uns wohl zum besten halten', knurrte mein Nachbar Janssens, der nicht weniger gebildet war als alle anderen. Aber Renouvin ließ nicht locker. Um uns in Bewegung zu bringen, begann er selbst, die ersten Verse aus 'Hernani' von Viktor Hugo aufzusagen, die er vollständig auswendig wußte. In diesem Augenblick hatte ich ihn in Verdacht, den extravaganten Vorschlag nur gemacht zu haben, um mit seiner Bildung prunken zu können. Er ging jedoch nicht bis ans Ende, um auch den anderen die Gelegenheit zu geben, sich zu zeigen. Williame brachte uns, wenn mein Gedächtnis mich nicht täuscht, natürlich ein Stück von Verhaeren. Dann bekamen wir de Musset und sogar Péguy vorgesetzt."
Ein „extravaganter Vorschlag" — vielleicht. Ein „ungewöhnlicher Gedanke" — sicherlich. Viele werden gedacht haben, daß sie jetzt wahrhaftig andere Probleme hätten, als aus dem Gedächtnis Gedichte zu rezitieren. Aber Jacques Renouvin hatte erkannt, daß hier, um als Mensch überleben zu können, neben Solidarität und Hilfsbereitschaft unbedingt auch geistige Betätigung wichtig war. Sie selbst mußten sich immer neu beweisen, daß sie geistige Wesen waren, auch wenn man sie in dieser Umgebung wie Tiere behandelte.

Gestapozelle Saarbrücker Schloss

Mehr als einmal taucht in den Berichten ehemaliger Häftlinge der Neuen Bremm der Hinweis auf Verhöre durch die Gestapo außerhalb des Lagers auf. In der Regel wurden sie zum Schloß, der Saarbrücker Gestapohauptstelle, transportiert. Es waren nicht nur Häftlinge aus dem KZ Neue Bremm, dem man offiziell die Zusatzbezeichnung „erweitertes Polizeigefängnis" gegeben hatte, sondern auch Inhaftierte direkt aus dem Polizeigefängnis Lerchesflur. Im Zentrum der Berichte steht dabei ein besonderer Raum des Saarbrücker Schlosses — ein Kellerraum: die „Gestapozelle".
Eine Meldung in der örtlichen Presse berichtet 1975 von der Wiederentdeckung dieses Raumes bei statischen Untersuchungen. Das Verlies ist 2,50 Meter mal 3,50 Meter groß, hat einen kaminartigen Abzug, an dessen Ende

sich ein winziges vergittertes Fenster befindet. Ursprünglich war die Zelle mit einer massiven schweren Holztür verschlossen. Wände und Tür sind von ehemaligen Häftlingen mit Inschriften versehen worden.
In einer Dokumentation, von Horst Bernard zusammengestellt und von der VVN-Bund der Antifaschisten veröffentlicht, wird der geschichtlich-politische Hintergrund der Zelle dargestellt, aber auch die jahrelangen Bemühungen zur Erhaltung der Gestapozelle als antifaschistische Gedenkstätte. *("Das Geheimnis des alten Schlosses", Horst Bernard 1982.)*
Im folgenden soll einiges aus dieser Veröffentlichung wiedergegeben werden, u.a. Interviews mit ehemaligen Insassen. Die Inschriften sind zum Teil sehr undeutlich und konnten nur mit Mühe gelesen und übersetzt werden. So stand auf der Tür u.a.:
Hier saß Burenko Nikolai.
Gruß allen Landsleuten aus dem Gebiet Kiew!
Hier war Damlenko (?) Wladimir Antonow, Wer wird hier wann sein?
Hier saß Fominow Dimitrij, Gebiet Kalinin, Kreis Sobetsk (?)
Hier saß wegen Flucht Semenenko Michail, Gebiet Kiew (Kreis unleserlich)
Archipow N.B. 09.07.1943, Delsburg Nr. 929
Hier war am 20. Mai 1944 wegen Flucht Lukaschuk Boris.
Hier war Kurutschi Nikolai, 8.1.44, entlassen 5.2.44?
Hier saß wegen Flucht Sloiko Wladimir (+ Adresse).
Koras Nikolai wurde hier gefangen.
Achtung! Slobodnjan Iwan saß hier, weil er zur Frau aus der Fabrik Tschebus (?) aus Metz nach Saarbrücken kam. 20.5.44.
Wegen Flucht Mesenzow Platschindowski (?) ...Lager Dilsburg ... saß 7 Tage.
Botschkowskij Jusik, Gebiet Gorodnitzkij, Dorf Ilitschowka, geb. 1921, arbeitete in der Grube, lief weg, sie fingen (mich) in Lörrach, 800 km von Saarbrücken.
Hier saßen aus dem Lager (Datum 3.3.19?) Belikow Boris Konstantin, Lichotschenko Wassil, Gitartschuk Alexandr, Tereschtschenko Wassil.
Malzew Nikolai ... in die Grube schicken.
Hier saß W. Turtschin, Gebiet Saparosch, Kreis Weselowsk, Dorf Wesjoloe, wegen Politik OSW, am 24.4. wann in die Freiheit, weiß ich nicht. *(Die Übersetzung ist absichtlich nicht immer in bestem Deutsch gehalten, um zu zeigen, daß auch oft nicht das beste Russisch geschrieben wurde.)*
Hier war am 21.4.44 Petja Melnikow, wann ich wieder frei bin, ist unbekannt.
Ich wurde am 28.9.1944 freigelassen.
Wer nicht war, der wird sein. — Wer war, der wird nie vergessen. Hier war Borschkowa Polina, wurde überführt wegen der Politik, „eine Sache", ich bin hier seit einer Woche und weiß nicht, wie lange ich noch hier sein werde. Meine Adresse: Selbst aus Stalin, kam jedoch aus Dnjepropetrowsk, geb. 11.?
Gebiet Kiew, Kreis Umanks, Dorf Beresziwez ... wegen Flucht 19.10.43.
Beskarowskij Iwan, Wichris (?) Andrej, Agowskij Stepan.

Hier saßen Mädchen, die im Lager Auschwitz waren, wo Tausende unseres Volkes saßen, die saßen 3 Jahre. (Namen nur sehr undeutlich)
Kam am 16. Mai wegen... *(vulgärer Ausdruck für weibliches Geschlechtsteil)*
Hier saßen drei Kriegsgefangene, nicht bekannt weswegen...
Iwanenko Alexandr, Chalatenko Grgorij, Polanskij Nikolai, überführt durch Verrat (Denunzierung), morgen, 15.7.44 werden wir verhört.
T. Talanrogskij saß wegen Diebstahl im Konzentrationslager... 7 Wochen.
Inschrift an der Wand unten: Hier war wegen Diebstahls eines Bankscheckes aus Krasnigira (?)...

Blick in die Gestapozelle bei offener Tür

In den folgenden Berichten aus dem Gestapokeller spielen gewissen ,,Zusatzeinrichtungen", ,,Käfige" und ,,Spinde" eine Rolle. Balthasar Hertel, selbst Verfolgter und Gefangener der Gestapo im Schloß, heute aktives Mitglied der VVN-Bund der Antifaschisten, Mitgestalter von alternativen Stadtrundfahrten, hat aus dem Gedächtnis die Skizze angefertigt. Gefangene wurden in diesen Blechkästen zwischen den Verhören eingesperrt. Die Vorrichtung befand sich in den Kellergewölben des Schlosses, in der Nähe der Gestapozelle.
Weiterhin gab es einen oder mehrere Eisenkäfige, in denen Gefangene bis zu mehreren Tagen eingesperrt waren.
Im Frühjahr 1946 wurde eine Ausstellung im Saarland-Museum eröffnet, die den Namen ,,Hitlers Verbrechen" trug. Im Rahmen dieser Ausstellung, so die NSZ vom 19.3.1946, konnte auch dieser Eisenkäfig betrachtet werden:
,,Fast jeder unserer Kameraden, der mit der Gestapo zu tun hatte, mußte

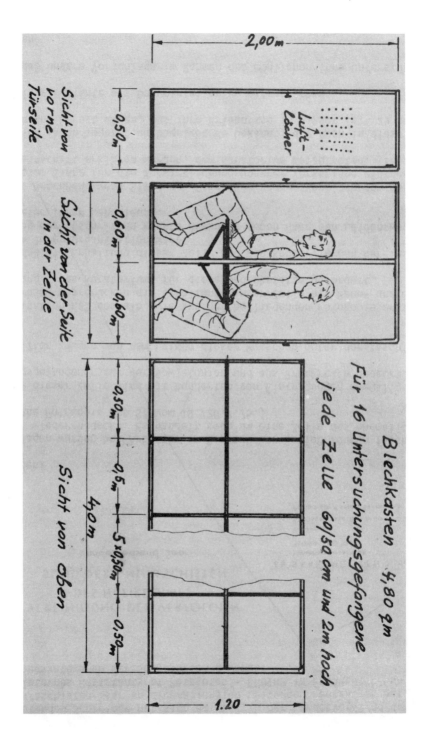

86

Stunden, ja oft Tage in dem Eisenkäfig zubringen, der ebenfalls hier aufgestellt ist."
Leider ist auch dieses Instrument der Folter an politischen Gegnern spurlos verschwunden. Nachfragen beim Saarland-Museum blieben erfolglos. Heinrich Brenner berichtet davon, daß solch ein Eisenkäfig auch im Torbogen des Schlosses gestanden habe. Selbst während eines Fliegerangriffes hätten sich Häftlinge schutzlos im Käfig befunden.
Die Berichte einzelner Häftlinge der Gestapo im Saarbrücker Schloß, Insassen der Zellen und Käfige im Keller, sind gerade durch die Nüchternheit der Schilderung besonders ergreifend. Sie bestätigen erneut die Brutalität, mit der die Gestapo vorging, um Geständnisse zu erpressen und somit neue Gegner des Faschismus überführen oder verhaften zu können.
Anna M e i e r — Baltersweiler — Zweite Landesvorsitzende der VVN-Bund der Antifaschisten Saar:
„Am 3. Januar 1896 geboren, Elementarlehrerin; 1919 wegen Überschuß an Lehrkräften abgebaut. Nach Studium in der sozialen Frauenschule Aufbau der Kreiswohlfahrtsämter Homburg und St. Ingbert; Tätigkeit als Kreisfürsorgerin. Privat Gauführerin der katholischen Pfadfinderinnen der Saarpfalz. Im Januar 1942 von der Gestapo verhaftet wegen Einsatzes für die katholische Aktion. Zehn Wochen Frauengefängnis Lerchesflur, anschließend KZ Ravensbrück bis Kriegsende. Ab Oktober 1945 bis zur Pensionierung 1958 wieder Kreisfürsorgerin beim Kreiswohlfahrtsamt St. Ingbert. Heute, im Alter von 86 Jahren, noch voll im Einsatz bei der VVN, besonders in Geschichtsforschung und Unterweisung der Jugend, um sie vor neuem Unheil zu bewahren." *(Aus der Werbeschrift „Mach mit in der VVN-Bund der Antifaschisten")*
Sie schildert ihre Bekanntschaft mit der Gestapo und ihre Erlebnisse im Schloß:
„Dann kam ich in noch ein anderes Zimmer rein usw., und da anschließend haben sie mich runter in die Zelle gesperrt. Jetzt weiß ich heute nicht mehr, war ich in dieser Zelle drei Stunden oder vier Stunden oder wie lang, das weiß ich heute nicht mehr, jedenfalls war ich da einige Zeit drin, und dann bin ich zu einem Gestapo-Mann gekommen, der dann das sogenannte Verhör durchgeführt hat. Und als es dann nicht nach seinem Willen geklappt hat, daß ich ihm keine Namen verraten habe und so, da haben sie mich dann so zusammengeschlagen, daß ich nicht mehr konnte. Dann anschließend haben sie mich wieder in diese Bude reingeschmissen und nach ein paar Stunden haben sie mich wieder rausgeholt und gesagt, so, für heute haben Sie genug. Ich möchte noch etwas zur Zelle sagen: also diese Zelle war eine kahle Zelle, da war kein Tisch drin und nichts wie in der Zelle, in der man im Gefängnis saß. Sie war nicht groß, wie groß, weiß ich jetzt auch nicht mehr, da waren nur Wände, die ganz beschrieben waren, jeder hatte schon da seinen Namen hinterlassen. Ich möchte sagen — ich weiß nicht, wie es anderen ging — in dieser Zelle bin ich nicht mißhandelt worden, da bin ich nur reingeschmissen worden und nach einer gewissen Zeit hat man mich wieder rausgeholt. Ich glaube, man muß das in Zusammenhang mit den Schlägen, die man bekom-

men hat, sehen. Die Zelle dann dazu als Einschüchterung, daß der Mensch psychisch ganz fertig gemacht werden sollte, daß er willenlos sein sollte, um bei der Vernehmung nur noch zu dem Ja zu sagen, was ihm der betreffende Gestapo-Mensch in den Mund gelegt hat: so war es doch, keine direkten Fragen; meistens war es so, da hat man die Sachen in den Mund gelegt bekommen, und wenn du dann nicht Ja gesagt hast, dann hat es natürlich Fänge gegeben. Wie gesagt, ich sehe das so, daß das mit den anderen Maßnahmen zusammen eine noch größere Einschüchterung sein sollte, damit du die Aussagen dort nach ihren Wünschen machen solltest.
Dann ging's auf die Lerchesflur in eine Zelle — also zuerst bin ich auf den Schloßplatz gekommen und dann auf die Lerchesflur, da haben sie mich dort eingesperrt. Und dann nach ein paar Tagen, waren es zwei oder wieviel, kam ich noch einmal da hin. Dort haben sie mich als erstes in die Zelle gebracht, und von der Zelle haben sie mich dann zum Verhör gebracht. Dort bin ich dann noch mal mißhandelt worden, indem sie mir rechts und links mit der Faust ins Gesicht geschlagen haben.
Dann bin ich noch mal runter in die Zelle gekommen und von dort aus auf die Lerchesflur. Ich bin dann sowieso noch ein paarmal in den Schloßhof runtergekommen, einmal um die Bilder zu machen — die schönen Fotographien, die sie da gemacht haben — und noch so ein paar leidige Sachen.
Das war meine Sache, die ich auf dem Schloßplatz erlebt habe."
Wir haben bewußt das folgende Interview so wiedergegeben, wie Alois H e s s seine Erlebnisse auf Tonband gesprochen hat. Das gilt auch für die anderen Tonbandaufnahmen. Nach 6 Wochen Haft in Saarbrücken kam er nach Zweibrücken ins Zuchthaus. Sechs Wochen nach seiner Einlieferung erhielt er — ohne Gerichtsverfahren — den „Schutzhaft"befehl und wurde direkt ins KZ Sachsenhausen überführt.
Zu seinen Erlebnissen erklärte Alois Hess 1976 anschließend:
„Der Schloßplatz war also der Anfang der ganzen Verfolgung. Die Zelle stand immer im Zusammenhang mit der Lerchesflur, von dort aus kam man herunter auf den Schloßplatz. In der Zelle selbst war ich bestimmt dreimal. Aber sonst war ich noch öfter unten, es sind Fingerabdrücke gemacht worden, Fotografien, und es ist immer ein ganzer Tag draufgegangen, wenn man heruntergeholt wurde. Aber es war nicht so, daß die Zelle Aufenthaltsort sein sollte, solange man nicht auf der Lerchesflur war, denn man war ja ständig unter Bewachung, sondern als psychische Folter.
Als ich ins Lager Sachsenhausen kam, das war 1941, da ging noch alles im Laufschritt, die Arbeit war ja unter Bewachung der SS. Als ich das zum ersten Mal gesehen und mitgemacht haben, habe ich gedacht, hier dauert es nicht lange, dann bist du fertig. Ich habe es aber doch ausgehalten, weil die Solidarität der anderen Kumpel so groß war; durch irgendwelche Hilfe ist es mir geglückt, daß ich durchgekommen bin. Sie haben uns noch auf einen Todesmarsch geschleppt, das ist ja bekannt, da haben sie noch viele von unseren Kameraden durch Genickschüsse umgelegt; wer ein bißchen schlapp gemacht hat, den haben sie gleich zurückgedrängt, auch wenn er noch ein bißchen gehen konnte und sich noch durchgeschleppt hätte."

Am 10. Mai 1945 wurden A. Hess und seine Kameraden durch Soldaten der sowjetischen Armeen befreit. Noch heute kämpft Alois Hess als Kreisvorsitzender der VVN-Bund der Antifaschisten Kreis Saarlouis-Merzig und als Mitglied des Landesvorstandes für die Verwirklichung seiner und seiner Kameraden Ideale.

Fritz H o l d e r b a u m, geboren am 11. April 1901 in Saarbrücken, von Beruf Metalldreher. Wie Alois Hess muß auch Fritz Holderbaum wegen seiner konsequenten antifaschistischen Haltung während des Abstimmungskampfes nach dem 13. Januar 1935 nach Frankreich emigrieren. Sein Weg führt ihn 1936 über Frankreich nach Spanien, wo er an der Seite der Armeen der legalen, gewählten republikanischen Regierung, in den Reihen der Internationalen Brigaden, den antifaschistischen Kampf weiterführt. Das republikanische Spanien und die Internationalen Brigaden müssen jedoch dem vereinten Druck der spanischen faschistischen Verbände unter dem späteren Diktator Franco und der Verbände seiner Verbündeten weichen: der Legion Condor aus dem faschistischen Deutschland und den Verbänden des italienischen Faschisten Mussolini.

Die Überlebenden kommen nach Frankreich zurück, wo sie im Lager Le Vernet inhaftiert werden. 1941 kommt er über Chalons-sur-Saone — wo er der Gestapo übergeben wird — und Karlsruhe mit sieben weiteren Saarländern nach Saarbrücken zurück. Dort fängt auch unser Tonbandinterview aus dem Jahre 1976 an.

„Wir acht Saarländer, wir waren die letzten, die von dort weggekommen sind; wir sind in Saarbrücken auf dem Hauptbahnhof angekommen, und auf der gegenüberliegenden Seite vom Bahnsteig haben uns einige Gestapo-Leute in Empfang genommen. Uns ist da weiter nichts passiert, aber dann in den Wagen, in die Minna, hoch auf die Lerchesflur. Dort kamen a l l e in Einzelhaft für einige Tage.

Es ging dann so, daß es eines Morgens hieß: Fertigmachen zum Verhör. Runter gefahren auf den Schloßplatz, unter Bewachung natürlich, und dort reingeführt. Es ging dann runter in den Keller, allerdings habe ich von einer Zelle — wie sie jetzt entdeckt worden ist — nichts gesehen, dort war ich nicht drin. Ich bin dort in einen Blechschrank reingestellt worden, da war nur ein kurzer Sitz, etwa 15 cm breit; da hast du dich gerade hinsetzen können, aber nicht weiter bewegen können; und wenn du dich hingesetzt hast, haben die Knie an der Tür gestanden, so wie ein Kleiderspind. Nun, jetzt sitzt du da drin, was ist jetzt? Zeit weißt du nicht, ist eine Stunde vorbei oder zwei oder drei Stunden. Na ja, raus, hochgeführt worden in ein Zimmer, da saßen zwei Gestapos. Der eine hat sich überhaupt nicht drum gekümmert, zu dem anderen bin ich geführt worden, der hieß Coulins. Jetzt fing der da an: Sie heißen? — Geboren? — usw. die Personalien. Waren sie vor '35 politisch tätig? — Ja. — Hatten Sie Schlägereien mit der SA? Also, das war ja damals nicht die SA, sondern die Deutsche Front; denn es war so: der Hitler hat eingesehen, daß, wenn er weiterhin an der Saar als Partei auftritt, die Möglichkeit besteht, daß er bei der Abstimmung ein schlechtes Resultat erhält, und in der Abstimmungszeit hat sich deshalb die Partei

aufgelöst, da gab es keine NSDAP mehr, sondern die Deutsche Front. — Ja, das hat der alles gefragt. — Sie waren auch in Spanien? — Ja, war ich. — So, was waren Sie denn dort? — Dort war ich Soldat.
Das war die erste Vernehmung, es gab dann in kurzen Abständen noch zweimal eine Vernehmung. Die zweite hat sich etwa so wie die erste abgespielt mit Drohungen usw.; der andere, der dabei saß, hat sich überhaupt nicht darum gekümmert. Aber beim dritten Mal kamen dann Fotos. Er legte mir Fotos vor: Kennen Sie diesen Mann? — Nein. — Kennen Sie diesen? — Nein. — Kennen Sie diese Frau? Nein, habe ich noch nie gesehen. — Das waren etwa 12 bis 15 Fotos, die der da hingeblättert hat. Da war tatsächlich nicht einer drunter, den ich gekannt habe, auch nicht die Genossin — das war eine Genossin, auch die habe ich nicht gekannt.
Es dreht sich jetzt um die Zelle — also da war ich nicht drin, sondern habe bei jeder Vernehmung in dem Blechkasten gesessen und gewartet. Wie lange? Nun, das war doch so: wenn du morgens so um halb acht von der Lerchesflur runtergefahren worden bist, bist du etwa so um fünf, halb sechs wieder zurückgebracht worden; da ist immer ein ganzer Tag draufgegangen. Wenn die Vernehmung meinetwegen eine halbe Stunde oder eine Stunde gedauert hat, hast du die andere Zeit da unten in dem Kasten gesessen. Wenn du hast austreten müssen, das hat es nicht gegeben; auf der Lerchesflur hast du dich nämlich in der Beziehung fertig machen müssen und sonst hat es während des ganzen Tages nichts gegeben, du hast da drin gesessen. Dann bist du auf die Lerchesflur gekommen, da hat dein Mittagessen in der Schüssel gestanden und um sechs ist das Abendbrot gekommen. Auf dem Schloßplatz hat es keine Verpflegung gegeben. Da stand nicht nur ein Blechschrank, sondern da standen mehrere Spinde. Wenn man die Treppe herunterkam, standen die gleich links, soweit ich mich erinnern kann, im Gang. Da ist einer aufgesperrt worden und rein. Dann hast du mal gehört, wenn auch ein anderer zur Vernehmung gekommen ist; denn es war ja so: der Wagen von der Lerchesflur ist nicht mit einem allein gefahren, sondern war auch innen abgeteilt. Wer jetzt da neben dir saß, hast du nicht gewußt, du hast dich ja nicht unterhalten können. Wenn du leise gesprochen hast, hat der nichts verstanden — und ich habe nichts verstanden; wenn du laut gesprochen hast, hat es dir passieren können, daß die Bewachung dich rausgeholt und zur Ruhe gebeten hat, aber wie!"
Nach sieben Monaten Einzelhaft wurde Fritz Holderbaum die „Anklageschrift" zugestellt: V o r b e r e i t u n g z u m H o c h v e r r a t ! In Stuttgart wurde er zu zwei Jahren und acht Monaten Zuchthaus verurteilt. Das Gericht hatte nach der Verhandlung ganze zwei Minuten beraten! Im November '41 kommt er ins Zuchthaus Ludwigsburg. Ende 1942 wird zwar der Rest der Strafe erlassen. Er wird jedoch nicht freigelassen, sondern erhält den Schutzhaftbefehl und wird im Februar '42 nach Dachau überführt. Dazu sagt er im Interview:
„Dann ging es auf Transport nach Dachau, das war Ende Februar, und ich blieb dort bis 1945. In Dachau ist man zuerst mal in einen Zugangsblock gekommen, bevor man dann in ein Arbeitsverhältnis kam. Während der Zeit

im Zugangsblock – das hat etwa so 14 Tage gedauert – ist dort der Flecktyphus ausgebrochen, und es gab jeden Tag viele Tote. Nach diesen paar Wochen bin ich vom Zugangslager in den Block sechs in ein Arbeitskommando gekommen. Die Fertigungsstätte war außerhalb des Lagers, etwa eine viertel Stunde Fußmarsch. Gearbeitet wurde von morgens sechs bis abends sechs. Das war dann der ganze Tag. Das Essen ist herausgebracht worden. Neben der Fertigungsstätte gab es noch eine Waffenwerkstätte, in der Maschinenpistolen und Gewehre repariert wurden. Bei uns sind Einzelteile gefertigt worden, die z.b. zu Panzern gehört haben."

Auch Fritz Holderbaum muß im April 1945 mit weiteren 10.000 Häftlingen auf den Todesmarsch. Die SS will angesichts des nahen Endes alle Spuren ihrer grausamen Verbrechen vernichten. Am 30. April 1945 sind noch ca. 3.000 Überlebende in der Nähe von Bad Tölz angelangt. Dort verläßt sie in der Nacht die SS-Wachmannschaft. Die Häftlinge sind frei!

Bis zu seinem Tode im Jahre 1978 wirkte Fritz Holderbaum in der VVN-Bund der Antifaschisten mit und kämpfte für die Verwirklichung der Losung: ,,Nie wieder Faschismus! Nie wieder Krieg!"

Unser Kamerad Peter J a c o b , geboren am 13. April 1896, wohnhaft in Riegelsberg, emigrierte aus den gleichen Gründen wie Alois Hess und Fritz Holderbaum nach Frankreich, wurde dort nach der Kapitulation den Nazibehörden übergeben, in seine Heimatstadt Neunkirchen gebracht und dort verhaftet. Hier seine Schilderung:

,,Auf der Wache, unter mehreren bekannten Polizisten, geschah nichts. Schon eine halbe Stunde später kam ein Auto der Gestapo, die mich ohne einen Ton anstarrten, nach Saarbrücken zur Gestapo und in die Haftanstalt Lerchesflur brachten. Unterwegs meinte der Kommandoführer, man hätte mich nicht für so abgebrüht gehalten, ausgerechnet nach Neunkirchen zu kommen.

Ich bat den Transportführer, doch so freundlich zu sein, meine Frau zu benachrichtigen.

Auf der Lerchesflur angekommen, wurde ich ohne alle Formalitäten in eine leere Zelle gestupst, und auf die Frage des Schließers hörte ich, daß man sich morgen beizeiten mit mir beschäftigen werde.

In dieser Nacht war an Schlaf nicht zu denken. Und kaum war es Tag, wurde meine Zelle ziemlich polternd aufgestoßen, und ich wurde mitgenommen. Frühstück gab es nicht, und die ruppigen Fragen ließen allerhand vermuten. Ich landete im alten Schloß, dem Sitz der saarländischen Gestapo.

Da man mir die Uhr und anderes schon abgenommen hatte, wußte ich nicht einmal, wie spät es war, aber es schien großer Betrieb schon frühmorgens, früh zu beginnen.

Man brachte mich in einen Raum, in dem ein etwa zwei Meter großer SS-Oberscharführer gar keine Notiz von mir nahm, und ich war überzeugt, daß man noch auf etwas wartete.

Als eine Sekretärin an ihrer Schreibmaschine Platz genommen hatte, fiel das erste Wort, das zur Begrüßung der Sekretärin gesprochen wurde. Daß ich durch diese verhungerte Spinne, die fast nicht dicker als ein Besenstiel war, so viel erleben mußte, hätte ich nie für möglich gehalten, und auf ihr 'Ich bin soweit' blickte mich der Herr Oberscharführer an und sagte: 'Na, dann wollen wir mal.'

Er war kein Saarländer, nahm einen Aktenhefter aus der Schublade, öffnete denselben und forderte mich auf, an seinen Schreibtisch heranzutreten. Dann las er: 'Peter Jacob, geboren 13.4.96', blickte mich ziemlich ernst an und fragte: 'Staatsangehörigkeit?' Ich antwortete: 'Deutsch.' Er erhob sich langsam, den Blick noch in dem Aktenstück, kam um den Schreibtisch herum und schlug mir ins Gesicht, daß ich durch das Büro flog und in der Fensternische, mein Gesicht befühlend, liegen blieb.

Ich stand schwerfällig auf, denn ich hatte einen wuchtigen Schlag erhalten, befühlte mein Kinn und fragte: 'Warum schlagen Sie mich, ich bin doch Deutscher!' – 'So!', brüllte er. 'Dann lesen Sie einmal das: Peter Jacob, geboren am 13.4.96 zu Neunkirchen, wegen staatsfeindlicher Betätigung im Ausland ausgebürgert.'

Als ich den Mund öffnete, um etwas zu sagen, schien er aufzustehen, was mir riet, still zu bleiben.

Das Verhör dauerte fast den ganzen Vormittag, und sobald er in irgendeiner Form in Anspruch genommen wurde, in anderer Sache, mußte ich mich, in der Nähe des Schreibtisches dieser Spinne, an die Wand stellen, mit offenen Augen, aber mit der Nase gegen die Wand.

Das war eine höchst unbequeme Stellung, die bei den offenen Augen schwindelerregend wirkte. Als ich deshalb die Augen schloß, sagte dieser ausgedörrte Bandwurm an der Schreibmaschine: 'Er hat die Augen zu.' In dem Augenblick, als ich die Augen öffnete, hörte ich einen Stuhl ziemlich heftig zur Seite gestoßen werden, und schon hatte ich einen kräftigen Schlag gegen den Hinterkopf, daß ich glaubte, in die Wand zu fahren.

Ohne ein Wort zu mir zu sagen, forderte er seine Sekretärin auf, gut darauf zu achten, daß ich bald erfahre, wo ich mich befinde.

Trotz meiner blutenden Nase und großer Schmerzen duldete man nicht, daß ich meine Nase befühlen wollte.

In einer Blutlache stehend erlaubte er mir, den Kopf zurückzunehmen, damit ich nicht auch noch die Wand beschmutzen werde.

Mein guter Anzug war vollkommen mit Blut beschmiert, die Nase blutete noch, als sich die beiden Hitlerbürokraten zum Mittag fertig machten.

Per Telefon wurde jemand gerufen, der mich während der Mittagspause aus dem Büro in einen Raum des Kellers und obendrein in ein eisernes Spind schloß.

Der Bau schien bis auf die Posten leer zu sein, als ein älterer SS-Mann im Range eines Oberscharführers den Keller betrat und in einer Tür verschwand. Ich rief den Mann an und bat ihn, austreten zu dürfen. Ich hatte ihn mit 'Herr Wachtmeister' angesprochen, was ihn in große Wut versetzte; er brüllte mich an: 'Ich bin kein Wachtmeister, ich bin Oberscharführer, und wenn Du mich nochmal ansprichst, haue ich Dir die Fresse ein.'

Ähnlich wie dieser Folterkasten war, sah ich in dem Folterkeller im Nürnber-

ger Inquisitionsmuseum ein blechernes Gerät, in dem man auch Menschen folterte.
Die Mittagspause schien beendet, denn die Gänge wurden in jeder Richtung beschritten, und bald darauf wurde ich wieder von einem Posten auf das Vernehmungsbüro gebracht.
Beide Personen, die mit mir beschäftigt waren, standen, noch in ein leises Flüstern vertieft, am Fenster, und er rauchte anscheinend seine Zigarette aus.
Ich konnte meine Notdurft nicht mehr länger halten und bat, mir doch austreten zu gestatten, denn lange sei ich nicht mehr in der Lage, dies zu halten, dann bleibe mir nichts anderes übrig, als alles laufen zu lassen. Er wandte sich sehr schnell mir zu und drohte, mich zu erschlagen, wenn ich das täte. Er benützte das Telefon, und schon kam jemand in Zivil, der mich mit Bewachung zum Klo brachte.
Zunächst ließ man mich einmal längere Zeit auf dem Klo eingesperrt, auf dem ich eingeschlafen war, bis man mich plötzlich befreite und mit der Minna zur Lerchesflur brachte.
Hier war schon die Abendmahlzeit ausgegeben, aber für mich war weder zum Mittag, noch zum Abend etwas zu essen vorhanden.
Am nächsten Morgen, schon früh, erhielt ich etwas zu trinken und ein Stück Brot, das ich kaum gegessen hatte, als die Minna vorfuhr und die Experimentierobjekte der Gestapo wieder zu Vernehmungsräumen brachte.
Dasselbe wie am Tag vorher...
Erstaunt war ich, als ich in einem normalen Ton über meine Familienangehörigen vernommen wurde. Da ich schon jahrelang von zu Hause weg und keinen brieflichen Kontakt mit ihnen hatte, konnte ich keine Angaben machen, was ihnen natürlich nicht gefiel.
An einem Tage, an dem ich nicht zur Vernehmung war, wurde ich nach Mittag von der Zelle geholt, zur Minna gebracht, die schon fast mit Kameraden besetzt war.
Wir kannten uns alle und wurden nach Zweibrücken in das Zuchthaus gebracht, wo man mich sofort von allen absonderte."
Von Zweibrücken aus kam Peter Jacob in mehrere Gefängnisse in der Pfalz, wurde zu zwei Jahren und drei Monaten Gefängnis verurteilt. Nachdem er seine Strafe verbüßt hatte, wurde er von der Saarbrücker Gestapo erneut verhaftet und ins KZ Struthof-Natzweiler im Elsaß gebracht, das gerade im Aufbau begriffen war, und das er mit aufbauen mußte. Von dort kam er ins KZ Flossenbürg und schließlich ins KZ Dachau. Wie Fritz Holderbaum überlebte auch er den Todesmarsch und erlangte seine Freiheit in der Nähe von Bad Tölz wieder.
So wie in diesen Berichten gehörte die Gestapozelle auch zum Leidensweg vieler Häftlinge der Neuen Bremm.
Echtes Bemühen seitens der Verantwortlichen des Stadtverbandes zur Erhaltung der Zelle als Mahn- und Gedenkstätte ist bisher weniger zu verzeichnen gewesen. Bekannter wurden eher die Skandale um die Zelle seit ihrer Wiederentdeckung 1975.

So ist im Laufe von Aufräumungsarbeiten die ehemalige Tür, mit Inschriften versehen, dem Vernehmen nach irrtümlich mit Bauschutt abtransportiert worden und nicht mehr auffindbar.

Ein Saarbrücker Karnevalsverein, der im Nachbarraum des Kellergewölbes seine Festivitäten vorbereitete, übertünchte eine Reihe von Inschriften.

Weitere Inschriften im Putz der Wände sind durch Verfall gefährdet. Bilanz von acht Jahren: Die Zelle ist heute, was ihre historische Aussage angeht, in einem schlechteren Zustand als vorher. Auf dem Weg zur Mahn- und Gedenkstätte ist kaum ein Schritt getan. Das wesentlich Positive: Im Rahmen der alternativen Stadtrundfahrten der Volkshochschule in Zusammenarbeit mit der VVN-Bund der Antifaschisten ist die Zelle wichtige Station der Vermittlung antifaschistischen Kampfes an der Saar.

Das Sterben im Lager

Die folgende Zusammenfassung fußt auf Zeitungsberichten zum Rastatter Prozeß, auf vorliegenden Häftlingsaussagen und auf standesamtlichen Eintragungen.

Im KZ Neue Bremm wurden Häftlinge gefoltert — zu Tode gefoltert. Sie wurden ermordet. Dafür gibt es Augenzeugenberichte:

Louis M i g u e t : „Ein SS-ler an der Tür, der uns hereintreibt, er prügelt blind drauf los. Wir drängeln, um schnell zu machen, die Schläge prasseln auf die letzten nieder. Einmal fällt Jean Yvon im Gedränge und bricht sich den Arm. Wir richten ihn wieder auf und schützen ihn vor dem Knüppel, der über unseren Köpfen kreist. Am nächsten Morgen sind wir vier vom Nacken bis zum Gürtel blau. Keine Hilfe für Jean Yvon. Er stirbt vor unserer Ankunft in Buchenwald."

Pierre V e r d u m o : „...Eines Tages morgens hatte man einen deutschen Juden gebracht. Der Panther stieß ihn, nachdem er ihn reichlich mit dem 'Goumi' geprügelt hatte, ins Wasserbecken. Nach diesem Schauspiel im 'Schwimmbad' zog man ihn heraus, schlug ihn wieder und steckte ihn dann in die Desinfektionsanlage, ja, in die Desinfektionsanlage. Er verließ sie in einem sehr traurigen Zustand, natürlich übersät mit Brandwunden, aber nur soweit, daß das ganze ohne Pause bis in die Mitte des Nachmittags wiederholt werden konnte. Der arme Jude konnte sich nicht mehr auf den Beinen halten, war überall verbrannt und ertrank, nachdem man ihn ein weiteres Mal ins Becken geworfen hatte. Die Stangen in der Nähe des Bassins hatten zum Ertränken beigetragen. Dazu mußte man nicht mehr viel tun, denn es war eine arme Jammergestalt, die da unter Schlägen versuchte, den Kopf über Wasser zu halten. Innerhalb von fünf Stunden hat man diesen Mann, ziemlich robuste Konstitution, vom Leben zum Tode befördert. Der 'Panther' wurde von einigen Wächtern unterstützt. An zwei von ihnen werden sich die ehemaligen Insassen des Lagers Neue Bremm immer erinnern, ich meine 'Molotov' und 'Drokur'."

René M o t t e t : „... Juden und Pfarrer waren für den Lagerkommandanten kurzfristig zu eleminierende Kreaturen. In meinem Transport geschah das am Tag der Ankunft."

Marcel L e g é r : „...Die Juden und die Priester wurden offensichtlich besonders behandelt, in unserem Transport waren zwei. Auf das Kommando 'Juden vortreten' reagierte nur einer. Eine Woche später war er tot, er starb am letzten Tag vor unserer Abfahrt."

Pierre M i g m o n kann die Geschichte eines deutschen Juden erzählen, der in der Gegend von Toulouse festgenommen wurde: „Dieser Junge folgte uns in Transporten vom Gefängnis St. Michel in Toulouse bis zur Neuen Bremm. Nach der Ankunft im Lager mußten wir den SD-lern unsere Namen angeben. Als der jüdische Kamerad seinen genannt hatte, antwortete ihm der Mann vom SD: Jud! In acht Tagen wirst Du nicht mehr leben. In der Tat starb der arme Bursche acht Tage nach seiner Ankunft im Lager Neue Bremm an den Mißhandlungen durch die SS-ler, denen die Polen Molotov und Yoaun Hilfestellung leisteten. Der Tod war eine Erlösung für diesen armen Kameraden... Ich kannte auch zwei Kameraden, Vater und Sohn. Ihren Familiennamen habe ich zwar vergessen, erinnere mich aber, daß sie aus Lyon kamen. Der Vater war durch den Mangel an Nahrung und die Mißhandlungen zum Skelett abgemagert und konnte nicht mehr gehen. Das Lagergesetz besagte: 'Tagsüber ist es verboten, in der Baracke zu bleiben', also mußte der Sohn beim Laufen seinen Vater auf dem Rücken mittragen. Glücklicherweise waren diese erschwerten Märsche nicht von Dauer. Der Vater starb, der Sohn war einerseits erleichtert, andererseits aber furchtbar gepeinigt. Falls dieser Sohn das Glück hatte, nach Hause zurückzukehren — welche Erinnerung wird er wohl von seinem Aufenthalt im Lager Neue Bremm behalten? "

Ein weiblicher Häftling aus dem gegenüberliegenden Frauenlager, Frau Fernande H a a g, sagt aus: „Eines Tages schickte unser Kapo uns ins Männerlager. Wir waren mehrere, und es hieß, wir sollten Decken desinfizieren. Wir mußten stundenlang in einer Baracke stehen. Hier waren Männer wie Kadaver, sie starben nackt auf den Dielen."

Und die : Nacht mußte selbst ihre Toten wieder herausgeben:

Marcel S a u s s a r d : „Alle mußten beim Appell anwesend sein, auch die Sterbenden und selbst die in der vorhergehenden Nacht Gestorbenen. Nach Beendigung dieser finsteren Zeremonie wurden die skelettartigen Leichen ganz ausgezogen und unter einem nach allen Seiten offenen Schuppendach in Nähe des Wachturms gestapelt, bis ein Lastwagen kam, um sie abzuholen (wenn die Anzahl sich lohnte). Sie wurde lose in den Laderaum geworfen, mit einer einfachen Plane zugedeckt und zu einem uns unbekannten Zielort gebracht."

Manchmal war dieser „unbekannte Zielort" der Südfriedhof. Ein Gräberfeld zeugt noch heute davon.

Einige Namen auf den Grabsteinen kommen uns bekannt vor, wir vergleichen mit dem Auszug aus dem Standesamtregister. Es sind die Namen der Toten der Neuen Bremm. So der Name Kyrill Krawzow, dessen Todesanzeige vom 24. Januar 1944 hier vorliegend mitveröffentlicht ist. Er wurde erschossen im KZ Neue Bremm.

Oder Petrow Rebalka, gestorben am 20.11.44, der letzte beurkundete Todesfall.

Die Namen sind oft falsch übertragen worden, aber die Daten stimmen überein. Daneben ganze Reihen mit der Inschrift „Unbekannt". Fotos (4): G. Tiel

Der Rastatter Prozeß

Särge „auf Vorrat"
Zur Zeit des großen Sterbens im Lager „Neue Bremm"

Im Rastatter Prozeß ist aus der Nachmittag-Sitzung des Mittwoch noch die Aussage des Zeugen Eugen Heß aus Saarbrücken nachzutragen. Er war durch die Verteidigung als Entlastungszeuge geladen worden und sagte auch aus, daß der Angeklagte Arnold, der Büroangestellter war, nach seinen Beobachtungen weniger hervorgetreten ist. Dann aber wurde dieser Zeuge zu einem schweren Belastungszeugen gegen die übrigen Hauptschuldigen. Er war für eine Saarbrücker Firma als Elektriker im Lager tätig und hat die Zustände derart schlimm gefunden, daß er über seine Beobachtungen sogar ein Tagebuch führte. Diese Aufzeichnungen mußten allerdings bei einer späteren, durch die Saarbrücker Gestapo erfolgten vorübergehenden Verhaftung des Zeugen durch Verwandte desselben vorsichtshalber verbrannt werden. Aus seinen Erinnerungen schildert der Zeuge jedoch die grausame Behanlung der Häftlinge, besonders der Ausländer, durch die schon oftmals genannten Hauptbeteiligten Hornetz, Drokur, Kunkel usw. und bestätigt damit die Aussagen der schon vorher vernommenen ausländischen Belastungszeugen.

Leichenbestattung
ein alltäglicher „Geschäftsvorgang"

Sehr interessant gestaltet sich dann die
Vernehmung des Zeugen Laubach aus Saarbrücken,
dem als Inhaber eines Saarbrücker Beerdigungsinstituts hauptsächlich die Ueberführung der aus dem Lager kommenden Leichen zum Friedhof übertragen war. Dieser Zeuge scheint in der ungewohnten Umgebung des Hohen Gerichtshofes etwas nervös geworden zu sein. Er ist in auffallender Weise in seinen Aussagen unsicher und zögernd, sodaß die beiden französischen Anklagevertreter wiederholt eingreifen und ihn an seine in den Voruntersuchungen gemachten Angaben erinnern müssen.

Er gibt die Zahl der durch ihn überführten Leichen zunächst auf etwa 77 an, muß sich dann aber korrigieren, so, daß es auch mehr Todesfälle gewesen sein können. Die Ueberführungsaufträge wurden durch die Gestapozentrale in Saarbrücken telefonisch erteilt. Das sei anfangs wöchentlich ein- bis zweimal vorgekommen. Auf Vorhaltungen erklärt der Zeuge aber, daß er später auch verschiedentlich mehrere Leichen an einem Tage haben überführen müssen. Ueber jeden Toten sei durch die Angeklagte Frau Müller ein Totenschein ausgestellt worden, der von einem Polizeiarzt unterschrieben war, und den der Zeuge später dem Saarbrücker Standesamt zuleitete. Erst nachdem einer der Anklagevertreter an Hand der Untersuchungsakten eingreift, sagt der Zeuge, daß er bei verschiedenen Toten auch Spuren von Mißhandlungen gesehen habe, während die meisten Leichen durch das Lagerpersonal eingesargt wurden, so daß er dieselben nicht zu sehen bekam. Auf ausdrückliches Befragen erinnert sich Laubach weiter, auch im Krankenrevier Häftlinge gesehen zu haben, die Spuren schwerer Mißhandlungen trugen. Die Toten hätten anfangs in einem Raum neben der Krankenstube gelegen, später wäre ein besonderer Schuppen für deren Aufbewahrung gebaut worden. Als der Zeuge danach erklärt, daß für jede Leiche ein besonderer Sarg geliefert worden sei, dieser Sarg aber niemals doppelt belegt oder mehrmals benutzt worden sei, wird der frühere Zeuge, der an Stöcken gehende französische Hauptmann Dumolin, nochmals in den Zeugenstand geführt, dessen präzise Aussagen schon an den Vortagen großen Eindruck hinterlassen hatten.

Unter Berufung auf seinen vorher geleisteten Eid erklärt dieser Offizier, daß zuerst zwar neue Särge geliefert worden waren, doch habe er später mehrfach Särge gesehen, die schon Blutspuren früherer Benutzung trugen. Zudem wären zu seiner Lagerzeit die Leichen der auf so gräßliche Weise getöteten Häftlinge vom Krankenrevier aus einfach auf den Misthaufen des Lagers geworfen worden. Der Zeuge Laubach entsinnt dann, daß er um die Zeit des gr Sterbens im Lager verschiede auch Särge „auf Vorrat" dorth liefert habe. Ob diese Särge mehrfa nutzt wurden, kann der Zeuge nic geben.

Einer der französischen Anklage ter stellt dann noch an die Ange Frau Müller die Frage, ob sie Ausschreibung der Totenscheine auch die Familien der Verstorbene nachrichtigt habe. Sie verneint diese und sagt aus, daß sie nur einen e chenden Vermerk in der Karteika betreffenden Häftlings gemacht un dann den Lagerkommandanten übe habe. Der Angeklagte Schmoll b diesen Geschäftsgang, was den fr schen Staatsanwalt zu der überras den Feststellung veranlaßt: her haben Sie doch imme hauptet, von allem nicht wußt zu haben."

Nach der Vernehmung einer Rei terer Zeugen, deren Äußerungen z stätigung der Aussagen der an den tagen aufgetretenen hauptsächlich lastungszeugen dienen, wurde di handlung vertagt.

Dem Ende dieser Sitzung habe eine Stunde lang ein englischer mit mehreren Offizieren seines Sta Zuhörer beigewohnt. Die hohen en Offiziere waren begleitet durch der raldirektor der französischen Jus Beauftragten für die Nachforsc nach Kriegsverbrechern in Deuts Herrn General Furby.

„Leichenbestattung ein alltäglicher 'Geschäftsvorgang' ", stellt die „Neue Saarbrücker Zeitung" vom 25. Mai 1946 fest — auf alle Fälle war er wohl einträglich, dieser „Geschäftsvorgang". Alles weist daraufhin, daß, wenn überhaupt Leichen „ordnungsgemäß" bestattet wurden, dies allein von der Firma Laubach — auch heute noch eine Bestattungsunternehmen in Saarbrücken — übernommen wurde. So wurde Herr Laubach auch beim Rastatter Prozeß als Zeuge vernommen. *(NSZ vom 25.5.1946)*

Am 5. Verhandlungstag des Rastatter Prozesses über die Verbrechen im Lager Neue Bremm wird durch die eidliche Aussage eines Zeugen zu Protokoll gegeben, wie ein kleines Kind vor den Augen seiner Eltern im Löschwasserteich ertränkt wurde.

Häftlinge wurden vorsätzlich von Angehörigen der Wachmannschaft ermordet, auf Befehl von Gestapobeamten. So sagte der Angeklagte Hornetz während seines Prozesses aus: „Dieser Zeuge war ja gerade der Beamte (gemeint ist Gustav Pitz, früherer Kriminalsekretär der Gestapozentrale in Saarbrücken), der uns Anweisungen über die Behandlung von Häftlingen gegeben hat, und als wir später von Saarbrücken nach Heiligenwald verlegt waren, sollten Kunkel und ich einmal eine Polin zurückbringen. Da hat uns dieser Zeuge den Befehl gegeben, wir dürften die Polin nicht lebend in feindliche Hände fallen lassen." *(NSZ, 30.5.1946)*

Der Kaufmann Hans Helmer aus Saarbrücken berichtet am gleichen Prozeßtag vom Tod eines Schriftstellers: „Aus dem Gefängnis in Reims ankommend, wurde ein Schriftsteller, Schmidt-Weber, ins Lager gebracht, der sehr leidend war. Ein im Lager anwesender französischer Arzt hatte gebeten, diesen Menschen schonend zu behandeln. Hornetz habe den Schwerkranken aber noch am gleichen Abend über eine Stunde lang Kniebeugen machen lassen, bis er durch einen anderen Wächter in die Krankenstube gebracht werden mußte. Am anderen Morgen war der Schriftsteller tot." *(NSZ, 30.5.1946)*

Zu den meisten Todesfällen kam es durch das Zusammenwirken der bereits beschriebenen „Sportfolter" und der verheerend schlechten Ernährung der Häftlinge. Die beigefügte Liste umfaßt nur die Namen der 75 Toten, die ins Register des Standesamtes eingetragen wurden. In wievielen Fällen dies nicht geschah — wieviele Tote im KZ Neue Bremm wirklich zu beklagen sind — niemand wird es wohl je feststellen können. Eines ist nur sicher, die Liste ist unvollständig. Häftlingsberichte und Zeugen des Rastatter Prozesses sprachen Namen von Ermordeten aus, die in der Aufstellung fehlen.

Überprüfung der Eintragungen ins Register des Standesamtes Saarbrücken „S" Todesfälle 1942 – 1945 „Gefangenenlager NEUE BREMM"

Registr. Nr.	Dat.	Bd.	Name/Wohnort	geb.	Geb. Ort	gest.	Ursache	Anmerkungen
1922	18. 9.43	B4	Jacob Gatys	1. 6.00	Sadzawka/ Siemianowitz	18. 9.43	plötzl. Herztod	
2008	13.10.43	B4	Otto, Gottfried, Hermann **Schmidt** Aix en Provence Villa Madelaine	13. 6.00	Ellrich	13.10.43	Herzschwäche	Schriftsteller
2141	43	B4	Tzonew **Stajonow**	5.12.00	Bikilidesch Bulgarien	12.11.43	Herz- u. Kreis- laufschwäche, schwerer Kräfte- u. Körperverfall	
2176	43	B4	Nikolei **Federenko**	8. 2.20	Niskoworai Rußland	22.11.43	Kreislaufschw. Kräfteschwund	
2305	8.12.43	B4	Gregory **Besus**	2. 1.26	Rußland	3.12.43	an den Folgen eines Unfalles verstorben	
2384	43	B4	Josef **Melnik**	?	?	25.12.43	Schwächezustand Herzschwäche	
66	44	B1	Marcel **Michelie**	24.12.22	?	7. 1.44	Kreislaufschw. Herzschwäche	
150	44	B1	August **Marathan**	8. 8.13	Romans,rue de Fuseau 19, Frank.	6.Uhr 11. 5.44	Ileus, chr. Magengeschwür	
215	44	B1	Louis **Riewer**	11. 5.84			Tod durch Erschießen	
230	29. 1.44	B1	Kiril **Krawzow**	1926	?	24. 1.44		siehe Foto
234	44	B1	Yvon **Leclerq**	24. 2.01	Frankreich	2. 2.44	Herzleiden	
235	44	B1	Marcel **Guerrin**	3. 3.06	Vasles Frankr.	3. 2.44	Herzschwäche	

Nr.			Name	Geb.-Datum	Geburtsort	Sterbedatum	Todesursache
296	44	B1	Artur Klein	3. 7.12	Duisburg	7. 2.44	Kreislaufschw.
297	44	B1	Franzisko Regalan-Toledano	25.12.09	Spanien	12. 2.44	Entkräftung, Kreislaufschw.
299	44	B1	Alli Mehemed Lager der Dtschn. Arbeitsfront Püttlingen	1916	Albanien	11. 2.44	Kreislaufschw.
300	44	B1	Roger, Louis, Eteinnes Rohr	24. 7.99	Paris	12. 2.44	Herz- u. Kreislaufschw.
301	44	B1	Manuel Vidal-Abele	2.11.10	Spanien	13. 2.44	Kreislaufschw. Abszeß im Unterarm
316	8. 2.44	B1	Bernard Lambert	14. 7.27	Frankreich Villedieu	7. 2.44	Bauchschuß 16 Jahre gest. in Nußbergtreppe 1 Bürgerhospital Sbr.
334	44	B1	Roger Lagrue (Robèrt)	17. 7.11	Frankreich	12. 2.44	Kreislaufschw.
335	18. 2.44	B1	Roger Le(n)zer wohnh. Lager Neue Bremm	26. 1.20	France Limoges	15. 2.44	Brustschuß gest. auf dem Gelände der Burbacher Hütte Tor, Eingang Wiesenstr.
336	44	B1	Adrian Parent	8.12.21	?	16. 2.44	Kreislaufschw., Lungenentzünd.
344	44	B1	Pierre Corre	28.11.25	Frankreich	18. 2.44	Kreislaufschw.
345	44	B1	Paul Daum	28.10.88	Nancy	19. 2.44	Kreislaufschw.
366	44	B1	Ferd., Valentin, Pierre Sasso	30. 7.97	Marseille	21. 2.44	Kreislaufschw.

Registr. Nr.	Dat.	Bd	Name/Wohnort	geb.	Geb. Ort	gest.	Ursache	Anmerkungen
386	44	B1	Ramon de la Vergue	29.12.05	Frankreich	24. 2.44	Kreislaufschw.	
387	44	B1	Felicien Rouville	8. 1.92	Frankreich	24. 2.44	fieberhafte Grippe	
388	44	B1	Wasilij Didyk	14. 1.24	?	24. 2.44	Marasmus	
389	44	B1	Danilo Kriwenko	9. 7.07	Kiew	22. 2.44	Herz- und Atmungsstillst.	
390	44	B1	„Edmund" Löwenstein	18. 7.16		21. 2.44	Hochgradige Schwäche	Randbemerk. Siegmund!
400	44	B1	Henri Meunier	2. 9.00	?	22. 2.44	Marasmus	
401	44	B1	Marcel Gatelet	3. 7.24	?	25. 2.44	Schwächezust.	
402	44	B1	Jose Font-Rigau	8. 5.16	Spanien	27. 2.44	Kräfteverfall	
403	44	B1	René Charlon	11. 7.16	?	27. 2.44	Herz- u. Atmungsstillst.	
404	44	B1	Jean Murat	5. 7.23	?	29. 2.44	Herz- u. Atmungsstillst.	
441	6. 3.44	B1	Ferd., Gaston, Padrixe			2. 3.44		Randbemerk.
451	44	B1	Cleber Dubois	19. 1.44	?	3. 3.44	Kreislaufschw.	
450	44	B1	Peter Boulegne (Pierre Boulegue)	9. 7.21	?	3. 3.44	Bauchschuß gest. Nußbergtreppe 1	
463	44	B1	E., L., J. Juventin	2. 7.05	Frankreich	6. 3.44	Sepsis	
464	44	B1	A., C. Veillard Saint Mande, Seine	9. 1.98	Lowestoft England	7. 3.44	Sepsis	Journalist
465	44	B1	Mohamed Benedjar	1897	?	7. 3.44	Kräfteverfall	
501	44	B1	August Bertrand Romans 16, rue Bistours	20. 4.90	?	9. 3.44	Sepsis	

502	44	B1	Roger Gouguet	21. 9.18	?	10. 3.44	Kräfteverfall
512	44	B1	Willy Billon	18.10.10	?	18.10.44	Tbc
513	44	B1	René Legrand	8. 5.18	?	11. 3.44	Sepsis
514	44	B1	Jakobus van der Veldt	29. 5.10	?	10. 3.44	Herz- u. Atmungsstillst.
546	44	B1	Johann Boisset	4. 6.87	?	15. 3.44	Herz- und Atmungsstillst.
548	44	B1	Haronticum Hapi Kian	15. 6.91	?	14. 3.44	Herz- und Atmungsstillst.
579	44	B1	August Judelin	19.10.00	?	16. 3.44	Tbc
580	44	B1	Stanislaus Jankowiak Krichingen-Siedlung Haktorstr. 6	4. 5.92	?	19. 3.44	Sepsis
694	5. 4.44	B2	Petro Nautscha	26. 9.10	?	2. 4.44	Herz- und Atmungsstillst. zunehmender Kräfteschwund
716	8. 4.44	B2	Nikolaus Habrichs Niederbexbach	17. 3.19	?	6. 4.44	s. o.
717	8. 4.44	B2	Pierre Noel	21. 7.25	?	6. 4.44	Herz- und Atmungsstillst.
718	8. 4.44	B2	Maciey Mikita	27. 3.24	Zülzen	4. 4.44	Herz- und Atmungsstillst.
756	12. 4.44	B2	Andrej Kuropata	1922	?	9. 4.44	Herz- und Atmungsstillst.
757	12. 4.44	B2	Wladislaw Jania	10. 5.22	?	7. 4.44	Herz- und Atmungsstillst.

Registr. Nr.	Dat.	Bd.	Name/Wohnort	geb.	Geb. Ort	gest.	Ursache	Anmerkungen
776	15. 4.44	B2	Jean, Pierre **Vidal**	20. 5.15	Algier	12. 4.44	Herz- und Atmungsstillst.	
854	25. 4.44	B2	Wasili **Blaschenow** Duisburg, Lager	22. 3.06	?	23. 4.44	Lungen TB	
907	2. 5.44	B2	Bartolome **Delgado–Lora**	18. 4.98	?	27. 4.44	Herz- und Atmungsstillst.	
1126	18. 5.44	B2	Nikoleij **Schirbohow**	24. 9. ?	?	15. 5.44	Herzschwäche	
1159	22. 5.44	B2	Alfons **Berdin** Saarlautern Spaniolstr. 22	27.10.02	Lisdorf	18. 5.44	Nieren- und Herzleiden	Vater: Nikolaus Berdin Lisdorf
1247	26. 5.44	B2	August **Hoffmann**	16. 9.80	?	20. 5.44	Lungenentzünd. Herzschwäche	
1364	1. 6.44	B3	Josef **Kalinka**	1. 1.25	?	28. 5.44	allgem. Körper- u. Geistesschw.	
1558	26. 6.44	B3	Pieter **Beresenko**	1892	?	24. 6.44	allgem. Herzschwäche	
1600	30. 6.44	B3	Iwan **Rischkow**	23. 6.96	?	26. 6.44	allgem. Schwäche plötzliche Kreislaufstörung, Herz- und Atmungsstillst.	
692	5. 4.44	B2	Andreij **Owsijenko**	20. 8.09	?	31. 3.44		
693	5. 4.44	B2	Julien **Gras**	10. 5.87	?	1. 4.44	Pneumonie (Lungenentzünd.)	
1848	26. 7.44	B4	Mathilde, Emma **Schott** geb. Anstett, Dagsburg-Hub Nr. 20	22.12.25	Dagsburg-Hub	27. 7.44 Nußbergstr.	toxische Rachendiphterie	Vater:Alfons Mutter:Franziska Mann:Alois-Anton Schott
1927	4. 8.44	B4	Roland **Ceron**	2. 3.05	?	2. 9.44	Marasmus Herzstillstand	

1992	14. 8.44	B4	Stefan **Ginrike**	1925	?	3. 8.44	Lungenentzünd. Herz- und Atmungsstillst.
2155	1. 9.44	B4	Jean **Le Bras**	3. 6.21	?	28. 4.44	Herz- und Kreislaufstillst.
2307	21. 9.44	B4	Wasil **Krenew**	1911	?	19. 9.44	Herz- und Kreislaufstillst.
2384	5.10.44	B4	Eugenius **Czeezko**	14. 2.17	Petersburg Rußland	30. 9.44	plötzlicher Herztod
2949	15.11.44	B4	Anton **Brobowski**	2. 3.21	?	10.11.44	plötzlicher Herztod
3014	20.11.44	B4	Adam **Schulig**	1925	Lemberg/ Ukraine	8.11.44	Fliegerangriff
3046	23.11.44	B4	Petrow **Rebalka** Kleinrosseln Lager II gest. in Neue Bremm	7. 2.02	?	20.11.44	Darm- und Magenerkrankung Kreislaufversagen siehe Foto

Kapitän D u m o u l i n aus Paris sagte im Rastatter Prozeß aus, daß er während seines sechswöchigen Aufenthaltes im Lager Neue Bremm nicht weniger als 65 Todesfälle einwandfrei registriert und die genauen Personalien der Gemordeten aufgeschrieben habe. Allerdings sei ihm diese Liste im Lager Buchenwald abgenommen worden. Seine Aussagen besaßen im Prozeß jedoch eine derartige Präzision, daß die Echtheit nicht angezweifelt werden konnte. *(vergl. NSZ, 21.5.1946)*

Die Nationalitäten der Toten sprengen die Grenzen Europas. Es sind Frauen und Männer darunter, der jüngste Tote war ein 16jähriger Franzose aus Villedieu. Die „Zeit des großen Sterbens" im Lager begann in dem harten Wintermonat Januar 1944.

Eine Verhöhnung stellen die Eintragungen in der Spalte Todesursache dar. Kreislaufschwäche und allgemeine Schwäche sind hier führend. Kreislaufschwäche bei einem 19jährigen?! Oder noch lapidarer: Herz- und Atmungsstillstand. In einigen Fällen, die Todesanzeigen und die Bestattungsurkunden sind als Dokumente hier wiedergegeben, wurden Häftlinge auch erschossen. Kam es zur Erschießung eines Häftlings „auf der Flucht", so erhielt der betreffende Wachmann drei Tage Sonderurlaub. Offensichtlich kam es häufiger dazu — im Prozeß wurde darüber verhandelt. Aus der beigefügten „Totenliste" gehen zwei Fälle direkt hervor.

Ein weiterer Häftling wurde auf dem Gelände der Burbacher Hütte erschossen.

Aber das Sterben ging auch nach der Neuen Bremm weiter, wenn Häftlinge auf Transporten in andere Konzentrationslager verschoben wurden. Oft befanden sie sich in einem derart schwachen körperlichen Zustand, daß sie keine Chance hatten, die Strapazen zu überleben. Pastor Goldschmidt berichtete darüber schon im Juli 1946 vor einer Gruppe von 130 Lehrerinnen und Lehrern in der Rotenbergschule von Saarbrücken. Das Schulamt hatte dazu einberufen. „Sehr packend war die Schilderung der Transporte von der Neuen Bremm nach Dachau, wo 90 von 365 Häftlingen durch Hunger, Durst und Hitze auf dem Transport umkamen." *(Neue Zeit, 6.7.1946)*

Bereits 1949 erschien in der Redaktion der SZ ein Mann mit einem Oktavheft, vollgeschrieben mit Namen aus dem standesamtlichen Register. Namen der Toten der Neuen Bremm. Viele Namen sind mit der hier vorliegenden Liste deckungsgleich, andere sind neu oder fehlen. Ob es noch weitere Quellen gab oder sogar noch gibt, aus denen auf Todesfälle im Lager geschlossen werden kann, muß wohl ungeklärt bleiben. Interessant aber vielleicht der Akzent, in dem der Artikel gehalten ist: „Es sollte nun endlich aufhören, daß einer mit dem anderen abrechnet." Dieser Drang zur Verdrängung schon 1949. Der Mechanismus, der ja in vorzüglicher Weise in den folgenden Jahren funktionieren sollte.

Nr. 150   C

Saarbrücken, den 20. Januar 1944

Der Hilfsarbeiter August M a r a t h a n,

Religion unbekannt

wohnhaft in Saarbrücken, Friedrichschule, Lager der Deutsche Arbeitsfront

ist am 16. Januar 1944 um 8 Uhr 50 Minuten

in Saarbrücken, Neue Bremm, Gefangenenlager

verstorben.

Der Verstorbene war geboren am 8. August 1913

in Adria-Italien

(Standesamt _____ Nr. _____)

Vater: unbekannt.

Mutter: unbekannt.

Der Verstorbene war — nicht — verheiratet *

Eingetragen auf mündliche — ~~schriftliche~~ — Anzeige des Schreinermeisters
███████, Saarbrücken, ███████.

Der Anzeigende ist bekannt. Er erklärte, von dem Sterbefall aus eigener Wissenschaft unterrichtet zu sein.

Eine Zwischenzeile.

Vorgelesen, genehmigt und ██████ unterschrieben

Der Standesbeamte
In Vertretung *[Unterschrift]*

Todesursache: Herz-u.Kreislaufschwäche hochgradiger Kräfteverfall, chron. Nephritis

Eheschließung des Verstorbenen am _____ in _____
(Standesamt _____ Nr. _____)

Dokument aus der „Zeit des großen Sterbens" im Lager Neue Bremm

Der Polizei-Präsident
in Saarbrücken

KPSt. Tgb. Nr.

Geheime Staatspolizei
Staatspolizeistelle Saarbrücken

Saarbrücken, den 18.2.1944 194 4

Wiesenstr.

An
das Standesamt **Saarbrücken**

Todesanzeige

Todestag und -stunde	15. Februar 1944 / 15 Uhr
Todesursache	Brustschuss, Tod durch Erschiessen(lt. Aussagen des Lagerleiters) Einschuss: Brustkorb links 11. Rippe seitlich Ausschuss:i.d.rechte oberer Schlüsselbein.
Ort des Todes (Straße und Haus-Nr.)	Saarbrücken, Burbacher Hütte
Familienname und sämtliche Vornamen des Verstorbenen	L e z e r , Robert
(Bei Frauen auch Mädchenname)	
Beruf	Arbeiter
Geburtstag und -ort (Kreis)	26.1.1920 in Limoges
Religion	kath. Staatsangehörigkeit Franzose
Wohnung (Ort, Straße und Hausnummer)	Polizei-Gefängnis "Neue Bremm"
Familienstand des Verstorbenen	verh.

Des überlebenden Ehegatten:
Familien- und Vornamen . . . unbekannt

(Bei Frauen auch Mädchenname)
Beruf . . . Wohnung
Geburtstag und -ort
Tag und Ort der Eheschließung

Eltern des Verstorbenen:
a) Vater
Vor- und Familiennamen . . . unbekannt
Beruf . . . Geburtstag und -ort
Wohnung
b) Mutter
Vor- und Familiennamen
Beruf . . . Geburtstag und -ort
Wohnung

A. Sonnenburg, Saarbrücken S. 3393.

Tod durch Erschießen: Todesanzeige

Metz, den 15. Februar 1944

W.-St. L. Nr. 8/1944

An Die

Geheime Staatspolizei-Staatspolizeistelle

Saarbrücken

Bestattungsschein

Die Bestattung der Leiche des Erziehungshäftlings Robert Lezer

geb. am 26.11.1920 in Limoges

wird genehmigt. Die Feuerbestattung wird für unbedenklich erachtet.

Die Mitteilung des Sterbefalls an den Standesbeamten wird durch das oben bezeichnete Gericht veranlaßt.

Die näheren Angaben über die persönlichen Verhältnisse des Verstorbenen sind auf der Rückseite verzeichnet.

(Dienstsiegel)

Im Auftrage

SS-Hauptsturmführer
SS-Richter

SS-Hauptsturmführer
u. Gerichts-SS-...

Der ober Stempel lautet im Original:
DER BEFEHLSHABER DER SICHERHEITSPOLIZEI
UND SD IN LOTHRINGEN SAARPFALZ
DER UNTERSUCHUNGSFÜHRENDE

G B 4 Genehmigung der Bestattung
SS-Vordruckverlag W. F. Mayr, Miesbach (Bayer. Hochland) 17221

und Bestattungsschein Robert Lezer

Sbr., den 4.3.1944

An das Standesamt Saarbrücken

Todesanzeige
gemäß §§ 34 u. 35 des Personenstandsgesetzes vom 3. 11. 1937.

sämtliche Vornamen (Rufnamen unterstreichen) und Familienname (bei Frauen auch Geburtsname)	Bouleßne Peter
Beruf / Art des Betriebs / Berufsstellung	Elektriker z.Zt. Strafgefangener
Geburtstag und -Ort (Kreis)	Frankreich 9.7.21
Geburtsstandesamt und Nr. des Geburtseintrags	
Religion (hat in einem früheren Zeitpunkt der jüdischen Religionsgemeinschaft — nicht — angehört)	Katholisch — Muttersprache (bei Kindern, die noch nicht sprechen, des Vaters bzw. der Mutter)
Staatsangehörigkeit	Frankreich
Wohnort und Wohnung	Lager Neue Bremm Sbr.
Familienstand	ledig, verheiratet seit ledig, verwitwet, geschieden
Heiratsstandesamt und Nr. des Heiratseintrags	
sämtliche Vornamen (Rufnamen unterstreichen) u. Familienname (bei Frauen auch Geburtsname); Beruf; bei überlebenden Ehegatten: Geburtstag	
Wohnort und Wohnung	
Vor- und Familienname der Eltern des Verstorbenen sowie ihr Wohnort (wenn verstorben, letzter Wohnort)	
Heiratsstandesamt u. Nr. des Heiratseintrags d. Eltern bzw. Geburtsstandesamt u. Nr. des Geburtseintrags d. unehel. Mutter	
Todestag, -Stunde und -Ort (Straße)	3.3.1944 22.45Uhr Bürgerhospital Sbr.
Todesursache (Bei gewaltsamem Tod Art und Weise und Ursache, bei Unfällen auch, ob Berufs- oder Betriebsunfall: a) Grundleiden? b) Begleitkrankheiten? c) Nachfolg. Krankheiten? d) Welches der genannten Leiden hat den Tod unmittelbar herbeigeführt?)	Bauchschuss Bauchschuss
Kinder (Zahl) des Verstorbenen:	a) lebende vollj. minderj. K.; darunter ehel., unehel., adopt. K. b) gestorben sind Kinder | Zahl der Kinder aus der letzten Ehe:
Wer hinterbleibt, falls Ehegatte oder Kinder nicht mehr am Leben oder nicht mehr vorhanden? (Anschrift dieser Person)	
Ist ein Testament vorhanden und wo befindet es sich? Wer ist Testamentsvollstrecker?	Nein — Ja — Amtsgericht Wohnung
Höhe der Hinterlassenschaft?	
Bezog der Verstorbene — der Ehegatte — der Vater Versorgungsgebührnisse von einem Versorgungsamt?	

Die Beteiligten sind mit der Veröffentlichung des Sterbefalls — nicht — einverstanden.
Der Vorsteher der Anstalt — der Verwaltung — Die Polizeiverwaltung

Bürgerhospital

C 206. Schriftliche Anzeige über einen Sterbefall gemäß §§ 34 u. 35 des PStG. Nachdruck verboten!
Verlag für Standesamtswesen G.m.b.H., Berlin SW 61, Gitschiner Str. 109. (Sp. 41) C 1548

Bauchschuss: Todesanzeige

Metz, den 6. März 1944

St.-St. L. _____ Nr. _____/19__

An die

Geheime Staatspolizei- Staatspolizeistelle
z.Hd.v.SS-O'Stubaf. O'Reg:Rat Dr. S p a n n , oViA.
S a a r b r ü c k e n

Bestattungsschein

Die Bestattung der Leiche des ___Überstellungshäftlings___

___Pierre B o u l e g u e___

wird genehmigt. Die Feuerbestattung wird für unbedenklich erachtet.

Die Mitteilung des Sterbefalls an den Standesbeamten wird durch das oben bezeichnete Gericht veranlaßt.

Die näheren Angaben über die persönlichen Verhältnisse des Verstorbenen sind auf der Rückseite verzeichnet.

(Dienstsiegel)

Im Auftrage

SS-Sturmbann- – Hauptsturmführer
SS-Richter

G B 4   Genehmigung der Bestattung
SS-Vordruckverlag W. F. Mayr, Miesbach (Bayer. Hochland)   17221

und Bestattungsschein Pierre Boulegne

Der Polizei-Präsident
in Saarbrücken

KPSt. Tgb. Nr. 1056/44 K.J/1

Saarbrücken, den 29. Januar 194 4

An
das Standesamt **Saarbrücken**

Todesanzeige

Todestag und -stunde	24. Januar 1944 gegen 17.30 Uhr
Todesursache	Tod durch Erschiessen
Ort des Todes (Straße und Haus-Nr.)	Polizeigefängnis neue Bremm
Familienname und sämtliche Vor- namen des Verstorbenen	Kiril K r a w z o w
(Bei Frauen auch Mädchenname)	
Beruf	Arbeiter (Häftling)
Geburtstag und -ort (Kreis)	1926
Religion	Staatsangehörigkeit
Wohnung (Ort, Straße und Hausnummer)	
Familienstand des Verstorbenen	
Des überlebenden Ehegatten: Familien- und Vornamen	
(Bei Frauen auch Mädchenname)	
Beruf	Wohnung
Geburtstag und -ort	
Tag und Ort der Eheschließung	
Eltern des Verstorbenen: a) Vater	unbekannt
Vor- und Familiennamen	
Beruf	Geburtstag und -ort
Wohnung	
b) Mutter Vor- und Familiennamen	
Beruf	Geburtstag und -ort
Wohnung	

A. Sonnenburg, Saarbrücken S. 3393.

Tod durch Erschießen: Todesanzeige Kiril Krawzow

Ein Dokument unseres gerechten Zornes

Es sollte nun endlich aufhören, dass einer mit dem anderen abrechnet!

Es ist kein gutes Papier und erst recht kein Pergament, es ist kein Manuskript, und erst recht kein Druck, es ist kein amtliches Schriftstück und es ist auch keine Urkunde. Es ist nur ein, auf den ersten Blick wenigstens, recht unscheinbares Oktavheftchen, das aus unbenutzten Auszählungslisten der ersten demokratischen Wahl in Saarland nach dem Krieg zusammengeheftet ist und jetzt vor uns liegt. Die einzelnen Blätter, deren Rückseiten zu allerlei Notizen noch gut genug waren, tragen die Schriftzüge eines aufrechten, geraden Menschen.

Ist es also nicht die äußere Form, so ist es doch der knappe Inhalt des Heftchens, 71 Namen auf kürzer Liste, der für uns Saarländer ein seltenes und sehr bedeutsames Dokument über eines der schwärzesten Kapitel der saarländischen Geschichte darstellt. Hier hat ein Mann, der beruflich zu den Sterbegästen der Stadt Saarbrücken zählt, in kurzer Zeit behördlichen Auftrags 1943 und 1944 genaue Zeugnis für sich privat, und natürlich auch für seine Familie, weil er dieses Zeugnis härtester Brutalität und furchtbarster Verbrechen seinen Nachkommen erhalten wollte, um ihnen an einem abschreckenden Beispiel zu zeigen, wie sich Wächtiger und Diktatur in ihren Folgen auswirken.

13.10.43	Hermann Schmidt, Franzose, 43 Jahre, Herzschwäche!	
12.11.43	Tzoneu Stojanow, Bulgare, 43 Jahre, Herzschwäche!	
22.11.43	Nikolai Federenko, Russe, 23 Jahre, Herzschwäche!	
12.12.43	Gregory Beaus, Russe, 17 Jahre, Unfall	
26.12.43	Josef Melnik, ???, 33 Jahre, Herzschwäche!	
1.1.44	Marcel Michelic, Franzose, 22 Jahre, Kreislaufschwäche!	
1.1.44	August Marathan, Italiener, 31 Jahre, Herzschwäche!	
24.1.44	Kiril Krawzow, Russe, 10 Jahre, Tod durch Erschießen!	
29.1.44	Louis Riewer, Franzose, 60 J., Magengeschwür!	
1.1.44	Yvon Leclerc, Franzose, 43 J., Krätze	
2.2.44	Martell Guerrin, Franzose, 38 Jahre	
3.2.44	Arthur Klein, Deutscher, 32 Jahre, Körperschwäche!	
7.2.44	Alli Mehena mohamed, ???, 28 Jahre, Entkräftung!	
11.2.44	Regalon Toledano, Spanier, 33 Jahre, Entkräftung!	
12.2.44	Etiennes Rohr, Franzose, 45 Jahre, Herzschwäche!	
12.2.44	Roger Lagrue, Franzose, 33 Jahre, Kreislaufschwäche!	
13.2.44	Vidal Abele, Spanier, 32 Jahre, Kreislaufschwäche!	
16.2.44	Adrien Parent, ???, 21 Jahre, Kreislaufschwäche!	
18.2.44	Pierre Corre, Franzose, 19 Jahre, Kreislaufschwäche!	
13.2.44	Paul Daum, Franzose, 54 Jahre, Kreislaufschwäche!	
21.2.44	Pierre Sasso, Franzose, 47 Jahre, Kreislaufschwäche!	
21.2.44	Edmund Löwenstein, Franzose, 28 Jahre, Herzstillstand!	
22.2.44	Henri Meunier, Franzose, 44 Jahre, Herzstillstand!	
22.2.44	Danilo Kriwenko, Russe, 38 Jahre Herzstillstand!	
23.2.44	Stelicten Rouille, Franzose, 53 Jahre, Herzstillstand!	
24.2.44	Wasyly Didyk, Russe, 20 Jahre, Herzstillstand!	
24.2.44	Ramo de la Vengne, Franzose, 30 Jahre, Herzstillstand!	
25.2.44	Marcel Gatelet, Franzose, 24 Jahre, Herzstillstand!	
27.2.44	Pont-Riga, Franzose, 28 Jahre, Herzstillstand!	
27.2.44	René Charlton, Franzose, 28 Jahre, Herzstillstand!	
29.2.44	Jean Murel, Franzose, 21 Jahre, Herzstillstand/Fadrixe, Franzose, 38 Jahre, Herzstillstand!	
2.3.44	Gontier Fadrixe, Franzose, 38 Jahre, Herzstillstand!	
3.3.44	Cleber Dubois, Franzose, 30 Jahre, Herzstillstand!	
6.3.44	Jean Juventin, Franzose, 30 Jahre, Sepsis!	
7.3.44	Camille Vetllard, Franzose, 46 Jahre, Sepsis!	
7.3.44	Mohammed Benedjar, ???, 47 Jahre, Herzstillstand!	
9.3.44	Auguste Bertraud, Franzose, 54 Jahre, Herzstillstand!	
10.3.44	Van der Veldt, ???, 34 Jahre, Herzstillstand!	
11.3.44	Willy Billon, ???, 34 Jahre, Herzstillstand!	
11.3.44	René Legrand, Franzose, 26 Jahre, Sepsis!	
14.3.44	Haruccium Hapikian, Franzose, 53 Jahre, Herzstillstand!	
15.3.44	Joh. Boisset, Franzose, 57 Jahre, Herzstillstand!	
16.3.44	Auguste Jabelin, Franzose, 44 Jahre, Herzstillstand!	
19.3.44	Stanislaus Jankowiak, Russe, 52 Jahre, Sepsis!	
21.3.44	Andrej Oswijenko, Russe, 33 Jahre, Herzstillstand!	
1.4.44	Julien Gras, ???, 57 Jahre, Herzstillstand!	
2.4.44	Petro Natuscha, ???, 34 Jahre, Herzstillstand!	
2.4.44	Maciey Mikita, Russe, 20 Jahre, Herzstillstand!	
4.4.44	Nikolaus Habricke, Deutscher, 23 Jahre, Herzstillstand!	
6.4.44	Alfred Rodel, Franzose, 19 Jahre, Herzstillstand!	
6.4.44	Wladislaw Janin, Russe, 22 Jahre, Herzstillstand!	
7.4.44	Pierre Vidal, Franzose, 29 Jahre, Herzstillstand!	
12.4.44	Wasily Blaschenow, Russe, 39 Jahre, Herzstillstand!	
23.4.44	Bartolome Delgradolora, ???, 46 Jahre, Herzstillstand!	
37.4.44	Nikolaus Schirbochow, Russe, ???, Herzstillstand!	
15.5.44	Alfons Berdin, Deutscher, 42 Jahre, Herzstillstand!	
18.5.44	August Hoffmann, Deutscher, 56 Jahre, Lungenentzündung!	
20.5.44	Josef Kallnke, Russe, 19 Jahre, Körperschwäche!	
23.5.44	Pieter Berensenko, ???, 53 Jahre, Herzstillstand!	
24.6.44	Iwan Rischkow, Russe, 46 Jahre, Herzschwäche!	
2.8.44	Roland Caron, Franzose, 39 Jahre, Herzstillstand!	
8.8.44	Stefan Ginbrike, ???, 19 Jahre, Herzstillstand!	
8.8.44	Jean de Bras, Franzose, 23 Jahre, Herzstillstand!	
18.8.44	Jakob Gatys, Franzose, 44 Jahre, Herzstillstand!	
19.9.44	Wasil Krenew, Russe, 33 Jahre, Herzstillstand!	
20.9.44	Eugenius Bigorne, Franzose, 26 Jahre, Herzstillstand!	
30.9.44	Eugenius Czesko, Russe, 27 Jahre, Herztod!	
11.11.44	Emil Doumeyal, ??, ??, Herztod!	
11.11.44	Iwan Bobrowski, Russe, 23 Jahre, Herztod!	
17.11.44	Giovanni Peressoni, ???, 44 Jahre, Herzschwäche!	
20.11.44	Petrov Rebelka, Russe, 42 Jahre, Kreislaufversagen!	

Das sind also die Personalien der Opfer des KZ „Neue Bremm", wie sie im laufenden Register des Standesamtes Saarbrücken in den Jahrbüchern 1943 und 1944 aufgezeichnet sind. Es kann nicht anders sein, als daß die Frage nach der Schuld für das, was geschehen ist, in unserem Leben noch lange eine beherrschende Rolle spielen wird. Es ist kein Zweifel: die „Kriegsverbrecher", welche die Schuld auf sich geladen haben, müßten und werden weiter zur Rechenschaft gezogen und bestraft werden und es ist gut so, daß die Alliierten die wahrhaftig schwere Arbeit, diese Verbrecher selbst einer Justiz gegen diese Verbrecher selbst übernommen haben.

Darüber hinaus sollte es aber endlich einmal so sein, daß unter uns selbst die einen mit den anderen, die „Unschuldigen" mit den „Schuldigen" mit den „Unauständigen" auf die eine oder andere Weise „abrechnen", gegenseitig übereinander herfallen und sich das Leben schwerer machen, als es so schon ist. Was jetzt erst recht nötig ist, ist, daß jeder einzelne sich fragt: Welche habe ich an ihr – die große Katastrophe von 1945 ermöglicht? Wäre jeder mit dieser Frage beschäftigt, dann würden sich nämlich die Menschen aller Gruppen unternehmer begegnen und finden Vier Jahre nach Kriegsende sollten wir uns endlich entschlossen haben, nicht mehr gegeneinander, sondern miteinander und füreinander zu denken, zu reden und zu handeln!

Entzwifferer ist also unbedingt daß die ganze Entzwifferung so schnell wie möglich beendet werde, und wenn wir zugleich laufend an die verdammenden Urteile mehr als einmal, so bleiben uns doch die Namen der Opfer des KZ „Neue Bremm" stets im Gedächtnis, zu wahren wir doch das Andenken an all die vielen tausend Opfer dafür darum alles tun, daß nicht noch einmal gerade „Rechtsunsicherheit" in unserem Staat um sich greift, in der Zukunft müssen sich alle „ordentlichen Bürger" einig sein, daß es die nochmalige Hochkommen der nationalsozialistischen und politischen Unterwelt wehren wehren!

Der Mann, dem wir sein Oktavheftchen mit den dokumentierten Aufzeichnungen nachdem wir sie durchgesehen hatten, wieder zurückgaben, sagte: „Heldentum ist ein Verdienst, aber Nichtheldentum ist keine Schuld!"

Burrell

Die Auflösung des Lagers

Mit Vorrücken der alliierten Front wurde, so geht es auch aus den Berichten des ehemaligen Wachmanns Hornetz hervor, die Verlegung des Konzentrationslagers Neue Bremm nach Heiligenwald vorgenommen. Ob das ganze Lager dort in ein bestehendes Zwangsarbeiterlager integriert wurde, kann nicht mit letzter Sicherheit gesagt werden. Es ist aber auch wahrscheinlich, daß die Gestapozentrale Ende 1944, Anfang 1945 nach Heiligenwald verlegt wurde. Die letzte Todesmeldung im standesamtlichen Register wurde am 23.11.1944 vorgenommen: — Rebalka — (siehe Grabstein). Es muß jedoch davon ausgegangen werden, daß die meisten der Gefangenen in die großen noch bestehenden Konzentrationslager überführt worden sind. Für die Frauen hieß dies Ravensbrück, für die männlichen Gefangenen Dachau, Buchenwald, Mauthausen oder...?

Bild links: Diese Luftaufnahme wurde von Amerikanern nach 1945 gemacht. Unseres Wissens ist es die einzige noch existierende Fotografie, auf der auch noch die Baracken zu erkennen sind — obschon nur andeutungsweise. In der Mitte die Metzer Straße, von der nach links der Alstinger Weg abzweigt und die beiden Lagerteile durchschneidet. Die Löschteiche in der Mitte der Lagerhälften sind deutlich erkennbar.
Bild oben: Ebenfalls eine amerikanische Luftaufnahme, jedoch aus dem Jahr um 1950. Von den Baracken sind nur noch die Grundmauerumrisse zu erkennen. Rechts unten im Bild, Mitte Metzer Straße, steht bereits der Obelisk zum Gedenken an die Opfer.

„Noch 37 Jahre später ist es mir unmöglich, sie zu vergessen..."

Das Wachpersonal auf der Neuen Bremm

Es gab mehrere Kategorien von Wachpersonal auf der Neuen Bremm. Dies wurde auch an der unterschiedlichen Behandlung beim Rastatter Prozeß deutlich:
„Die Angeklagten sitzen in drei langen Bankreihen, die terrassenförmig hintereinandergestellt sind. In der vordersten Reihe sind die Hauptbeschuldigten untergebracht, und zwar auf den ersten Plätzen der ehemalige Kommandant des Lagers, der 32 Jahre alte Fritz Schmoll aus Schiffweiler, Kreis Ottweiler, der sich Polizeiinspektor nennt und zur Nazizeit den Rang eines SS-Untersturmführers bekleidete. Neben ihm sitzen seine früheren Dienst- und Bürochefs, der 1908 geborene Peter Weiß, der sich als Polizeiassistent der Gestapo bezeichnet; der 1916 geborene Büroangestellte Friedrich Ducks aus Ottweiler; ferner Heinrich Arnold, geboren 1922, Polsterer und Dekorateur aus Saarbrücken-Burbach; der 42 Jahre alte Steuersekretär Jakob Quinten; Postsekretär Ewald Müller, geboren 1881; der 1880 geborene pensionierte Bergmann Nikolaus Drokur aus Pflugscheid; der pensionierte Bergmann Karl Kunkel, geboren 1898, aus Dudweiler; der 60 Jahre alte Invalide Fritz Fries aus Saarbrücken-Burbach; der 1890 geborene Heinrich Baron aus Kaiserslautern und der Pole Regulski.
Als ehemalige Angehörige des Lagerpersonals sind als Nebenangeklagte zu bezeichnen: die beiden pensionierten Bergleute Mathias Weyland und Fritz Groß aus Walpershofen; der 1892 geborene Heilgehilfe Jakob Saar aus Sulzbach; Richard Dörr, geboren in Illingen 1909; der pensionierte Alois Müller aus Quierschied; der aus Bessarabien stammende Fuhrmann Jakob Rein; der 1880 geborene Philipp John, Inhaber eines Fuhrgeschäftes in Altenwald; der 45 Jahre alte kaufmännische Angestellte Reinhard Fink aus Friedrichsthal; Ludwig Schiel, pensionierter Bergmann aus Dudweiler; der 48 Jahre alte Eisenbahner Johann Betzold aus Saarlouis; der 1896 geborene Hüttenarbeiter Friedrich Weiß; Versicherungsvertreter Peter Welter aus Sulzbach; der Steiger a.D. Jakob Keßler aus Jägersfreude; der 1906 geborene Eduard Leibfried aus Aschbach; der pensionierte Bergmann Johann Kartes aus Mangelhausen und der 52 Jahre alte Kaufmann Fritz Bender aus Saarbrücken.
Die weiblichen Angeklagten sind die beiden Hausfrauen Henriette Müller, geboren 1904, und Hedwig Koch, geboren 1897, und die 43 Jahre alte Kontoristin Wilhelmine Brun, sämtliche aus Saarbrücken stammend, und die 1926 geborene Stenotypistin Olga Braun aus Heiligenwald." *(NSZ vom 18.5.1946)*
An dieser Aufzählung fällt auf, daß sich ein großer Teil der Haupt- und Nebenangeklagten bereits im Rentenalter befinden. Jacques L e c l e r c :

„Die SS-ler, die uns bewachen, sind Rentner, ... über 60 Jahre alt, aber welche Energie, welcher Haß!" *(Wahrscheinlich keine SS-Angehörigen, sondern Arbeitsdienstverpflichtete, Anm. d. Verf.)* Das hohe Durchschnittsalter des Wachpersonals ist sicher darauf zurückzuführen, daß zum Zeitpunkt des Bestehens dieses Lagers in den Jahren 1943 und 1944 der Krieg — insbesondere an der Ostfront — schon sehr verlustreich für die deutschen Truppen verlief und jeder Mann in jungen und mittleren Jahren eingezogen wurde. So kamen viele Rentner auf die Neue Bremm, zum Schlagen waren sie noch nicht zu alt!

Das Verhalten der Nebenangeklagten vor Gericht ist Inhalt eines Artikels, der unter der Überschrift „Die Nebenangeklagten schweigen sich aus — Ist ein Geständnis unter dem Druck des Eides nicht zu erwarten?" in der NSZ vom 1. Juni 1946 erschien:

Die Nebenangeklagten schweigen sich aus — Ist ein Geständnis unter dem Druck des Eides nicht zu erwarten?

Das bisherige Einzelverhör der Angeklagten im Rastatter Prozeß hat bis zum Abschluß der Verhandlung am Vorabend des Himmelfahrtstages kein besonderes Ergebnis gezeigt. Es sind zunächst die weniger belasteten Angeschuldigten vernommen worden. Ihnen wird alle nur mögliche Gelegenheit zur Verteidigung gegeben, wobei ihnen selbst die Vertreter der Anklage weitestgehend entgegenkommen. Diese gehen so weit, daß sie einzelne Beschuldigte gleich zu Beginn ihres Verhörs offen darauf hinweisen, daß die Voruntersuchungsbeweisaufnahme keine besonders belastende Momente gegen sie ergeben habe. Das geschieht offenbar in der Absicht, die Angeklagten, die durchweg keine SS-Angehörigen waren und entweder auf Grund einer Notdienstverordnung oder durch das Arbeitsamt dem Lager zugewiesen wurden, nunmehr noch kurz vor Beendigung des Prozesses zu einem freimütigen Geständnis zu bewegen. Man will ihnen vor allen Dingen die Möglichkeit geben, durch ein offenes Geständnis von den unmenschlichen Scheußlichkeiten der Hauptangeklagten abzurücken, um in ihren Fällen wenigstens das Moment des gemeinschaftlichen Handelns auszuschalten. Das ist sichtlich auch das Hauptbestreben der Verteidiger; doch, obwohl sie sich größte Mühe geben, bleiben einzelne dieser kleinen Helfer trotzdem verstockt und wollen trotz Ermahnungen nicht einsehen, daß in dem Todeslager „Neue Bremm" besonders die ausländischen Häftlinge auf das Unmenschlichste behandelt wurden und infolge der bei weitem nicht ausreichenden Verpflegung systematisch dem Hungertode preisgegeben waren. Wie wäre es sonst möglich, daß einige von ihnen behaupten, von den Mißhandlungen keine Kenntnis gehabt zu haben, obwohl sie monatelang im Lager tätig gewesen sind, oder wenn einer dieser Angeklagten zwar zugibt, während seines Wachdienstes in einem der Wachtürme aus dem Innern des Lagers oftmals Schreie gehört zu haben, gleichzeitig aber stur behauptet, er habe geglaubt, die Häftlinge hätten nur deshalb geschrien, weil die ihnen im Baderaum verabfolgten Duschen zu kalt gewesen wären. Man ist geradezu entsetzt über derartige Ausreden und weiß nicht, werden sie aus Verstocktheit oder aus kaum glaublicher Dummheit gemacht. Selbst einer der Anklagevertreter machte diese Angeklagten darauf aufmerksam, daß sie sich der Schwere derartiger Antworten offenbar nicht bewußt seien, und daß man Leuten, die derart lügen, überhaupt nicht mehr glauben könne. Ein anderer Vernommener gesteht zwar, daß die den Häftlingen verabfolgte Suppe zwar dünn war, sagt dann aber gleichzeitig schützend: „Aber sie bekamen jedesmal das vorgeschriebene Quantum von einem Liter."

In dieser oder ähnlicher, haarsträubender Art halten die während der ganzen Beweisaufnahme kaum oder nur sehr wenig belasteten Angeschuldigten mit ihren Aussagen zurück, die in der Mehrzahl 70 Jahre und darüber alte Familienväter sind und unter denen der Angeklagte Johann K a r t e s unter Tränen dem Gericht mitteilt, daß selbst einer seiner Söhne durch das hitlerische Volksgericht zum Tode verurteilt und hingerichtet worden ist, weil er als Soldat einmal „Nieder mit Hitler, Heil Moskau" gerufen habe.

Man kommt mithin aus dem Erstaunen nicht mehr heraus, und als auch alles Eingreifen der Verteidiger ohne Erfolg bleibt, stellt schließlich der französische Hauptanklagevertreter G r a n i e r die Frage, ob sich die Angeklagten durch ihren seinerzeit geleisteten Eid etwa auch heute noch verpflichtet fühlten, über die Vorgänge im Lager nichts weiter auszusagen, zumal der ehemalige Lagerkommandant Schmoll auf Befragen angibt, daß diese Notdienstverpflichteten bei ihrer damaligen Einstellung im Lager ... (vereidigt, Anmerkung des Verfassers) ... wurden. Alle erklären sich jedoch nicht mehr für gebunden, aber trotzdem sind kaum weitere Geständnisse von ihnen zu erhalten. Im weiteren Verlauf des Verhörs stellt sich dann lediglich noch heraus, daß unter den Gestapomitgliedern des Lagers verschiedentlich Geburtstagsfeiern veranstaltet wurden, u.a. für Schmoll, Weiß und Olga Braun. Hierbei wurde wüst gefeiert und auch ausgiebig gegessen und getrunken. Das alles, als um die gleiche Zeit im Lager zahlreiche Häftlinge hungerten oder sonstwie zu Tode gequält wurden. Ebenso habe man an einem Fenster der Küche Schinken zum Trocknen aufgehängt, wo ihn die hungernden Häftlinge alle sehen konnten.

Das Verhör der Hauptbeschuldigten begann gestern. Man ist im allgemeinen gespannt, zu erfahren, wie diese offenbar weit intelligenteren Angeklagten sich verteidigen werden. NSZ, 1.6.1946

Über den einzigen später freigesprochenen Angeklagten, den 1906 geborenen Eduard Leibfried aus Aschbach, heißt es: „Der einzige unter den Angeschuldigten, der offenbar keine Ahnung von allem hatte, ist der Angeklagte Eduard Leibfried aus Aschbach, der rückhaltlos die Wahrheit sagt. Er war vom Arbeitsamt in das Lager verwiesen worden, ist dort aber nur sechs Tage als Turmwächter tätig gewesen. Er erhielt schon in den ersten Tagen durch Schmoll einen Verweis, weil er einem Häftling sein halbes Frühstücksbrot gegeben hatte. Er wurde nach sechs Tagen Gefängnis entlassen, weil er bei einem Durchgang durch das Lager Zigaretten an Häftlinge verteilte." *(NSZ, 4.6.1946)*

Diese positive Beurteilung findet sich auch im Plädoyer des Anklagevertreters wieder: „Von den 36 Angeklagten kann nur einer freigesprochen werden. Es handelt sich um Leibfried, der nur sechs Tage in diesem Konzentrationslager tätig war, dann aber entlassen und bestraft wurde, weil er zu menschlich gewesen ist. Es handelt sich hier um einen Mann, der es sofort fühlte, daß Schrecken und Greuel sich vom ersten Tag an im Lager Neue Bremm niedergelassen hatten. Sie werden diesen Angeklagten daher freisprechen, aber alle anderen dagegen bitte ich für schuldig zu erklären." *(NSZ vom 6.6.1946)*

Dieser zum Zeitpunkt des Prozesses vierzigjährige Mann ist mit seinen fast rührend anmutenden Versuchen, mit seinen Mitteln — einem halben Frühstücksbrot und Zigaretten — das namenlose Elend im Lager zu lindern, das leider einzige Beispiel dafür, daß es den auf die Neue Bremm Dienstverpflichteten sehr wohl möglich gewesen wäre, auch als Wächter im Konzentrationslager menschlich zu bleiben, wenn auch nur um den Preis, selbst bestraft zu werden.

Eine andere Verhaltensweise schildert der Zeuge Hans Helmer, ein ehemaliger Häftling, in Rastatt: „Er weiß über die im Hauptbüro tätigen Angeklagten Arnold und Müller nichts nachteiliges zu sagen und schildert den schon älteren Müller, der als Notdienstverpflichteter ins Lager kam, als einen 'typischen deutschen Beamten', der stur seine Pflicht tat, ohne nach rechts und links zu sehen. Dieser habe ihn mehrmals um Rat gefragt, wie er aus seiner Dienstverpflichtung im Lager wieder loskommen könne." *(NSZ vom 30.5.1946)* Müller hat es offensichtlich gescheut, einen Weg zu gehen, der ohne Zweifel für ihn selbst negative Konsequenzen gehabt hätte, und fand vor lauter „Pflichterfüllung" nicht nur keine Möglichkeit, aus dem Lager zu kommen, nein, er lud im Laufe seiner Zeit auf der Neuen Bremm auch noch soviel Schuld auf sich, daß er im Prozeß zu einem Hauptangeklagten erklärt und zu 15 Jahren Gefängnis mit Zwangsarbeit verurteilt wurde.

Bei der Gruppe der Hauptangeklagten gibt es derartig viele zu Papier gebrachte Erinnerungen, daß wir nur eine Auswahl zitieren können. Der „Erste" im Lager soll auch an erster Stelle genannt werden: der ehemalige Lagerkommandant und angebliche Polizeiinspektor Fritz Schmoll, 32 Jahre alt, damit einer der jüngsten der Wachmannschaft und dennoch ihr Kopf. Den Schilderungen der Zeugen zufolge machte er allerdings das, was ihm an Jahren zu den anderen fehlte, weitgehend durch größere Brutalität wett. „Der Lagerkommandant — sein Name ist mit entfallen — war, so erzählte man sich damals, Familienvater und besaß eine Metzgerei in Saarbrücken. Ob das stimmt, kann ich nicht beurteilen, sicher ist jedoch, daß seine Grausamkeit namenlos war." (René Mottet)

Max W e b e r: „Ja, es kam immer wieder vor, daß die SS-Leute versuchten, die Gefangenen zu provozieren. Zu uns ist morgens mal der Lagerleiter hereingekommen und hat auf eine Tischdecke ein Brotmesser gelegt, mit der Bemerkung: 'Damit könnt ihr euer Brot schneiden.' Jetzt hat das Messer dagelegen. Ich habe zu den anderen gesagt: 'Ich bin der Meinung, wir lassen das Messer liegen, und keiner faßt es an.' 'Ja warum?' fragten die. Ich

antwortete: 'Das ist doch nur eine Provokation. Für unsere Scheibe Brot brauchen wir doch kein Messer.' Da sagten die: 'Ja, da hast du eigentlich recht.' Das Messer ist den ganzen Tag dagelegen. Abends kam der Lagerleiter herein. Das erste, was er gemacht hat: er guckte nach dem Messer. Dann sagte er: 'Ihr Lumpen, da habt ihr aber Glück gehabt, daß ihr das Messer nicht angerührt habt.' Der wollte nämlich nur, daß wir es nehmen und an eine andere Stelle legen, dann hätte er uns vorwerfen können, wir hätten eine Waffe gehabt, und wenn es auch nur ein Brotmesser gewesen wäre." B. Wenke: ,,Also das war ein ziemlich schlimmer Lagerleiter." Max Weber: ,,Ja, der war nicht so ganz ohne. Er war ziemlich grob zu den Lagerinsassen..." [32]
,,Der Lagerkommandant Schmoll hielt sich hierbei *(beim Schlagen, Anm. d. Verf.)* schlauerweise meistens zurück. Wenn es aber im Vernehmungsraum eine Zeit einigermaßen ruhig blieb, rief er typisch dazu: 'Ich höre zu wenig!' " *(NSZ, 18.5.1946)* Und die NSZ vom 21.5.1946 fragte: ,,Wieviel kalter Zynismus klang aus den Worten des Lagerkommandanten Schmoll, wenn er seinen Komplizen des Stabes zurief: 'Ihr macht euch mit den Kerlen viel zu viel Arbeit, legt sie doch einfach um', oder wenn er bei der Ankunft eines höheren französischen Offiziers schon gleich entschied: 'Dieser Schweinehund darf das Lager nicht mehr lebend verlassen.' "
Armand Urschell aus Forbach, einem Grenzort in der Nähe des Lagers Neue Bremm, ein ehemaliger Häftling des Lagers, machte folgende Aussage als Zeuge in Rastatt: ,,An seiner *(Armand Urschells, Anm. d. Verf.)* Verhaftungsaktion, die zusammen mit 27 anderen Forbacher Einwohnern erfolgte, war auch Schmoll, mit einer Maschinenpistole bewaffnet, beteiligt. Alle Verhafteten werden hinterher geschlagen und getreten. Die an der Razzia beteiligten SS-Leute haben in der gleichen Nacht in Forbach ein großes Fest mit wüstem Saufgelage gefeiert." *(NSZ vom 23.5.1946)*
Die letzte Erinnerung an Schmoll, die wir hier zitieren wollen, stammt von Jakob W e i s k i r c h e r. Er berichtet: ,,Ich bekam von zu Hause nichts *(die anderen saarländischen Häftlinge bekamen ab und zu Eßpakete von ihren Verwandten geschickt, sie aber von der SS oft nicht ausgehändigt, Anm. d. Verf.)*. Eines Tages kam der Lagerleiter: 'Du schreibst deinen Eltern!' Ich wollte nicht, sie nicht beunruhigen, daß ich hier in der Hölle bin. Er zwang mich mit der Pistole, brachte ein *Formular, Telegrammstil,* die Adresse vollständig, dann zehn Wörter: 'Bin auf der Bremm, aus Frankreich zurück, Euer Sohn Jakob.' Jetzt sind die gekommen mit der halben Familie — Vater, Mutter, drei Töchter. Die haben mir das nicht gesagt, aber auf dem Hof mußte alles blitzblank sein, alles in 'bester Ordnung'. Alles hatte Essen mitgebracht, Vater noch Zigarren. Da hockte sich der Kommandoführer zu uns, was sollte da gesprochen werden? Da fragte mich mein Vater: 'Haben sie dich schon geschlagen?' — da hätte ich bloß 'Ja' zu sagen brauchen... da waren die noch nicht raus, da hätte ich schon im Sarg gelegen. Die Lebensmittel haben sie alle wieder mitnehmen müssen, nur meine Schwester, die war schwanger, die hatte keine Angst, die deutsche Frau, das war ja damals

---

32) Bettina Wenke, Interviews mit Überlebenden, S. 263/264

so, und die hat das ausgenutzt und geschimpft: 'Unverschämtheit, wir bringen hier Sachen...' und die hatte ja gesehen, wie ich aussah: zusammengeschrumpft wie 'ne gebackene Birne. Ein belegtes Brot durfte ich dann essen. Und wie ich den Speck gerochen habe, das ist mir bis in die Haarspitze gegangen."

Kein Wunder — nach all diesen Schilderungen —, daß in Rastatt niemand Schmolls Beteuerungen ernst nahm, er habe schon lange unter den unerträglichen Zuständen in seinem Lager gelitten und sich darüber des öfteren bei der Gestapo-Hauptstelle im Schloß beschwert, schließlich sogar versucht, an die Front versetzt zu werden, um von der Bremm wegzukommen. Selbst seine als Entlastungszeugen nach Rastatt vorgeladenen Kameraden vom Schloß wollten das nicht bestätigen.

Pierre V e r d u m o erinnert sich: „Wir wurden von dem empfangen, der der Chef des Lagers zu sein schien. Seinen richtigen Namen erfuhr ich nie, aber er besaß einen Rufnamen: 'Der Panther'. Er besaß nur noch einen Arm, den rechten oder linken, daran erinnere ich mich nicht. Der andere Arm, oder vielmehr der ehemalige, jetzt invalide, war eine Prothese. Damit sah ich ihn Häftlinge schlagen, vor allem ins Gesicht. Er war eine Bestie, die willkürlich drauflosprügelte. Man mußte sich hüten, ihm zu nahe zu kommen."

Marcel S a u s s a r d : „Die Wächter waren vom SD, zumindest zu meiner Zeit. Der leitende Offizier des Lagers war so grausam, daß alle ihn 'Den Panther' nannten." Hier täuschen sich Marcel Saussard und Pierre Verdumo: Bei dem einarmigen Unteroffizier, der von allen Häftlingen nur 'Der Panther' genannt wurde, handelte es sich nicht um Lagerkommandant Schmoll, sondern um seinen Stellvertreter, den Oberscharführer Schmieden, „der offenbar eine besonders schlimme Rolle in dem Lager gespielt hat. Diesem Schmieden versuchte auch Schmoll in seiner Eigenschaft als Lagerkommandant die hauptsächliche Verantwortung für alle in Neue Bremm verübten Verbrechen zuzuschreiben. Schmieden wäre der bevorzugte Günstling der Gestapo-Leitung am Schloßplatz in Saarbrücken gewesen und hätte dort bei den höchsten Stellen immer Recht bekommen, wenn sich Schmoll über einzelne Wächter wegen ihrer brutalen Ausschreitungen beschwert hätte. Schmieden hätte die Wachleute immer wieder zu neuen Mißhandlungen aufgehetzt und damit bei dem Leiter der Gestapo stets Anklang gefunden, der dagegen Schmoll auf seine Beschwerden hin beschieden habe: 'Das Lager ist ja keine Erholungsstätte.' " *(NSZ vom 4.6.1946)*

Diese Aussagen machte Schmoll in Rastatt über seinen Stellvertreter. Sie sind jedoch mit äußerster Vorsicht zu genießen, denn Schmieden war selbst nicht anwesend und konnte sich nicht verteidigen. Er war flüchtig und wurde auch — unseres Wissens nach — später nie gefaßt und zur Verantwortung gezogen. Und die gleiche Ausgabe der NSZ weiß über die Taktik der verhafteten Mitglieder der Wachmannschaft folgendes zu berichten:

„Grundsätzlich scheinen alle diese Angeklagten dahin übereingekommen zu sein, immer wieder zu versuchen, die Hauptschuld auf die ehemaligen Wächter abzuwälzen, die noch nicht verhaftet werden konnten: entweder auf die ebenfalls im Wachdienst verwandten sogenannten Volksdeutschen

aus Bessarabien und Rumänien, deren Zahl sich im Lager auf etwa 30 bis 40 belief, oder aber ganz besonders auf den noch flüchtigen Oberscharführer Schmieden." *(NSZ vom 4.6.1946)*
Schmieden fungierte im Prozeß also als „Blitzableiter" für alle anderen. Sicherlich war er nicht der Alleinverantwortliche für alle Brutalitäten. Heinrich B r e n n e r erinnert sich: „Wenn Schmieden mit der Lederhand das Kommando führte, wenn er kam — das war ein Drama! (Schmieden ist untergetaucht, er muß Saarländer gewesen sein.)"
Pierre M i g m o n berichtet über den stellvertretenden Lagerleiter: „Unsere Wächter waren vom SD. Zuerst muß ich einige Namen unserer Folterknechte angeben. Noch 37 Jahre später ist es mir unmöglich, sie zu vergessen. Da war ein Unteroffizier, genannt 'Der Panther'; ein Sadist, der sonntags mit seiner Verlobten durchs Lager schlenderte, und alle beide bewiesen dabei ein hämisches Vergnügen, uns leiden zu sehen. Ein SD-ler, der Drokur hieß — er war etwa 65 Jahre alt und Metzger in Saarbrücken —, erwies sich uns gegenüber von morgens bis abends als Furie. Ein anderer SD-ler, der Comguel *(Kunkel?, Anm. d. Verf.)* genannt wurde, war eine magere Bestie und wußte Schläge auszuteilen. Ich muß mich für die Schreibweise der Namen entschuldigen, ich schreibe sie so, wie ich ihren Klang noch in Erinnerung habe. Unter den Wachmannschaften waren Rumänen; darunter einer, der mich töten wollte, als ich ihm auf den Kopf zugesagt hatte, daß er kein Deutscher sei — seine Reaktion war sehr brutal. Es gibt zwei Namen unter den Häftlingen, die von Youan und Molotov, zwei Polen, zwei Kapos, die die Kollaboration mit den SD-Leuten voll akzeptiert hatten; gegen Nahrung und einen gewissen Komfort in den Spezialunterkünften für das Lagerpersonal, das in der Küche beschäftigt war oder aber unseren Herren Henkern diente."
Pierre M i g m o n spricht von „Rumänen" in der Wachmannschaft. Dabei handelte es sich um die sogenannte Auslands-SS, die „durch die Werbung von SS-Fremdenlegionären aus allen europäischen Ländern und durch die Zwangsrekrutierung der sogenannten Volksdeutschen" entstanden war und den riesigen Frontverlusten der Waffen-SS entgegenwirken sollte. „Aus dieser so ausgezeichneten Gesellschaft kamen wieder jene, die ausreichende Grausamkeitserfahrungen gemacht hatten und im übrigen vom 'Frontzauber' genug hatten — also erneut die Schlechteren! — während des Krieges vielfach zu den KL-Lagermannschaften der Totenkopf-Verbände."[33]
Auch Jakob W e i s k i r c h e r erinnert sich an „ausländische SS-Leute auf der Neuen Bremm, die dort Dienst taten — Rumänen, das waren nur ein paar Mann."
Und André L a i t h i e r schildert folgende Szene: „Zwei Stunden lang mußten wir mitten in der Nacht bei zehn Grad unter Null mit nacktem Oberkörper laufen, springen, kriechen, auf den Knien und auf allen vieren rutschen, eine halbe Stunde lang blieben wir im eisigen Wind auf den Hacken sitzen, die Hände im Nacken. Erst die Ankunft eines jungen rumänischen SS-lers, der ansonsten von allen Deportierten sehr verabscheut wurde, setzte

---

33) Kogon, Eugen, Der SS-Staat, S. 289/290

dieser Tortur ein Ende. War es die Angst vor einem möglichen Todesfall, der eine Änderung der bereits zusammengestellten und in Mauthausen gemeldeten Transportzahlen nach sich gezogen hätte? Sicherlich keinesfalls eine Geste des Mitleids oder der Menschlichkeit."[34]
Die meisten Aussagen über ehemalige Wächter im Lager Neue Bremm betreffen nicht die Köpfe der Wachmannschaften (Schmoll, Schmieden und deren Adjutant Peter Weiß), sondern die „niederen Chargen". Die Namen Kunkel, Fries, Hornetz und vor allem Drokur und Molotov tauchen immer wieder auf. Das ist wohl dadurch zu erklären, daß die Lagerleitung oft im Büro — der „Schreibstube" — beschäftigt war, während alle anderen Wächter mit ihren Demütigungen und Mißhandlungen für die Lagerinsassen Tag und Nacht allgegenwärtig waren. Deshalb gibt es über diese Gruppe der Wachmannschaft mehr charakterisierende Äußerungen und Schilderungen von Greueltaten.

Marcel L e g e r : „Im Lager Neue Bremm werden wir ständig von SS-lern beobachtet, da wir eine relativ kleine Gruppe waren. Es gibt wenig Bevorzugte. Die SS-ler sind wahre Bestien. Drokur hieß einer von ihnen, und einen anderen nannten wir 'den Marder' *(gemeint ist sicherlich der Panther, Anm. d. Verf.).*"

Bernard C o g n e t : „Wie alle erinnere ich mich an die finsteren Schufte, die in diesem Lager wüteten: Drokur, Metzger in Saarbrücken, an den Panther, einen SS-Unteroffizier, der an der Ostfront eine Hand verloren hatte, an einen polnischen Gefangenen namens Molotov." „Hornetz, Drokur oder Kunkel waren gewöhnlich seine *(Molotovs, Anm. d. Verf.)* Partner bei den vielfach grausamen Torturen am Wasserbassin oder im Waschraum des Lagers." *(NSZ vom 21.5.1946)*

Heinrich B r e n n e r : „Der Kunkel war für Beerdigungen zuständig. Der ist immer runter von der Bremm gefahren mit den Toten."

Über Kunkel wird — im Zusammenhang mit Drokur — in der NSZ vom 21.5.1946 folgendes berichtet: „Der Zeuge Pierre Heilbronn ist im Januar 1944 im Lager Neue Bremm angekommen und konnte schon in den ersten Tagen feststellen, daß das die wahre Hölle war. Dieser Zeuge war kräftig und widerstandsfähig, und um ihn mürbe zu machen, mußte er den ganzen Tag über schwerste Steine und Balken um das Wasserbecken herumtragen, meistens im Laufschritt. Wenn er nach stundenlanger Tortur einmal seine Notdurft verrichten wollte, haben ihm Drokur und Kunkel das verweigert. Man hatte es wegen seiner kräftigen Statur besonders auf ihn abgesehen, und die Schinder hatten es dann auch fertiggebracht, daß dieser Zeuge innerhalb 14 Tagen im Lager Neue Bremm nicht weniger als 32 Pfund Körpergewicht verloren hat."

Louis M i g u e t, ein Kamerad, der bei Heilbronns Ankunft schon zwei Wochen im Lager war, schildert die gleiche Szene: „3. Januar 1944. Ankunft eines kleinen Transports. Beim Verlassen des Lastwagens erhält Max *(? — d. Verf.)* Heilbronn zunächst einen Schlag mit dem 'Goumi' von einem, dann

---

34) Bernadac Christian, Des Jours sans Fin, S. 45

von einem weiteren SS-ler. Sie bürden ihm zwei große Ziegelsteine auf (jeder wiegt ca. 1,5 kg), und so beladen tritt er den Marsch um das Becken an. Er kann nicht stehenbleiben: der 'goumi'. Er läuft von etwa 9 Uhr bis zur Suppenausgabe und beginnt sofort danach von neuem. Max hat sich gut gehalten, ohne schwach zu werden, aber am Barackeneingang brach er zusammen. — Löffel für Löffel haben wir ihm das für ihn Aufgesparte eingeflößt."

Fries' Spezialität — der Pflug: „Der Zeuge *(Pierre Bléton aus Versailles, Anm. d. Verf.)* wurde bei Feldarbeiten mit anderen Häftlingen durch Fries vor einen Pflug gespannt und hat diesen durch den schweren Acker ziehen müssen." *(NSZ vom 21.5.1946)* Auch der Zeuge L a r e n a u d i e aus Toul macht präzise Angaben über die Henker im Lager: „Er gibt weiter an, daß er persönlich gesehen habe, wie der neuhinzugekommene Angeklagte Weertz einen Häftling totgeschlagen habe und bezeichnet außerdem Hornetz und Drokur als die größten aller Schufte. Kunkel war der Mann mit der Peitsche, Fries der Schinder am Pflug und Baron derjenige, der die Gefangenen mitten in den eiskalten Nächten mit ihren Strohsäcken splitternackt vor den Baracken antreten ließ." *(NSZ vom 23.6.1946)*

Über von Hornetz verübte Grausamkeiten gab es im Prozeß noch mehrere Aussagen. So schreibt die NSZ vom 23.5.1946: „Andere Häftlinge mußten mit bloßen Händen oder mit ihren Eßlöffeln die Jauchegrube ausschöpfen, und Hornetz äußerte dann grausam: 'Ihr seid alle hier, um vernichtet zu werden. Eure Familien werden euch nicht lebend wiedersehen.' " Dieselbe Zeitung sieben Tage später unter der Zwischenüberschrift „Ausgemachte Sadisten": „In einem anderen Falle wurde ein junger Student von 18 Jahren, Kurt Richter aus Berlin, ins Lager eingeliefert. Der junge Mensch war der Spionage verdächtigt worden, und Hornetz wollte hierüber näheres wissen. Als ihm der Verhaftete aber sagte, seine Vernehmung wäre Sache der Staatspolizei, schoß Hornetz ihm eine Kugel vor die Füße und ließ ihn dann durch vier andere Wächter auspeitschen."

Die Verbrechen der beiden Köche Mathias Weyland und Fritz Groß und der Büroangestellten Friedrich Bucks und Peter Weiß haben wir im Zusammenhang mit der katastrophalen Ernährungslage im Lager bereits erwähnt. Aber im Büro war auch — mindestens — eine Frau beschäftigt, die später als eine der weiblichen Hauptangeklagten im Rastatter Prozeß zur Verantwortung gezogen werden sollte: die 1926 geborene Stenotypistin Olga Braun aus Heiligenwald. Über sie heißt es in der NSZ vom 18.5.1946 im Zusammenhang mit Folterung von Häftlingen: „...wobei neben den schon genannten Hauptschuldigen auch die Angeklagte Olga Braun aus Heiligenwald, die Kontoristin im Lagerbüro war, wesentlich belastet wird. Diese Angeklagte habe mehrmals lachend dabeigestanden, wenn die bedauernswerten Opfer in der schrecklichen Weise mißhandelt wurden. Wie alle übrigen Beschuldigten will auch diese Angeklagte auf belastende Fragen des französischen Staatsanwalts hin sich nicht mehr erinnern können." Der Anklagevertreter führte in seinem Plädoyer folgendes über ihre Person aus: „Zum Schluß müssen wir die Verantwortung des Büropersonals untersuchen. Durch ihre Haltung und ihren

Zynismus steht hier Olga Braun an der Spitze. Sie hat sich daran ergötzt, Menschen leiden zu sehen, und ihr verstocktes Herz hat niemals das geringste Mitgefühl gezeigt. Sie werden sie verurteilen, meine Herren, wobei sie allerdings das jugendliche Alter dieser Angeklagten berücksichtigen müssen. Sie ist jedoch voll und ganz verantwortlich, gerechtfertigt durch ihre bewiesene Intelligenz, und ich stelle anheim, die ihr aufzuerlegende Strafe zu bemessen. Zu berücksichtigen ist dabei, daß sie, wie die anderen Büromitglieder, an der sadistischen Freude teilgenommen und das Elend der Häftlinge für sich ausgenutzt hat." *(NSZ vom 6.6.1946)* Diese letzte Aussage wird durch Herrn Larenaudie aus Toul bestätigt: „Dieser Zeuge beschuldigt die weiblichen Angeklagten Olga Braun und Frau Müller, ständig vor den Augen der Häftlinge Schokolade und Kuchen gegessen zu haben, welche den Häftlingen bei ihrer Ankunft im Lager abgenommen worden waren." *(NSZ vom 23.5.1946)*

Auch Pierre W e y d e r t erinnert sich an die weiblichen Büroangestellten. Er schreibt: „Die Seele der deutschen Frau ist undurchsichtig. Es gab ein großes Büro mit Blick auf den Lagerhof, in dem mehrere charmante Sekretärinnen arbeiteten, blasierte und im allgemeinen gleichgültige Zeuginnen unserer Leiden. Dennoch geschah es eines Tages, als einer unserer Kameraden, nachdem man ihn furchtbar geprügelt und dann zwei- oder dreimal in das Becken geworfen hatte, leblos und blutend auf dem Boden lag, daß eine dieser jungen Frauen, die anfangs noch lauthals mitgelacht hatte, plötzlich schluchzend aus dem Büro gestürzt kam und den SS-ler anflehte, diese widerwärtigen Gewalttätigkeiten einzustellen. So schnell konnten wir das gar nicht fassen."[35] War es Olga Braun? — Wir wissen es nicht. Wenn man der Prozeßberichterstattung Glauben schenkt, dann könnte sie es gewesen sein, denn da heißt es: „Die Angeklagte Olga Braun wäre eines Tages ins Büro gekommen und habe in Bezug auf die letzten geschilderten Mißhandlungen zu Schmoll gesagt, sie würde das Lager verlassen, wenn das nicht aufhören würde." *(NSZ vom 30.5.1946)* Die Mißhandlungen gingen weiter, aber uns ist nichts darüber bekannt, daß sie das Lager verlassen haben soll. Ihre Strafe: fünf Jahre Gefängnis.

Schließlich zu den beiden meistgefürchteten und meistgehaßten Wächtern im Lager: Drokur und Molotov. Drokur wurde, wohl wegen seiner Statur und seines Gehabes, aber auch aufgrund der falschen Annahme, er besäße eine Metzgerei in Saarbrücken, von den Häftlingen „der Metzger" genannt. Sein Name taucht in den Erinnerungen der ehemaligen Lagerinsassen in den verschiedensten Schreibweisen auf, aber immer in Verbindung mit Mißhandlungen gleicher Brutalität und Grausamkeit.

Pierre V e r d u m o hat ihn noch 37 Jahre später genau vor Augen: „Auf kurzen Beinen ein enormer Bauch, ein Metzger aus Saarbrücken. Er war zu fett und ermüdete leicht, handhabte aber den 'goumi' sehr schnell, noch gefährlicher war er mit dem Hund." Drokur gehörte nicht zu denjenigen, die sich in Rastatt an nichts mehr erinnern konnten, er rechtfertigte seine Taten.

35) Bernadac Christian, Des Jours sans Fin, S. 33

125

„So besaß der 'harmlose' Drokur die Frechheit, zu seiner Verteidigung auszuführen: 'Es war ja kein Verbrechen, wenn ich von den Häftlingen verlangte, Gute Nacht zu sagen.' Dieser als der schlimmste Schläger im Lager bekannte Sadist verlangte mithin von seinen tagsüber durch ihn gemarterten Opfern, daß sie ihm abends beim Abschließen der Baracke noch eine 'Gute Nacht' wünschten. Und wenn sie das nicht prompt und restlos taten, ließ er die gesamte Belegschaft nochmals antreten und stundenlang in bitterster Kälte auf dem Hof stehen." *(NSZ vom 4.6.1946)* Wie erlebten die Betroffenen diese Demütigung?

Pierre M i g m o n : „Abends wenn der SD-ler vor dem Löschen des Lichts kam, um uns zu zählen, mußten wir ihm in vollkommenem Gleichklang 'Gute Nacht' wünschen. Wenn das seiner Meinung nach nicht gut genug war, mußten wir es, so oft er wollte, wiederholen."

Louis M i g u e t erinnert sich an die Nacht vom 31. Dezember '43 auf den 1. Januar '44: „Ein SS-ler geht durch die Baracke, bevor er das Licht löscht. Einer von uns muß zu dem SS-ler 'Trocour' oder 'Trocourt', einem Metzger aus Saarbrücken, laut sagen: 'Gute...' und die anderen in der Baracken müssen '...Nacht' antworten. Der Ruf fiel nicht zur vollsten Zufriedenheit aus: Schläge mit dem 'Goumi' aufs geradehinein. Am nächsten Tag hätten wir nach dem 'Gute...', 'Jahr' schreien müssen... Louis Tresta hat das 'Gute...' nicht so ausgesprochen, wie es sein sollte, nicht laut genug: eine Ohrfeige des Metzgerkolosses bringt ihn zum Wanken, und der Knüppel folgt."

Auch Pierre de F r o m e n t erwähnt Drokur: „Nach dieser Einführung in die Materie erleben wir die Wachablösung zwischen dem jungen brünetten Banditen *(Molotov?, Anm. d. Verf.)* und seinem Kollegen, dem SS-ler Drokur, einem 50- bis 60jährigen ehemaligen Metzger aus Saarbrücken, so heißt es. Diese beiden Monster sind die Hauptwächter des Lagers; sie haben umschichtig 24 Stunden lang Dienst. Darüber ein Offizier, ein SS-Unteroffizier und ein Inspektor der Gestapo in Zivil. Die restliche Wachmannschaft bestand aus etwa 30 SS-lern und Parteimitgliedern in Zivil aus allen Altersgruppen; einer von ihnen muß, obwohl er Uniform trägt, schon um die Siebzig sein, und das ist einer der schlimmsten; ständig versucht er uns in den Hintern zu treten, aber da er das Bein nie hoch genug bekommt, rächt er sich mit Gewehrkolbenschlägen."[36]

Eine andere „Episode" mit Drokur: „Drokur bewacht uns... Mir gelingt es nicht, ihn ernst zu nehmen; wenn er uns befiehlt strammzustehen, erscheint er mir mit seinen Glotzaugen und dem Mussolini-Kinn als Möchtegern –, als Weiberschreck. Aber er will ein richtiger Schrecken sein. Gerade geht er auf und ab und spuckt kräftig und geschickt einige Meter vor sich. Molotov, der um ihn herumlungert und ihm den Hof macht, spuckt nur einen Meter weit. Drokur wirft uns verächtliche Blicke zu. Plötzlich springt er auf und läßt die Kolonne anhalten, während er gegen François, unseren Gruppenführer, wettert: 'Schweine-Franzosen ... Scheiß Mensch'. François übersetzt uns mehr

---

36) Bernadac Christian, Des Jours sans Fin, S. 21

schlecht als recht, die Beleidigungen prasseln immer noch auf ihn nieder: Kameraden, die zweifellos kein Taschentuch besitzen, haben sich auf den Boden geschneuzt. Wir sind also dreckige Leute ohne Kultur. Zur Strafe müssen wir alle Spuren unseres unmöglichen Benehmens ... auflecken... Wir glauben zuerst, daß es sich um einen etwas derben Scherz handelt. Wir sehen, wie François auf Drokur einredet, aber dieser will nichts hören, zwingt einen von uns auf alle viere und heißt ihn, in Aktion zu treten. Der Betroffene streckt die Zunge weit heraus und läßt es dabei bewenden, denn er meint, es genüge, so zu tun als ob. Ein Fußtritt knickt ihm die Arme ein und legt ihn fast flach auf den Boden. Molotov, der seinem Meister gefolgt war, holt mit dem Gummischlauch von der linken Achselhöhe bis zum ausgestreckten rechten Arm aus." (Pierre B l é t o n)[37]

Die NSZ vom 30.5.1946 enthält Schilderungen von Drokurs „Steckenpferd", den Freiübungen um das Becken: „An einem Sonntagnachmittag, als Schmoll nicht im Lager war, habe Drokur zwei englische Häftlinge stundenlang im Entengang um das Wasserbecken getrieben und auch sonstwie seiner berüchtigten Spezialbehandlung unterzogen. Ein anderes Mal habe Drokur die ganze Belegschaft einer Baracke abends spät mit ihren Strohsäcken auf dem Hof antreten lassen, nur weil er seinen Bleistift vermißte, ihn aber bald darauf in seiner eigenen Tasche wiederfand." Und: „Dem Angeklagten Drokur wäre einmal ein französischer Kapitän entflohen... Drokur habe daraufhin alle französischen Insassen der betreffenden Baracke antreten und nach seiner Art etwa vier Stunden lang exerzieren lassen, wobei ein Invalide mit einem Holzfuß, der bei den Übungen nicht mitkam, zu Boden gesunken wäre. Drokur wäre dem Bedauernswerten mit beiden Füßen auf den Leib gesprungen."

„Der Zeuge Rechtsanwalt Hofmann aus Karlsruhe, der als ehemaliger Emigrant nach seiner Verhaftung in Frankreich ins Saarbrücker Lager kam, schildert unter anderem, wie ein französischer Arzt nach einer schweren Mißhandlung durch Drokur, abends am Wasserbassin, bewußtlos in das Arrestlager getragen werden mußte und dann am anderen Morgen nicht mehr aufzufinden war. Auf eine Frage des Verteidigers, des Herrn Rechtsanwalts Müller aus Saarbrücken, ob Drokur — nach Auffassung des Zeugen — die Mißhandlung lediglich als Sadist ausgeführt habe, gibt der Zeuge als Jurist die schwerwiegende Antwort, daß seiner Überzeugung nach Drokur nicht nur als Sadist, sondern in der bestimmten Absicht geschlagen habe, Menschenleben zu vernichten. Drokur habe seine Opfer jeweils einer Spezialbehandlung unterzogen, bei der er voraussetzen mußte, daß diese elend zugrunde gehen mußten." *(NSZ, 23.5.1946)*

Wenn von Drokur die Rede ist, so meist im Zusammenhang mit seinem Schatten „Molotov". „Diese beiden Monster *(Drokur und Molotov, d. Verf.)* ließen uns von morgens bis abends pausenlos um das Becken laufen. Auf das Kommando von Pfiffen oder Schreien mußten wir im Schritt, im Lauf, auf allen vieren, im Entengang gehen, in der Hocke hüpfen und uns schließlich

---

37) Bernadac Christian, Des Jours sans Fin, S. 33/34

flach auf den Bauch werfen. Sie, diese Bestien, wählten für diese letzte Übung stets die Stelle aus, an der es am meisten Schlamm oder Pfützen gab. Diese 'Gymnastik' vollzog sich unter Schlägen mit dem 'goumi' und bedroht durch einen Hund, den einer dieser Terroristen an der Leine hielt." (Pierre V e r d u m o)
Der Angeklagte Baron, der auch zu den Schindern am Wasserbecken gehörte, „verstieg sich zu der dreisten Behauptung, der durch ihn befohlene Entengang wäre nur eine harmlose Freiübung gewesen, die er habe machen lassen, um den Häftlingen bei ihren Märschen um das Wasserbecken eine Abwechslung zu verschaffen." *(NSZ vom 4.6.1946)* Molotov gehörte schon zu einer weiteren Kategorie von Wächtern, über die Pierre de F r o m e n t schreibt: „Schon in den ersten Minuten lernen wir eine für uns neue Kategorie von Individuen kennen, die der Häftlinge, die Vertrauensposten bekleiden, etwa in der Art der Kapos, die wir in Mauthausen noch erleben sollten. In Saarbrücken, wo wir eine kleine Zahl von Häftlingen sind und die SS deshalb ständig im Rücken haben, gibt es wenig solcher Privilegierter. Da ist zunächst der Lagerverwalter, ein finsterer brutaler Mensch, Gaty[38] genannt, glaube ich, mit niedriger Stirn und stupidem bösen Blick. Er ist der absolute Herrscher der Räumlichkeiten, in denen die grauen Uniformen, die Strohsäcke und Decken (für andere als uns, die kein Recht darauf haben), die Kochgeschirre und ... unsere Koffer lagern. Außerdem bereitet er die Appelle vor; zählt uns in der Reihe vor und mit den SS-lern wieder und immer wieder durch. Seine Behausung liegt neben unserem Raum, sobald einem von uns das Unglück unterläuft, laut zu werden, taucht er auf und spricht tausend Drohungen aus. Selbstverständlich bewegt er sich nie ohne seinen Gummiknüppel, der genauso lang, aber dicker als eine Fahrradpumpe ist. Bei jeder Gelegenheit schlägt er die Häftlinge damit auf den Kopf, den Rücken oder die Schultern. Jedes Mal, wenn wir die Baracken verlassen oder betreten, postiert er sich an der ziemlich schmalen Tür, zu der man über zwei oder drei Stufen hinaufgelangt; ein oder zwei SS-ler stellen sich auf die andere Seite und prügeln mit aller Kraft in die sich vorbeidrängende Herde. Wenn es ihnen Spaß macht, treiben sie uns vor dem Appell vier- oder fünfmal rein und raus. Ein Unglück für denjenigen, der dabei strauchelt und fällt; selbst wenn es ihm glückte, den Schlägen auszuweichen — er wird ausnahmslos von allen Kameraden getreten.
Die zweite privilegierte Person ist ein junger, etwa 35 Jahre alter Mann, korrekt mit einer Militärhose und schwarzen Stiefeln bekleidet. Er ist verantwortlich für die allgemeine Disziplin und die Appelle in den anderen Blocks. Auch er hält einen Gummiknüppel in der Hand, aber ich muß anerkennend sagen, daß er sich seiner praktisch nie bedient. Wir mußten nie darunter leiden. Auch er ist Pole. Diese beiden ersten tragen lange Haare, ebenso wie der Koch der SS-ler, René, ein Saarländer, der lange in der Legion gedient hat und alles tut, um uns das Leben erträglich zu machen. Der dritte ist ein kleiner stämmiger Mann mit rasiertem Schädel und dem Habitus eines

---

[38] Dieser Name taucht in keinem weiteren Bericht und auch im Prozeß nicht mehr auf.

Gorillas. Er steht dem 'Washraum' vor, den er mit größter Aufmerksamkeit bewacht. Ständig mit einem riesigen Knüppel bewaffnet, prügelt er blind bei jeder passenden und unpassenden Gelegenheit auf uns ein und ist sofort mit Freude dabei, wenn das erste Signal der SS ertönt und die Jagd auf die Häftlinge freigegeben ist. Er ist Russe und nennt sich Molotov. Schließlich noch zwei weniger wichtige Individuen: der offizielle Dolmetscher der Franzosen, der berüchtigte Lothringer oder Pseudo-Lothringer, ein falscher Mann, bekleidet mit einer grünen Tarnhose und Galoschen; und ein Deutscher, unser Zimmerältester. Weder der eine noch der andere schlugen, aber gegen den Lothringer sind wir ständig mißtrauisch, zumal er noch schlechter französisch spricht als der deutsche Zimmerälteste."[39]
Jacques L e c l e r c beschreibt noch einen weiteren Kapo: „Ein abgründig häßlicher Kapo, den ich 'King-Kong' getauft hatte, neben ihm wäre der Cromagnon-Mensch *(ähnlich dem Neanderthaler, Anm. d. Verf.)* ein Baby gewesen. Er verfügte über Herkuleskräfte, die noch durch ein sadistisches Folterknechtgemüt verdoppelt wurden."
Und François C u n y schreibt: „Im Dienst der SS stand eine Art von Kapo, ein Pole, der ihnen behilflich war, wenn es darum ging, bei jeder Gelegenheit Schläge zu verteilen, morgens beim Wecken, wenn wir uns mit nacktem Oberkörper zu den Waschbecken begaben, die sich in einer Spezialbaracke befanden, beim Verteilen von Brot und Kaffee, was sich draußen vor den Küchenbaracken abspielte, beim Zusammenstellen der kleinen Arbeitskommandos, die bei den umliegenden Bauern Rüben sammeln sollten, und vor allem bei der Ankunft neuer Deportierter; dabei gab er sich nach Herzenslust hin. Es war ein Unglück für ihn, daß er trotzdem bei seiner Ankunft in Buchenwald, wo er fünfzehn Tage nach uns eintraf, zu Tode gefoltert wurde."
Der hier von den ehemaligen Lagerinsassen benutzte Begriff „Kapo" (von ital. il capo = das Haupt, der Vorstand) stammt aus den großen Konzentrationslagern wie Mauthausen, Buchenwald usw. und bezeichnet ursprünglich Häftlinge, die den Befehl über ein Arbeitskommando erhalten hatten, einem SS-Kommandoführer unterstanden und — das war wohl das wichtigste — selbst nicht arbeiten mußten. Im Zusammenhang mit der Neuen Bremm kann der Begriff nur im übertragenen Sinne verwendet werden und zwar für solche Häftlinge, die von der Lagerleitung mit bestimmten Befugnissen oder „Vertrauensposten" betraut waren und deshalb Privilegien genossen. Eine solche Funktion auszufüllen, war eine heikle Angelegenheit und viele, die dieser Aufgabe nicht gewachsen waren, nutzten sie als Möglichkeit, sich bei den SS-lern durch besonders brutales Vorgehen gegen die eigenen Kameraden beliebt zu machen. So auch auf der Neuen Bremm.
Eduard Regulski — von allen im Lager und sogar vor Gericht in Rastatt nur Molotov genannt — ist das typische Beispiel eines Häftlings, der um kleiner Privilegien willen seinen Kameraden gegenüber zur Bestie wurde. Die NSZ vom 23.5.1946 schildert seinen Werdegang: „Der Pole Regulski war ein ganz

---

39) Bernadac Christian, Des Jours sans Fin, S. 25/26

besonderer Henker, dessen Schläge außerordentlich gefährlich waren (im Laufe der Verhandlung wird bekannt, daß Regulski anfangs selbst Häftling des Lagers war, später aber durch die Lagerleitung als Schläger verwandt wurde. Er erhielt dafür besseres Essen und jeweils nach jeder Marterung Zigaretten, die aus den Paketen der Häftlinge stammten)."
Edmond M i c h e l e t erinnert sich, daß er gleich bei seiner Ankunft im Lager von Molotov geprügelt wurde. Der für die Aufnahmeformalitäten zuständige SS-ler sagte zu ihm mit einem kaum merklichen Lächeln und in tadellosem Französisch: ,,Ich mache Sie darauf aufmerksam, daß es einer Ihrer polnischen Kameraden war, der Sie geschlagen hat." Er hatte ,,polnisch" betont. ,,Noch bevor ich einen klaren Gedanken fassen konnte, fügte er hinzu: 'Das wird Sie lehren, für Danzig zu sterben.' "[40] *(,,Wir wollen nicht für Danzig sterben" war ein Schlagwort von Kräften, die eine Nichteinmischungspolitik gegenüber Hitlers Annexionspolitik vor Beginn des Zweiten Weltkrieges vertreten haben. Dieses Schlagwort wurde Antifaschisten entgegengehalten, die als Reaktion auf die Annexion Danzigs ein Eingreifen Frankreichs forderten; d. Verf.)*
Und welches Bild zeichnet die Berichterstattung von Molotov? ,,Als einer der hauptsächlichen Schinder wurde auch der Pole Regulski entpuppt, ein ungeheuer verschlagener Mensch von kleiner gedrungener Gestalt mit den typisch abschreckenden Gesichtszügen eines rücksichtslosen und brutalen Schinders, der von dem als Zeuge auftretenden englischen Marineoffeizier Leutnant O'Leary teffend als ein minderwertiges Subjekt und williges Werkzeug seiner Gestapoauftraggeber bezeichnet wurde." *(NSZ vom 18.5.1946)*
Da macht man es sich doch ein bißchen zu einfach. Sicherlich, nicht alle Menschen, die sich damals in der gleichen Situation befanden, haben sich wie Molotov verhalten. Aber dennoch kann die Schuld nicht allein auf seine Person abgewälzt werden. Vielmehr müßte hier doch das nationalsozialistische System mit seinen Hintermännern verurteilt werden, das es möglich machte, daß Menschen für besseres Essen und ein paar Zigaretten zu brutalen Schlägern und schließlich zu Mördern ihrer eigenen Kameraden wurden.
Keines der in diesem Kapitel beschriebenen Mitglieder der Wachmannschaft des Konzentrationslagers Neue Bremm war ein geborener ,,Folterknecht", ,,Sadist" oder ,,Schlägertyp", wie Wilhelm Rüske, der damalige Sonderberichterstatter der NSZ in Rastatt, behauptet. Sie alle wurden erst dazu in einem System, in dem — wie sich Edmond Michelet erinnert — der Begriff ,,stucks" *(Stück, d. Übers.)* benutzt wurde, gleichgültig, ob es dabei um eine Anzahl von Streichhölzern in der Schachtel oder um niedriger gestellte Menschen in einer bestimmten Gruppe ging.
Im Falle Michelets waren die beiden ,,stucks", die alleine den Transport — angeblich in die Heimat zurück nach Frankreich, aber in Wirklichkeit nach Dachau — bildeten, er und sein Kamerad Jacques Perrier.[41]

---

40) Edmond Michelet, Rue de Liberté, S. 56
41) Edmond Michelet, Rue de Liberté, S. 59/60

Schuld und Sühne

Die Mörder der Neuen Bremm wurden im größten Kriegsverbrecherprozeß der französisch besetzten Zone abgeurteilt. Der Prozeß wurde von der höchsten Gerichtsinstanz, dem Tribunal Général du Gouvernement Militaire de la Zone d'Occupation Française, geführt. Gerichtsort ist das Schloß von Rastatt. Im für diesen Zweck hergerichteten Ahnensaal des Schlosses befinden sich das Ministerium und seine Mitarbeiter, das Gericht, über 30 Angeklagte und ihre Verteidiger. Etwa 30 Zeugen werden erwartet. Im Zuschauerraum ist Platz für 150 Personen. Mikrophonanlagen ermöglichen die problemlose Verständigung, sowie Rundfunkübertragungen aus dem Gerichtssaal.

1. Verhandlungstag ist Mittwoch, der 16. Mai 1946.
Vorsitzender des hohen Gerichts ist der erste Kammerpräsident am Berufungsgericht von Paris, M. Jean Ausset. Ihm beigeordnet sind als Richter Colonel Levy, erster Präsident des Kammergerichtes Lyon, und Kommandant Tschiemberg, Richter am Generalgericht in Lyon, ferner Colonel Gauthier als Vertreter der Obersten Besatzungsbehörde, und Kommandant Tournier, Vertreter der Militärregierung. Als Beisitzer fungieren Kommandant Wildman als Vertreter Englands und Landgerichtsdirektor Coring vom Rastatter deutschen Gericht. Als Anklagevertreter sind die französischen Staatsanwälte Jourdin und Granier, sowie der Engländer Hoenig als englischer Anklagevertreter benannt. Eine Anzahl von Dolmetscherinnen und Dolmetschern stehen dem Gericht für die reibungslose Abwicklung seiner Aufgabe zur Verfügung. Die Angeklagten werden im Bericht der NSZ vom 18.5.1946 aufgezählt:

Fritz SCHMOLL	Mathias WEYLAND	Peter WELTER
Peter WEISS	Fritz GROSS	LEISBERGER
Friedrich DUCKS	Jakob SAAR	Ludwig LORENZ
Heinrich ARNOLD	Richard DÖRR	Jakob KESSLER
Jakob QUINTEN	Alois MÜLLER	Eduard LEIBFRIED
Ewald MÜLLER	Johann REIN	Johann KARTES
Nikolaus DROKUR	Phillip JOHN	Fritz BENDER
Karl KUNKEL	Reinhard FINK	Henriette MÜLLER
Fritz FRIES	Ludwig SCHIEL	Hedwig KOCH
Heinrich BARON	Johann BETZOLD	Wilhelmine BRUN
Eduard REGULSKI	Friedrich WEISS	Olga BRAUN

(siehe umfangreiches Zitat im Kapitel „Das Wachpersonal...")

„Den Hauptbeschuldigten wird laut Anklageschrift durchweg als Haupt- oder Mittäter Mord bzw. Totschlag, grobe Mißhandlung, Körperverletzung und Diebstahl zur Last gelegt. Die Nebenangeklagten sind der Beihilfe hierzu beschuldigt."

Ferner wurde diese Zahl durch die ehemalige Wächterin in der Frauenabteilung des Lagers, Frau **Schröder** aus Saarbrücken, erweitert, die in der amerikanischen Zone am gleichen Tag verhaftet werden konnte, und den Gestapo- und SS-Oberscharführer Hornetz aus Saarbrücken. **Hornetz** wurde bei Fulda durch britische Geheimagenten einen Tag nach Prozeßbeginn gestellt. Er setzte sich bewaffnet zur Wehr und verletzte zwei englische Offiziere schwer, konnte dann aber überwältigt und nach Rastatt überführt werden. Im Verlauf der Verhandlung wird auch noch der 31jährige **Heinrich Weerts** aus Wiele (Ostfriesland) hinzukommen. Er ist von Beruf Friseur und gehörte ebenfalls zur SS-Mannschaft des Lagers. Die Verteidigung der Angeklagten übernehmen die saarländischen Anwälte Dr. Krämer, Pfeiffer, Grün, Philipp, Klein, Reinert, Balzert, Dr. Strauch, Roland, Dr. Markgraf, Mate und Richard. Die angeklagten Frauen werden durch Frau Dr. Fuest aus Saarbrücken verteidigt. Bei der Eröffnung des Prozesses erklären sich alle Angeklagten für n i c h t schuldig.

Es folgt an den ersten Tagen der Verhandlung die Vernehmung der Belastungszeugen. Bis zum 9. Prozeßtag kommen nun im wesentlichen die Grausamkeiten an den Tag, wie sie im vorangegangenen Teil hier schon geschildert wurden. Verschiedene der von uns interviewten ehemaligen Häftlinge gehörten selbst zu den Zeugen des Rastatter Prozesses. Im Verlauf dieser Vernehmung versuchen die saarländischen Verteidiger alles nur mögliche, um die Angeklagten durch günstige Zeugenaussagen zu entlasten. Aber was gilt schon ein halbes Brot, das einer der SS-Männer an einen Häftling im Anflug einer menschlichen Laune verschenkte – vor dem Hintergrund seines massenhaften Mordens! Es folgt danach über zwei Tage die Vernehmung der Angeklagten in eigener Sache, in der sie in den Zeugenstand gerufen wurden. Hierauf fällt das Gericht seine Entscheidung über schuldig oder nicht schuldig. Erst dann wird über das Strafmaß jedes einzelnen Angeklagten verhandelt.

Während der gesamten Verhandlung war keiner der Hauptangeklagten zu einem Geständnis bereit. Im Gegenteil, sie versuchten ihre Verbrechen zu verharmlosen, indem z.B. der Angeklagte Baron behauptete, der berüchtigte „Entengang" um das Löschwasserbecken sei eine „harmlose Freiübung" gewesen, die er habe machen lassen, um den Häftlingen bei den Märschen um das Wasserbecken eine Abwechslung zu verschaffen. *(NSZ, 4.6.1946)* Aber auch die weniger belasteten Angeklagten sind nicht zu einem Geständnis bereit. Sie wollen von nichts gewußt haben. Schreie der Häftlinge, so sagen sie aus, hätten sie darauf zurückgeführt, daß das Wasser in den Duschen zu kalt gewesen wäre. Alle ehemaligen Bediensteten des Lagers mußten vor der Gestapo bei ihrer Einstellung einen Eid ablegen, niemals etwas über die Vorgänge im Lager an die Öffentlichkeit zu bringen. Doch an diesen Eid, so erklären gerade die ehemaligen „Notdienstverpflichteten" unter den Lagerbewachern, fühlten sie sich nicht mehr gebunden – dennoch Schweigen.
Nach 17 Verhandlungstagen kommt es dann zum Urteil von Rastatt: NSZ vom 8.6.1946.

Rastatter Prozeß beendet *8. 6. 46*

Das Urteil ist gefällt

14 Todesurteile / Schwere Kerkerstrafen
Ein Freispruch

Im Prozeß gegen die Angeklagten des Saarbrücker Gestapolagers „Neue Bremm" wurde nachstehendes Urteil gefällt:
Die Angeklagten, Lagerkommandant Schmoll und sein Adjutant Peter Weiß sowie die Wachleute Quinten, Drokur, Kunkel, Fries, Baron, Regulski, Weertz, Hornetz, Bucks und die beiden als Köche beschäftigt gewesenen Groß und Weyland wurden zum Tode verurteilt.
Die übrigen Angeklagten erhielten folgende Strafen:
Der Sanitäter Saar, Frau Koch und Alois Müller je 15 Jahre Gefängnis mit Zwangsarbeit, Lorentz und Bender je 12 Jahre Gefängnis mit Zwangsarbeit, der Angeklagte Rein 10 Jahre Gefängnis mit Zwangsarbeit, Dörr, John und Weiler je 10 Jahre Gefängnis, Frau Bruhns 8 Jahre Gefängnis, Olga Braun, Meißberger und Keßler je 5 Jahre Gefängnis, Schiel, Betzold, Friedrich Weiß und Henriette Müller je 4 Jahre Gefängnis und schließlich die Angeklagten Ewald Müller, Karter, Pink und Frau Schröder je 3 Jahre Gefängnis. Der Angeklagte Leibfried wurde freigesprochen.

Ausführlicher Bericht auf Seite 2

Und weiter ist in der Berichterstattung vom selben Tag zu lesen:

14 Todesurteile im Rastatter Prozeß/Die übrigen Angeklagten zu erheblichen Freiheitsstrafen verurteilt — Der letzte Verhandlungstag

Der Prozeß gegen die Lagerleitung, Wachleute und das Hilfspersonal des Gestapolagers „Neue Bremm" ist nach 17 Verhandlungstagen am Mittwochabend zum Abschluß gekommen. Von den 36 Angeklagten wurden 14 als Hauptbeschuldigte zum Tode verurteilt und bei nur einem Freispruch müssen alle übrigen Angeklagten ihre schwere Mitschuld mit zum Teil sehr erheblichen Freiheitsstrafen büßen.
Gegen 15 Uhr nachmittags war die Verlesung der französischen Übersetzung der Verteidigungsreden beendet und die Angeklagten erhielten das letzte Wort. Sie machten von dieser Aufforderung jedoch wenig Gebrauch. Wenn

man von einem oder anderem im letzten Augenblick noch ein ausführliches Geständnis erwartet hätte, so war das auch jetzt wieder eine Enttäuschung. Lediglich einige von ihnen baten um milde Beurteilung, darunter die beiden ehemaligen Köche Groß und Weyland, sowie Peter Weiß, Hornetz und Drokur. Letzterer erklärte, daß er seine scheußlichen Taten bereue, was jetzt aber keinen Eindruck mehr auf das Gericht machen konnte. Der ehemalige Lagerkommandant Schmoll meldete sich überhaupt nicht zu Wort. Sein Gesicht war zwar etwas bleicher geworden, doch zeigte er nach wie vor die bei ihm sattsam bekannte verschmitzte Miene. Mit dreistem Blick musterte er den Zuschauerraum, der inzwischen überfüllt war und in dem die Zuhörer noch dicht gedrängt hinter den langen Sitzreihen standen. Aus dem benachbarten Baden-Baden waren inzwischen hohe Offiziere des französischen Oberkommandos nach Rastatt gekommen, um der Urteilsverkündung beizuwohnen.

Das Hohe Gericht zog sich zur Beratung der Schuldfragen zurück, die bis kurz vor 17 Uhr dauerte.

Das Ergebnis wurde in deutscher Übersetzung den Angeklagten bekanntgegeben.*

Die Angeklagten Schmoll, Peter Weiß, Quinten, Drokur, Kunkel, Fries, Baron, Regulski, Wertz, Hornetz, Weyland, Groß, Bucks und Arnold wurden für schuldig befunden, und zwar des Kriegsverbrechens, des Verbrechens gegen die Menschheit, des Mordes, des Totschlags, der schweren Mißhandlung, der Körperverletzung, des Diebstahls, der Mittäterschaft des Diebstahls und der Hehlerei;

die Angeklagten Alois Müller, Dörr, Saar, Lorenz, Bender, Frau Koch, Frau Bruhns, John und Helm des Kriegsverbrechens, des Verbrechens gegen die Menschheit, der schweren Mißhandlung, der Körperverletzung, des Diebstahls, der Mittäterschaft des Diebstahls und der Hehlerei;

die Angeklagten Ewald Müller, Kartes, Mersteiger, Schiel, Weiler, Pink, Betzhold, Keßler, Friedrich Weiß, Olga Braun, Frau Schröder und Frau Henriette Müller des Kriegsverbrechens, des Verbrechens gegen die Menschheit, des Diebstahls, der Mittäterschaft des Diebstahls und der Hehlerei.

Der Angeklagte Eduard Leibfried wurde für nichtschuldig im Sinne der Anklage erklärt.

Nach diesem Schuldspruch bat der französische Generalstaatsanwalt um Verurteilung der Angeklagten gemäß seiner vorher gehaltenen Anklagerede. Die Verteidiger bezogen sich ebenfalls auf ihre am Vortage gemachten Ausführungen.

Kurz vor 19 Uhr abends ertönte dann zum letzten Male in diesem Prozeß der Ruf des Ordners durch den Saal: „Mesdames, Messieurs, la cour le tribunal général!" Alle Anwesenden erhoben sich von ihren Plätzen und der Hohe Gerichtshof erschien zur

---

*) Die NSZ bedient sich in den Artikeln oft unterschiedlicher Namensschreibweisen. Einschneidende Übertragungsfehler sind: Mersteiger statt Leisberger — Pink statt Fink — Weiler statt Welter.

Urteilsverkündung.

Die ständig im Gerichtssaal anwesende militärische Wache trat unter präsentiertem Gewehr und verharrte so während der ganzen Urteilsverlesung. (Siehe 1. Seite (der Zeitung, Anmerkung des Verfassers.)) Der Beginn der Verbüßung der Freiheitsstrafen wird auf den 5. Juni festgesetzt. Die Kosten des Verfahrens fallen den Angeklagten zur Last. Der Angeklagte Leibfried wird freigesprochen. Er ist sofort auf freien Fuß zu setzen, wenn er nicht wegen anderer Straftaten in Haft bleiben muß.
Das vorliegende Urteil wird in ungekürztem Wortlaut in fünf vom Vertreter der Anklage beim Obersten Gericht zu bezeichnenden Tageszeitungen veröffentlicht.
Die Angeklagten wurden alsdann abgeführt, wobei den zum Tode Verurteilten sämtlich Fessel angelegt wurden. Der freigesprochene Angeklagte Leibfried wurde Donnerstag früh aus der Haft entlassen und ist schon nachmittags in seine Heimat gefahren.

Alle Verurteilten legten Revision ein

Donnerstag vormittag konnte eine Reihe der Verurteilten Besuche ihrer Angehörigen empfangen, und die saarländischen Verteidiger hatten nochmals eine eingehende Aussprache mit ihnen. Alle legten gegen das Urteil Revision ein. Wie Herr Generalstaatsanwalt Granier in einer gegen Mittag stattgefundenen Besprechung mit Verteidigung und Presse erläuterte, wird über diese Revisionseinsprüche zwischen dem 20. und 25. dieses Monats durch Beratung entschieden werden. Soweit es bei der Todesstrafe bleibt, haben die Verurteilten noch Gelegenheit zur Einreichung von Gnadengesuchen an den Oberkommandierenden der französischen Besatzungsarmee, Herrn General Koenig, in Baden-Baden.   *NSZ, 8.6.1946*

Einer der Hauptverantwortlichen des Lagers Neue Bremm, Oberscharführer Schmieden, der für seine Brutalität bei den Häftlingen berüchtigt war, konnte bis zum Zeitpunkt des Prozesses nicht verhaftet werden. Ob es jemals gelungen ist, seiner habhaft zu werden, kann hier nicht geklärt werden. Es ist jedoch höchst zweifelhaft, denn wieviele „kleine" und „größere" Nazitäter konnten erfolgreich untertauchen und sogar wieder auftauchen, als die Verantwortung für die Verfolgung nicht mehr in alliierter Hand, sondern bei Bundesbehörden lag. Kam es dennoch einmal wieder — viel zu spät — zu einem neuerlichen Prozeß gegen sie, warteten ihre Rechtsanwälte mit einer ganzen Kollektion ärztlicher Gutachten auf, die die Verhandlungsunfähigkeit oder Haftunfähigkeit ihrer Mandanten bescheinigten. Beispiele hierfür, wie bundesdeutsche Richter mildtätig auf den Gesundheitszustand solcher Angeklagten eingehen, gibt es aus der jüngeren Vergangenheit zur Genüge.
Ein hartes Urteil mußten die Angeklagten in Rastatt erwarten. In der britisch oder amerikanisch besetzten Zone wären die Urteile unter Umständen milder ausgefallen. So kam es nach Abschluß des Prozesses von Dachau zu

36 Todesstrafen, von denen acht jedoch in lebenslängliches Zuchthaus umgewandelt wurden. 28 Angeklagte wurden in Landsberg durch den Strang hingerichtet. Anzunehmen, daß in der riesigen Vernichtungsmaschinerie Dachau einige ehemalige SS-Bewacher, die zumindest gleiches wie ihre „Kollegen" auf der Neuen Bremm zu verantworten hatten, mit weitaus milderen Urteilen bedacht wurden. Es soll jedoch hier nicht der Platz sein, um dies gegeneinander aufzurechnen. Die Revisionsanträge der Verurteilten wurden abgelehnt, ebenfalls die in den Fällen der Todesstrafe eingereichten Gnadengesuche an den Oberkommandierenden der französischen Besatzungsarmee. Die Urteile wurden vollstreckt.

Inwieweit alle Schuldigen die Gefängnisstrafen voll verbüßten, muß hier ungeklärt bleiben.

Im Spiegel der Presse — Einige Bemerkungen zur Berichterstattung

Der Gerechtigkeit scheint mit der Prozeßbeendigung Genüge getan zu sein. Aber sind wirklich alle Schuldigen belangt worden? Der damalige Gauleiter Bürckel, verantwortlich für die „Westmark", hatte sich ja bereits Ende September 1944 selbst umgebracht, „aus Furcht vor Hitler, für seine feige Flucht aus Metz zur Verantwortung gezogen zu werden". *(Neue Zeit, 8.8.1946)*

Karl Barlitz, ein früherer Oberleutnant im Stabe des Kommandierenden Generals der Luftwaffe in Metz, brachte diese Richtigstellung in der „Passauer Neuen Presse" an die Öffentlichkeit. Denn „offiziell" starb Bürckel, nach dem früher die heutige Metzer Straße benannt war, an der auch das Konzentrationslager Neue Bremm lag, nach Angaben des amtlichen Deutschen Nachrichtenbüros, infolge einer schweren Erkrankung *(vgl. NZ, 8.8.1946)*. So trauerte auch die Saarbrücker Zeitung ganztitelseitig um seinen Tod. Aber es gab andere, die ihre weiße Weste reinzuhalten verstanden — und weiter verdienten.

Der Bericht des von der Neuen Saarbrücker Zeitung nach Rastatt entsandten Sonderberichterstatters, Wilhelm Rüske, gibt ein Beispiel, wie wenig bei der Frage nach Schuld und Schuldigen in die Tiefe gegangen wurde. Es herrscht, und wohl nicht nur beim Berichterstatter, die Tendenz vor, die Schuld in Einzeltätern oder Gruppen von Einzeltätern zu suchen, dort aber immer mit dem Verweis auf persönliche Grausamkeit, Unmenschlichkeit. — Allein verantwortlich gemacht wurde die jeweilige Persönlichkeit, der Charakter der Angeklagten. So wird ihr „ungemein dreistes und verschlagenes Lächeln" *(NSZ, 18.5.1946)* beschrieben. Einer wird als „ein ungeheuer verschlagener Mensch von kleiner gedrungener Gestalt mit den typisch abschreckenden Gesichtszügen eines rücksichtslosen und brutalen Schinders" dargestellt. *(NSZ, 18.5.1946)* Es ist von menschlichen Bestien die Rede, mit lauerndem und verschlagenem Blick, von abschreckenden Gesichtern. Von Menschen, deren Gesichtszüge jeden anständigen Menschen erschrecken lassen, wird berichtet, die den typischen Herrscher und Tyrannen der Nazizeit darstellen. Von einem „offensichtlichen Totschläger, dessen stechender und unsteter Blick die Schuld ohnehin genügend kennzeichnet...". So sieht sie der Berichterstatter. *(NSZ, 23.5.1946)*

Die Brutalität der Angeklagten steht zwar in Anbetracht der Aussagen ehemaliger Häftlinge außer Frage, hüten sollte man sich jedoch davor, nur die Psyche der Verbrecher als Begründung für ihre Taten anzunehmen. Und hüten sollte man sich auch, eine Typenlehre, die ebenfalls die pseudo-psychologisch/philosophische Grundlage einer Rassentheorie der Faschisten war und ist, umzudrehen. Keiner der SS-Bewacher war als Mörder geboren, wohl kaum hätte der Berichterstatter den Mörder auf der Straße erkannt, weil es ihm im Gesicht geschrieben steht. Diese Personifizierung der Grausamkeiten lenkt im wesentlichen von den „sauberen" Hintermännern ab. Sie führt dazu, daß allzu gebannt auf die wenigen „Schuldigen" geblickt wird und vergessen wird, wer sie an die Macht brachte, wer den Profit aus der braunen Machtausübung zog.

Das Urteil gegen Herrn Röchling, den damaligen Eigentümer der Völklinger Hütte, fiel jedenfalls außerordentlich mild aus. Das Strafmaß für die „angeklagten Schuldigen" lag hoch, jedenfalls verglichen mit den Urteilen, die im Rahmen weiterer Prozesse um die großen Konzentrationslager gleich in der Nachkriegszeit und später gefällt wurden. Aber gemessen an den Grausamkeiten und Morden auf der Neuen Bremm erübrigt sich ein Kommentar.

Wie die Urteile in der Saarbrücker Bevölkerung aufgenommen wurden, muß hier als Frage offen bleiben. Es muß angenommen werden, daß kaum jemand von der Existenz des Lagers oder mindestens der vielen Arbeitslager, die im Zusammenhang mit der Neuen Bremm standen, nichts wußte. Die meisten Mitbürger unternahmen nichts, und es ist erschreckend zu sehen, wie gut die Verdrängungsmechanismen funktionierten.

Trotz der oben angeführten Kritikpunkte war die Berichterstattung über den Prozeß dennoch ungemein wichtig. Schon 1946, so schreibt die NSZ, sei „eine ebenso verantwortungslose wie heimtückische Flüsterpropaganda bei uns in Saarbrücken am Werke..., die Wahrheit zu vertuschen. Wagt man doch zu behaupten, in dem 'Camp' seien lediglich Sittlichkeitsverbrecher untergebracht gewesen, und die Leichen seien lediglich Opfer eines abgestürzten Großkampfflugzeuges." *(NSZ, 23.5.1946)* Und wir warten buchstäblich darauf, daß die ersten Reaktionen auf diesen hier vorgelegten Bericht über die Neue Bremm versuchen, das Lager als „unbedeutendes Durchgangslager" in ähnlicher Weise zu verharmlosen und seine Funktion als Konzentrationslager zu bestreiten. Abschließend wurden das Urteil und der Rastatter Prozeß von einer großen Schweizer Tageszeitung, der „Neuen Züricher Zeitung", gewürdigt. Hier zitiert nach einer Meldung der NSZ vom 12.6.1946:

„Die Lehren des Rastatter Prozesses

Nach drei Wochen dauernden, anstrengenden Verhandlungen hat damit der erste in der französischen Besatzungszone durchgeführte Kriegsverbrecherprozeß seinen Abschluß gefunden. Wenn am ersten Tag des Prozesses Justizdirektor Furby speziell im Hinblick auf das stark unter angelsächsischem

Einfluß stehende Prozeßverfahren von einem Experiment gesprochen hat, das heute unternommen werden müsse, dann kann man sagen, daß dies Experiment, eine glückliche Kombination von englischer Fairness und französischem Geist, weitgehend erfolgreich war. Aber einen wirklichen Erfolg im Sinne der Erziehung kann dieser und können weitere ähnliche Prozesse nur haben, wenn das deutsche Volk den Willen zeigt, daraus die sich aufdrängenden Lehren zu ziehen und zu verstehen, daß es sich ausschließlich um eine im Dienste der Gerechtigkeit stehende unabhängige Justiz handelt."

Wiedergutmachung?

Die Verfolgten des Naziregimes haben ein Recht auf Wiedergutmachung. Inwieweit freilich der millionenfache Verlust des Lebens, der Gesundheit, jahrelange KZ- und Zuchthausaufenthalte durch finanzielle Abfindungen wieder gutzumachen sind, bleibt dahingestellt. In den Jahren nach der Bildung der Bundesrepublik mußten bundesdeutsche Gerichte über die Anträge auch ehemaliger KZ-Häftlinge der Neuen Bremm entscheiden. Eine klare Sache, sollte man meinen, nachdem ja auch den zuständigen Richtern die Situation der Häftlinge auf der Neuen Bremm durch die ausführliche Berichterstattung vom Rastatter Prozeß nicht entgangen sein konnte. Doch gefehlt: es ist offensichtlich leichter, als ehemaliger SS-Angehöriger seinen Anspruch auf Rente für diese „Dienst- und Beamtenzeit" geltend zu machen, als für Häftlinge, ihre Haftzeit in Konzentrationslagern im Rahmen ihrer Entschädigungsansprüche in Rechnung zu stellen. Dies gilt wohl in besonderem Maße dann, wenn es sich um ehemalige Häftlinge handelte, die am konsequentesten gegen die Hitlerdiktatur auftraten, ganz abgesehen davon, über welche Zeiträume solche Entschädigungsverfahren verschleppt wurden.

So fällte doch tatsächlich der 4. Zivilsenat des Oberlandesgerichtes in Saarbrücken in einer Verhandlung vom 2. Oktober 1970 in der Entschädigungssache Heinrich Brenner *(vgl. auch den hier veröffentlichten Bericht seiner Verfolgung)* ein Urteil im Namen des Volkes, das die Berufung gegen ein schon früher, im März 1968, verkündetes Urteil zu seinen Ungunsten ablehnte. Sinngemäß ist den Entscheidungsgründen das Folgende zu entnehmen: Heinrich Brenner ist nach Ansicht des Zivilsenates nicht mindestens ein Jahr in Konzentrationslagerhaft gewesen, was Voraussetzung für eine Entschädigung wäre. Er war zwar insgesamt über ein Jahr inhaftiert. Da aber das KZ Neue Bremm nach einer Rechtsverordnung der Bundesregierung zum § 42 Abs. 2 BEG, in der die KZ aufgeführt sind, nicht enthalten ist, entfällt diese Inhaftierungszeit als Anrechnungsgrundlage.

Für das Oberlandgericht in Saarbrücken steht also fest: Das KZ Neue Bremm war gar kein Konzentrationslager. Was war es dann aber? Und diese Entscheidung hat nicht nur für das Saarbrücker Gericht eine Bedeutung, diese Rechtsprechung hat mit der Grundlage, auf die es sich bezieht, bundesweite Gültigkeit. Wenn es um die Ablehnung von Entschädigungen geht, so müssen noch andere Spielarten herhalten. So wird der illegale Grenzübertritt auf der Flucht vor den Nazi-Schergen als allgemein strafbare Handlung betrachtet, nicht abhängig vom politischen Tatbestand. Der Flüchtling hat sich strafbar gemacht...

Ein Ehrenmal für die Opfer

In der Folge suchten Menschen das Schicksal von Verwandten, verschollenen Freunden, von denen angenommen werden muß, daß eine Station ihres Leidensweges die Neue Bremm war, aufzuklären. In den seltensten Fällen gelang dies. Der Tod von Menschen in Konzentrationslagern war ein anonymer Tod. In Zeitungen, wie dem Mitteilungsblatt der gerade gegründeten VVN an der Saar, waren Suchmeldungen wie diese zu lesen:

Wer kann Auskunft geben? *1.11.49 Nr. 5*

Wie uns durch ein Fahndungsblatt des V.V.N.-Ermittlungsdienstes Berlin C 2, Neue Schönhauserstr. 3, bekannt wurde, sollen über den ehemaligen Häftling Peter Fries, geb. am 3. 3. 1913 in Saarbrücken, wegen dessen Verhalten im Lager Mauthausen Ermittlungen eingezogen werden. Fries war von 1939 bis 1942 im K.Z. Mauthausen, Kapo mit schwarzem Winkel. Wir bitten, Auskünfte an die oben angegebene Adresse weiterzuleiten.

Ebenso sollen alle Auschwitzer Häftlinge ihre jetzige Anschrift unter Angabe von Geburtsdatum, Beruf, Wohnort (vor und nach der Verhaftung), Haupt- oder Nebenlager, Block und Kommando, sowie Haftzeit, Häftlingsnummer und sonstigen Bemerkungen an das Auschwitz-Komitee der V.V.N. Berlin C 2, Neue Schönhauserstr. 3, geleitet werden.

Willi Schäfer, geboren 1913 in Saarbrücken, war bis 1944 Insasse auf der „Goldenen Bremm" und wurde später nach Deutschland weiter transportiert. Seitdem fehlt jede Spur von Schäfer. Kameraden, die mit ihm zusammen waren und über dessen Verbleib etwas aussagen können, werden gebeten, unverzüglich Mitteilung an die Geschäftsstelle der V.V.N. Saar, Saarbrücken 3, Nauwieser Schule, Zimmer 15, zu machen.

Um so wichtiger erschien es, das Gedenken an die unbekannt gebliebenen Toten und die Leiden der Häftlinge in Ehren zu halten und eine Gedenkstätte zu gründen. Entsprechend wurde 1947 von Gouverneur Grandval, in Anwesenheit ehemaliger Deportierter, ein Denkmal zu Ehren der Opfer des Faschismus eingeweiht. Ein Gedenkstein wurde enthüllt. Die Presse berichtet:

Die Gedenkfeier an der „Neuen Bremm"

Am gestrigen 11. November, vormittags gegen 10 Uhr, versammelten sich unter einem grauen Himmel und in heftigem Regen Hunderte von ehemaligen Deportierten des Konzentrationslagers an der „Neuen Bremm", die von Paris, von allen Teilen Frankreichs herbeigekommen waren, um den Einweihungsfeierlichkeiten des Denkmals und des Gedenksteines beizuwohnen, welche auf ewig daran erinnern werden, daß hier — wie es der in den Gedenkstein gemeißelte Spruch besagt — die in den Tod getriebenen „Verteidiger der Würde und der menschlichen Freiheit" ruhen. Von der anderen Seite, aus dem Saarland, waren der Gouverneur, General de Lassus, die Mitglieder der französischen Militärbehörde, Direktor Erwin Müller und die Mitglieder des saarländischen Landtages und viele andere Vertreter des öffentlichen, politischen und kulturellen Lebens erschienen. Herr Fayard, Vertreter des Ministers der ehemaligen Deportierten, und der Präfekt von Forbach hatten sich ebenfalls eingefunden.

Nachdem der Gouverneur die Gäste begrüßt hatte, begab er sich sofort auf die vor dem Denkmal errichtete Rednertribüne und bat die Versammelten, zum Andenken an die Toten des Konzentrationslagers eine Minute Stillschweigen zu bewahren. Dann begann er seine Rede, die wir an anderer Stelle wiedergeben. Unmittelbar danach bat der ehemalige französische Konzentrationshäftling, Herr Dumolin, welcher am längsten in diesem Lager ausgehalten hatte, den Gouverneur, einige Worte des Gedenkens an die Versammelten richten zu dürfen. Herr Dumolin, der infolge seiner schweren Verletzung nur mühsam auf das Podium zu steigen vermochte, erinnerte an die grausame Zeit seines Aufenthaltes im Lager der „Neuen Bremm". Er erinnerte an die Kameraden, die sein Los geteilt haben, er gedachte ihres Heldenmutes, er schilderte, mit welcher Hoffnung und Zuversicht sie noch bis kurz vor dem Tode an ein neues Frankreich, an ein neues Europa geglaubt haben. Ihre Opfer, sagte er, sind nicht vergebens gewesen.

Dann begab sich der Gouverneur zu den ehemaligen Deportierten und deren Angehörigen, bat aus ihrer Reihe zwei Frauen, wie auch Herrn Dumolin, mit ihm gemeinsam den Gedenkstein zu enthüllen, und entnahm ihm die französische Fahne, welche die Inschrift bisher verborgen hatte. Während eine Kompanie der im Saarland stationierten französischen Truppen die Ehrenbezeugung leistete, nahm somit der erste Teil der Feierlichkeiten ein Ende.

Anschließend begaben sich die Versammelten auf den Friedhof, an die Stelle, an der sich die Gräber der Opfer des Nationalsozialismus befinden. Hier legte der Gouverneur, wie auch die verschiedenen Vertreter der Militär- und Zivilverwaltungen Kränze nieder. Auch hier leistete eine Kompanie französischer Truppen die militärischen Ehren. Danach waren die Feierlichkeiten beendet. *(NSZ, 13.11.1947)*

Denkmalsweihe an der „Neuen Bremm" — Die Rede Gouverneur Grandvals

Anläßlich der Einweihung des Denkmal an der „Neuen Bremm" hatte Gouverneur Grandval eine Ansprache gehalten, deren Inhalt wir nachstehend in großen Zügen wiedergeben.

„Wir wollen uns hier", so sagte der Gouverneur, „an dem Tag des 11. November vereinigen, um damit den Opfern zu gedenken, die diesen Tag und demjenigen vom Mai 1945 zum Siege verhalfen.

Unter uns weilen jene, die Unmenschliches gelitten haben. Wir sollten uns vor ihnen tief verneigen, denn die Abscheulichkeiten der nazistischen Methoden war derart, daß es sich geziemt, nicht nur die Toten zu ehren, sondern auch den Überlebenden Ehrfurcht entgegenzubringen. Betrachten Sie alle, die Sie nun hier anwesend sind, das Lager. Wir wollten, daß es so der Zukunft erhalten bleibe, von Stacheldraht umgeben, an dem sich jene die Hände und die Hoffnung zerrissen, die hier eingeschlossen waren. Wir wollten, daß dieses Stück Erde, das so viele Verbrechen sah, bleibe, um jene dunkle Nacht zu bezeugen, in der die Zivilisation vergewaltigt wurde, als Menschen sich zusammenfanden, sie zu verteidigen. Welches Symbol haben wir vor unseren Augen? Jenes der Freiheit, ich will sagen des fortschrittlichen Geistes, des Glaubens in die erhabene Berufung, aber auch jenes der Erinnerung an fürchterliche Menschen, die lebten, damit die Unterdrückung triumphiere, Menschen mit einem antiken Despotismus und einem Rückschlag in jene schrecklichen ideologischen Verwirrungen, die das Zeichen des Barbarismus sind."

Der Gouverneur fuhr dann fort: „Könnte es eine bessere Rechtfertigung der Verbrüderung, der Einheit des Menschentums geben als dieses Lager, wo alle Völker Europas vermischt waren, Franzosen und Polen, Belgier und Saarländer, Tschechen und Holländer, Italiener und Russen, Dänen und Griechen, Engländer und Jugoslawen? Sie alle litten unter der Unterdrückung, die die Herren von Berlin in der ganzen Welt errichten wollten. Dieses Zeichen ihrer Schmerzen, dieses Mal, das wir einweihen, wird es den Generationen der Zukunft verkünden. Vor diesem geweihten Ort wird der Wanderer stehenbleiben und lesen, was die bronzenen Lettern verkünden: 'In diesem Lager wurden auf Befehle von jenseits des Rheins die Verteidiger der Freiheit und der Menschenwürde in den Tod gehetzt, hier wurden sie Opfer des Nazi-Barbarismus.'

Dieses Denkmal wird das Symbol einer dunklen Vergangenheit, aber auch das Zeichen des Glaubens an eine bessere Zukunft sein.

Es ist aber nicht der Grenzstein zwischen zwei ewig feindlichen Landschaften, nein, es ist im Gegenteil der Ort, der morgen vereinen wird, wie es heute bereits Frankreich und die Saar vereint, in einer endgültigen Weigerung an alles, was die Zwietracht von gestern wieder lebendig werden lassen könnte. Hitler pries sich, in seinem Schlupfwinkel gekauert, während den letzten Stunden eines Krieges, der den Zusammensturz Deutschlands zur Folge hatte, das Ideal des Menschen verdorben zu haben. Er täuschte sich.

Daher, Herr Präsident der Verwaltungskommission des Saarlandes, daher, Herr Bürgermeister von Saarbrücken, der ich stets Ihr tiefes menschliches Ideal und Ihre wirklichen demokratischen Tugenden geschätzt habe, daher, Ihr Saarländer, die gekämpft haben, emigriert sind, still gelitten haben, seid Ihr heute unter uns. Ich wünsche, daß Sie alle die Größe dieser feierlichen Minute ganz verstehen. Ich weiß, daß es unter Ihnen Saarländer gibt, die dieses Lager passiert haben, bevor sie in andere kamen. Ihnen gilt mein Gruß und derjenige, der republikanischen Regierung.

Daher werde ich, Herr Bürgermeister, indem ich die moralischen und menschlichen Prinzipien wachrufe, die an der Spitze der saarländischen Verfassung stehen und die eben mit einer erdrückenden Mehrheit angenommen wurde, dieses Denkmal in Ihre Obhut übergeben, denn ich weiß, mit welchem Interesse die Verwaltung Ihrer Stadt sich ihm annehmen wird. In der Tat, dieses Denkmal ist das Symbol der Gemeinsamkeit unserer Hoffnungen. Wir wollten, daß es von Stacheldraht umgeben bleibe, aber nur, damit niemals mehr ein Mensch dort eindringen kann.

Was Sie, meine Kameraden der Freiheitsbewegung betrifft, so soll dieser Augenblick uns erneut bezeugen, daß wir recht hatten, zu kämpfen, weil er die Weihe eines doppelten Sieges ist, jenes unserer Nation und jenes unseres Ideals." NSZ, 13.11.1947

Was aus den Zeitungsberichten nicht hervorgeht ist, daß dieser Stein nur in französischer Sprache der Opfer gedenkt und vor einer Wiederholung dieses Abschnittes der Geschichte mahnt. Zur Zeit französischer Verwaltung über das Saarland mag dies noch angehen. Heute erscheint es unverständlich und unwürdig, daß es bisher bundesdeutschen bzw. saarländischen Verantwortlichen nicht gelungen ist, die Gedenkstätte mit einem eigenen Gedenkstein in deutscher Sprache auszustatten. Ergebnis eines Gespräches — in Vorbereitung dieser Veröffentlichung — mit dem Amt des Oberbürgermeisters von Saarbrücken ist die Bitte an die VVN-Bund der Antifaschisten, einen Textvorschlag für eine Gedenktafel einzureichen.

Die Ehrungen der Opfer nahmen ihren weiteren Verlauf über Gedenkfeiern und Schweigemärsche, die zum Großteil von der gerade gegründeten Vereinigung der Verfolgten des Naziregimes (VVN) organisiert wurden.

Saarbrücken Schloßplatz und Neue Bremm 11.9.1949
Foto: Walter Barbian

In diesen Jahren und später besuchten ehemalige Häftlinge das alte Lagergelände. Ihre Schilderungen bedürfen keines weiteren Kommentars.
Marcelle I z o k o w i t z schreibt: „Ich kam 1948 zur Neuen Bremm zurück. Das Lager war verwahrlost, es gab jedoch tatsächlich einen Gedenkstein. Nach meinem Besuch dort betrat ich ein kleines Geschäft, das dem Lagereingang gegenüberlag. Ein junger Mann war drin, und ich fragte ihn, ob er während des Krieges dagewesen sei. Seine Antwort war verneinend, er war Soldat in Rußland gewesen, aber er holte seinen alten Vater, der ihm in dieser Zeit das Geschäft geführt hatte. Ich habe ihn mir genau angesehen und daran gedacht, daß dieser Mann jahrelang in den Tag lebte und seine Waren verkaufte, während sich direkt vor seinen Augen all das menschliche Elend abspielte."

René M o t t e t ergänzt: „Ja, dieses Lager verdient es, nicht ausgewischt zu werden, damit man sich seiner Vergangenheit erinnert, damit sich das um keinen Preis wiederholt und man sich vor all diesen Kameraden verneigt, die hier ihr Leben gelassen und so viel gelitten haben."

Lucie M o r i c e kommt erst Jahre später in das ehemalige Lager zurück: „Anläßlich des FNDIRP-Kongresses[42] in Strasbourg 1970 fuhr ich zur Neuen Bremm, um diese finstere Stätte wiederzusehen. Ich war peinlich berührt und traurig, schon damals zu sehen, daß das Denkmal zerfällt, das Bassin zuwächst und der Stacheldraht von Gras überwuchert wird."

Die Entrüstung gerade ehemaliger Häftlinge über den Zustand ist groß. Pierre M i g m o n : „Ich war froh, im Patriote Résistant den Artikel über das Lager Neue Bremm bei Saarbrücken zu lesen. Ich glaube, daß dieses kleine Lager, das so viele Märtyrer gesehen hat, in der Tat hätte so erhalten und unterhalten werden müssen, wie es in den dunklen Jahren der Naziherrschaft war. Es ist eine Schande, vor der Welt und insbesondere vor der Jugend verbergen zu wollen, was das war, Hitlers Massenmord."

Nach Aussagen von Frau Denise C o u l o n, der Frau eines verstorbenen Häftlings war die Neue Bremm im Gegensatz zu Mauthausen und seinen Arbeitskommandos, in denen durch Arbeit vernichtet wurde, ein sogenanntes Disziplinierungslager, ein Erziehungslager; dazu bestimmt, jeden Willen zu brechen, jegliche Regung von Widerstandsgeist. Sie schreibt: „Mein Mann starb am 15. Dezember 1977; in wenigen Wochen von einer schrecklichen Krankheit dahingerafft. Er ist nur ein einziges Mal zur Neuen Bremm zurückgekehrt, einige Monate vor seinem Tod anläßlich einer von uns nach Deutschland unternommenen Reise. Saarbrücken lag auf unserer Strecke. Er wollte hier anhalten, um uns — unserem Sohn und mir selbst — das Lager Neue Bremm zu zeigen. Er hatte Schwierigkeiten, die Stelle zu finden, weil kein Schild den Weg zeigte, aber nach einigen Fragen fanden wir schließlich das Lager, oder vielmehr das, was noch davon übrig geblieben war, das Becken. Damals war das Becken vernachlässigt, der Beton war dem Einstürzen nahe und auf dem Grund vermoderten Regenwasser und die unterschiedlichsten Trümmer. Ein großes Denkmal an der Straße und ein einige Meter

---

42) FNDIRP: Fédération Nationale des Déportés, Internés, Résistants et Patriotes

vom Becken entfernter Gedenkstein würdigten das Andenken der 'Märtyrer'. Aber am Becken gab es keine Tafel, die erklärt hätte, was sich wirklich dort zugetragen hatte. Mein Mann war durch den Anblick dieses Ortes erschüttert, bedrückt durch seine Erinnerungen, aber ich glaube, was ihn am meisten erschütterte, war der Anblick der vorgenommenen Veränderungen, das totale Verschwinden der Baracken, der Bau der neuen Straße, die neuen Gebäude und vor allem der Gedanke, daß das Becken bald verschwunden sein wird und niemand mehr wissen wird, zu was es gedient hat. Nach unserer Rückkehr schrieb mein Mann einen Artikel, der in der Ausgabe 188 des Mitteilungsblattes des Mauthausenkomitees veröffentlicht wurde, und entwarf einen Text (den er selbst ins Deutsche übersetzte) für eine Tafel, die er am Rande des Beckens angeschlagen sehen wollte. Er starb kurze Zeit später, aber es tröstet mich zu wissen, daß andere ihn ablösen, um die Wahrheit bekannt zu machen, um zu verhindern, daß das Lager Neue Bremm für immer in Vergessenheit gerät."

Bestrebungen gab es anfangs sicherlich, diesen Teil — auch saarländischer — Geschichte aufzuarbeiten. So wurde bereits im März 1946 eine Ausstellung im Saarland-Museum eröffnet, die „Hitlers Verbrechen" darstellte. Unter anderem müssen in dieser Ausstellung auch Fotos vom KZ Neue Bremm zu sehen gewesen sein.

So schreibt die NSZ vom 1.4.1946: „Viele Saarbrücker Bürger, die gegenwärtig die Ausstellung 'Hitlers Verbrechen' im Saarland-Museum besuchen und gleich beim Eintritt Abbildungen von dem Saarbrücker Lager sehen können, schütteln den Kopf. Fast alle sagen: 'Ja, davon haben wir ja gar nichts gewußt. Ist denn so etwas möglich gewesen in unserer engeren Heimat?' "

Wo sich jedoch diese Ausstellungsgegenstände und Fotos heute befinden, weiß angeblich niemand zu sagen. Sind sie „verlorengegangen", im Versuch, die faschistische Vergangenheit zu verdrängen, wie es ebenso erfolgreich in bundesdeutschen Schulbüchern geschah?

Die ersten offiziellen Reaktionen saarländischer Behörden gab es erst wieder, als es galt, das ehemalige Lagergelände — die Gedenkstätte — zugunsten der Autobahn und des Ausbaus seiner Auffahrten und Zubringer zu verkleinern. Der Protest der VVN versuchte diese Veränderungen im Rahmen zu halten. Er wurde von den unterschiedlichsten Organisationen sowie ausländischen Kreisen unterstützt.

In den folgenden Jahren wiederholen sich Gedenkfeiern mit Kranzniederlegungen, und die Kritik am Zustand der Gedenkstätte wuchs. Dies führte dazu, daß die VVN, inzwischen durch den Zuwachs an jüngeren Mitgliedern zum Bund der Antifaschisten erweitert, eine schriftliche Protestaktion an saarländische Behörden und Parteien startete. Der Erfolg war überwältigend. Die Vereinigung wurde überschwemmt von Verbal-Bekundungen, die sich dem Protest und der Entrüstung anschlossen. Die Antworten der Parteien, der Ministerien, der Stadtratsfraktionen, des Oberbürgermeisters von Saarbrücken, des Stadtverbandspräsidenten und einzelner Landtagsabgeordneter sollen hier nur beispielhaft zusammengefaßt werden.

Zuständigkeitsgerangel

Es werden hier Auszüge aus Antwortschreiben veröffentlicht, die die VVN-Bund der Antifaschisten erhielt, als sie bezüglich des katastrophalen Zustandes der Gedenkstätte protestierte. Danach, dies sei betont, wurden tatsächlich die notwendigsten Garten- und Aufräumarbeiten durchgeführt. Vor dem war, wie beschrieben, die Ähnlichkeit des Geländes mit einem Abbruchgrundstück größer als mit einer Gedenkstätte. Aus diesen Schreiben wird auch die Zuständigkeitsunsicherheit für die Erhaltung der Stätte deutlich.

Stadtverband Saarbrücken
Der Stadtverbandspräsident   Sept. 1977
„*...auch ich teile Ihre Enttäuschung über den schlechten Zustand der Gedenkstätte 'Neue Bremm'...*"

Landeshauptstadt Saarbrücken
Amt für Grünanlagen und Forsten   Sept. 1977
„*...teile ich Ihnen mit, daß das Gelände des Ehrenmales an der Neuen Bremm nicht in den Aufgabenbereich der Stadt Saarbrücken fällt, sondern vom Staatlichen Straßenbauamt, Straßenmeisterei Sulzbach unterhalten wird. ...*"

FDP Stadtratsfraktion Saarbrücken
Fraktionsvorsitzender   Nov. 1977
„*...Auch unsere Fraktion ist der nicht sehr ehrwürdige Pflegezustand des Ehrenmales an der Goldenen Bremm schon aufgefallen. Ich werde mich in einem persönlichen Gespräch mit dem Oberbürgermeister dafür einsetzen, ...*"

CDU Saar
Stadtratsfraktion Saarbrücken
Fraktionsvorsitzender und Fraktionsgeschäftsführer   Nov. 1977
„*Unsererseits bestehen keine Bedenken, die Pflege der Anlage dem Amt für Denkmalspflege zu übertragen, vorausgesetzt, daß dieser Dienststelle ausreichende Mittel für die Unterhaltung zur Verfügung stehen...*"

Landeshauptstadt Saarbrücken
Der Oberbürgermeister   Sept. 1977
„*...die zuständigen Landesbehörden aufgefordert, die Gedenkstätte in einen würdigen Zustand zu versetzen ... Allerdings hat sich offenbar seither nichts getan.*"

Rita Waschbüsch
Mitglied des saarländischen Landtages   Okt. 1979
„*Ihre Bitte, mich für eine würdige Herrichtung der Mahn- und Gedenkstätte an der Neuen Bremm einzusetzen, erfülle ich gern. Ich muß aber darauf*

hinweisen, daß das Gelände der Stadt Saarbrücken gehört, Entscheidungsbefugnis also nur dort gegeben ist. Mitglieder der CDU Landtagsfraktion haben sich bei der Stadt Saarbrücken über den Zustand dieses Geländes schon häufiger..."

Saarland
Der Minister für Umwelt, Raumordnung und Bauwesen   Okt. 1979
„...die Unterhaltung und Pflege am Mahnmal in Form der Amtshilfe vom Staatlichen Straßenbauamt durchgeführt wird... Natürlich wird der Zustand der Gedächtnisstätte vom Staatlichen Straßenbauamt laufend überwacht."

Landeshauptstadt Saarbrücken
Amt für Grünanlagen und Forsten   Okt. 1979
„Wie bereits mit Schreiben vom 31.8.77 und 20.10.77 mitgeteilt, liegt das o.g. Ehrenmal nicht im Zuständigkeitsbereich der Stadt Saarbrücken."

Es wären noch einige Schriftwechsel zu erwähnen, die unter den verschiedenen Ämtern stattfanden, und in denen die Frage der Zuständigkeit ebenfalls immer wieder angesprochen wurde. Natürlich ist jeder Angesprochene der Meinung, daß Erinnerungsstätten und Denkmäler in entsprechender Weise gepflegt werden sollten. Aber einen Mahn- oder Gedenkstein in deutscher Sprache wird man ebenso vergeblich suchen, wie einen Hinweis auf die Gedenkstätte im Saarbrücker Stadtplan — bis heute.

Aber das konkrete Ergebnis war weniger als mager. Es stellte sich immerhin heraus, daß die Pflege des Ehrenmals in den Aufgabenbereich des Straßenbauamtes — Autobahnmeisterei Sulzbach — fällt. Daß tatsächlich sonst nichts geschah, kann man aus einem Beschwerdebrief zwei Jahre später im September 1979 erkennen, der an den Oberbürgermeister von der Regionalen Bergarbeiterföderation C.G.T. aus Freyming-Merlebach (Frankreich) gerichtet ist (siehe Brief). Zwischenzeitlich sahen sich die Jugendverbände im Landesjugendring Saar genötigt, selbst Initiative zu entwickeln. In einem Arbeitseinsatz aus Anlaß des 40. Jahrestages der „Reichskristallnacht" wurde das Lagergelände so gut es ging instandgesetzt.
Auch hier kam es wieder zu Kranzniederlegungen, diesmal von Frau Minister Scheurlen durchgeführt; sie war auch Schirmherrin der ganzen Aktion „Jugend gegen Faschismus". Von den Jugendverbänden wurde auch die auf dem Foto sichtbare Holzplatte mit dem deutschsprachigen Text hergestellt und angebracht.
Bereits wenige Tage später war dieses Schild verschwunden. Es wurde später völlig zerstört in einiger Entfernung vom Lagergelände aufgefunden. Man muß annehmen, daß es Tätern zum Opfer fiel, die neofaschistischen Gruppen zuzuordnen sind, zumal in zeitlicher Nähe auch noch ein Anschlag auf die Buchhandlung Lenchen Demuth in Saarbrücken — während einer antifaschistischen Autorenlesung — verübt wurde. Ähnliches widerfuhr einer Tafel, die von ehemaligen französischen Häftlingen aus dem Raum Forbach ange-

bracht wurde, die der Eröffnung der Woche „Jugend gegen Faschismus" beiwohnten. Die eingeschaltete Polizei konnte in keinem der Fälle Ermittlungsergebnisse vorweisen. Es trat nun allerdings das Straßenbauamt in Aktion, indem es seinerseits einen Beitrag zur Erhaltung der Gedenkstätte leistete. Mit einigen Eimern Beton wurden die Wände des ehemaligen Löschwasserteichs neu verschalt. Jedes Mietshaus erfährt wahrscheinlich eine pietätvollere Restaurierung.

Frau Minister Scheurlen bei der Kranzniederlegung

Heutige „Gedenkstätte"

Anhang

Informationen zu den französischen ehemaligen Häftlingen der Neuen Bremm

C o g n e t, Bernard, heute wohnhaft in St.-Jean-de-Braye, befand sich im März und April 1944 drei Wochen lang auf der Neuen Bremm, bevor er nach Gusen, einem Außenkommando von Mauthausen, gebracht wurde.

C o u l o n, Denise, für ihren Mann Robert Coulon. Er wurde 1918 in Nantes geboren, war Offizier der französischen Luftwaffe, wurde 1942 Mitglied der Résistance (der französischen Widerstandsbewegung), im Februar 1944 von der Gestapo verhaftet und zunächst nach Toulouse, später in Compiègne interniert. Er war im März 1944 auf der Neuen Bremm, bevor er im April desselben Jahres nach Mauthausen kam. Von dort kehrte er 1945 schwer krank heim und mußte dann dreieinhalb Jahre wegen Knochentuberkulose das Bett hüten. Er starb am 15. Dezember 1977. Seine Frau, Denise Coulon, lebt in Suresnes.

C o u r d o u x, Jean, heute wohnhaft in Gennevilliers. Sein Transport ging am 5. Februar 1944 von Blois ab und kam nach einem Aufenthalt in Compiègne Ende Februar 1944 in Saarbrücken an. Jean Courdoux war dann 15 Tage im Lager Neue Bremm. Er sagt: ,,Bei der schlechten Behandlung hätte man keine drei Monate überlebt."

C u n y, François, lebt heute in Fraize. ,,Ich kam im Oktober 1943 mit einem kleinen Transport von etwa hundert Kameraden aus dem Gefängnis Romainville im Lager Neue Bremm an." Er verbrachte dort sechs Tage.

H a a g, Fernande, heute wohnhaft in Nilvonge. Sie und ihr Mann verbrachten in den Monaten Januar und Februar des Jahres 1944 mehrere Wochen auf der Neuen Bremm. Beide sind Lothringer. Ihr Mann war zuvor im Lager Woipy, sie selbst im Keller des Gestapo-Gebäudes Metz, Adolf-Hitler-Strasse 42, gewesen. Das sind nur Ausschnitte aus ihrem Leidensweg, der im Januar 1943 begann, sie durch mehrere Lager und Gefängnisse (u.a. in Schlesien) führte und erst am 28. August 1945 mit der Rückkehr nach Lothringen endete. In einem der Lager ist ihr neun Monate altes Baby gestorben.

I t z k o w i t z, Marcelle, aus Paris. Sie fuhr am 6. Juni 1944 mit einem Transport aus dem Gefängnis Romainville zum Gare de l'Est. Dort fuhren sie um acht Uhr ab und erreichten spät abends Saarbrücken. Auch sie war nur kurze Zeit auf der Neuen Bremm, bevor man sie nach Ravensbrück brachte.

L e c l e r c, Jacques, war am 25. August 1944 — dem Tag der Befreiung von Paris — in der französischen Hauptstadt festgenommen worden und kam zwei Tage später auf der Neuen Bremm an, nachdem sein Transport in Neuilly-Sur-Marne und dann noch einmal in Meaux umgeladen worden war. Von Saarbrücken aus kam er ins KZ Sachsenhausen bei Oranienburg. ,,Der Zug nach Oranienburg erschien uns als Zug der Hoffnung. Zehn, ja zehn, haben überlebt *(von 60! — d. Verf.)*. Wenn am 25. August die Glocken von Paris läuten, denken wir mit Herzklopfen an das Lager Neue Bremm."

L e g e r, Marcel, lebt heute in Le Roussoy. Sein Transport ging am 11. Oktober 1943 in Fresnes ab. Sie wurden auf dem Gare de l'Est umgeladen und erreichten Saarbrücken am Morgen des 12. Oktober. Marcel Leger war NN-Häftling. „Während der neun Tage, die ich dort verbringen mußte, war Neue Bremm für mich die Hölle." Anschließend kam er ins KZ Buchenwald (seine Nummer dort: 30 158) und ins KZ Natzweiler-Struthof (KZ-Nr. 19 112).

M é r a r d, René. Er war seit dem 12. Februar 1944 in Compiègne, kam am 12. März auf die Neue Bremm und blieb hier bis zum 30. April desselben Jahres, dem Tag, an dem sein Transport nach Mauthausen abging. „Obwohl mein Gedächtnis etwas nachgelassen hat, herrschen einige Erinnerungen im Vergleich zu denen an die anderen Lager — Mauthausen, Wiener Neustadt *(ein Außenlager von Mauthausen — d. Verf.)* — vor. So sehr übertreffen die Erinnerungen an das Lager Neue Bremm sie an Grauen, wenn Abstufungen auf diesem Gebiet überhaupt möglich sind." René Mérard wurde am 5. Mai 1945 aus Mauthausen befreit und lebt heute in Menton.

M i g m o n, Pierre, war zunächst im Gefängnis Fresnes (Paris) bevor er — 21jährig — von Januar bis März 1944 auf der Neuen Bremm „Zwischenstation zu machen" hatte. „Nachdem meine drei Monate im Lager Neue Bremm beendet waren, wurde ich in einem Transport nach Sachsenhausen gebracht. Ich ging durch das Trierer Gefängnis, ein kleines Lager bei Köln, ein Gefängnis in Hannover, das Hamburger Gefängnis in Altona, das Zuchthaus am Alexanderplatz in Berlin und kam am 21. April 1944 in 'Saxo' *(Sachsenhausen — d. Übers.)* an." Pierre Migmon lebt heute in Castillon la Bataille.

M i g u e t, Louis, heute wohnhaft in Serres. Er kam aus Compiègne „am Dienstag, den 21. Dezember 1943, kurz vor Sonnenaufgang im Bahnhof von Saarbrücken an." „Freitag, 8. Januar 1944. Im Saarbrücker Güterbahnhof gegen 14 Uhr. Wir sind nur noch 21 der 42, die hier am 21. Dezember ankamen. Wir werden ohne Fußfesseln und Handschellen in einen Personenwaggon geladen. Verzögerte Abfahrt: Fliegeralarm. Der Zug fährt erst in der Dämmerung ab. Wir fahren die Siegfried-Linie entlang. In der Nacht passieren wir Bingerbrück, frühmorgens Mainz, dann Frankfurt, Fulda... Mein Herz ist schwer, denn das ist die gleiche Strecke, die ich in umgekehrter Richtung fuhr, um auf Urlaub zu gehen, als mein Bataillon im Frühjahr 1920 während der Durchführung der Abstimmung in Schleswig stationiert war. Eisenach, Erfurt, Weimar, wo wir in der Nacht von Samstag, den 9., auf Sonntag, den 10. Januar 1944, aussteigen. Noch ein Lastwagen, der uns alle aufnimmt. Wir warten, eingesperrt auf engem Raum ohne Licht und Heizung. Wir erreichen Buchenwald über die teuerste Straße des Dritten Reiches: Pro Meter kostete sie einen Juden das Leben. Sie ist 16 Kilometer lang..."

M o n n o t t e, Lucien, wohnt heute in Besançon. Er kam am 30. August 1943 aus Romainville in Saarbrücken an. „Die Aufenthaltsdauer im Lager Neue Bremm betrug bis zu 15 Tagen, was die Grenze des Erträglichen darstellte... Wir verließen das Lager Neue Bremm am 11. September mit dem Ziel Neuengamme, wo wir am 17. September ankamen."

M o r i c e, Lucie, heute wohnhaft in Fontenay-sous-Bois. Sie war vom 5. bis 11. August 1944 im Lager Neue Bremm. „...dann begann in Viehwaggons die lange Reise nach Ravensbrück (Ankunft am 15. August 1944) und später nach Sachsenhausen (1945)."
M o t t e t, René: „Ich wurde gefangengenommen, weil ich nicht am Arbeitsdienst teilgenommen hatte und wir darüber hinaus polnische Offiziere im Widerstand und einen libanesischen Arzt versteckt hielten. Ich selbst wartete auf falsche Papier. Ich wurde in Lyon festgenommen, wo man mich ganz sicher denunziert hatte." René Mottet war dann vom 1. bis 20. April 1944 auf der Neuen Bremm. „Es war wirklich ein kleines Lager, aber noch schlimmer als Mauthausen und seine Arbeitskommandos, wo ich bald darauf landen sollte." Er lebt heute wieder in Lyon.
O r t s, Susanne, geborene Pic. Sie wurde am 21. Mai 1944 in Perpignan festgenommen, zunächst nach Romainville und dann auf die Neue Bremm gebracht, wo sie am 13. Juni 1944 ankam. „Am 21. Juni verließen wir Saarbrücken mit dem Ziel Ravensbrück (ihre Nummer dort 43 155), aber diesmal in Viehwaggons. Doch das ist schon eine andere Geschichte. Wir waren vorbereitet: Jetzt wußten wir schon, was das bedeutete, ein Lager in Deutschland." Susanne Orts lebt heute in St. Clément.
S a u s s a r d, Marcel, aus Lyon. Er kam Ende Februar/Anfang März ins Lager Neue Bremm. „Ich verbrachte etwa einen Monat in dieser Hölle der menschlichen Erniedigung, bevor ich nach Oranienburg-Sachsenhausen (Nr. 77 993) und von dort ins Außenlager Falkenhagen gebracht wurde. Ich habe dieses Durchgangslager als eines der härtesten und unmenschlichsten meiner Deportationszeit in Erinnerung behalten."
V a n o v e r m e i r, Roger, war im Oktober 1943 „etwa zehn Tage" im Lager Neue Bremm. „Zu jener Zeit verließ jeden Montag ein Transport mit etwa 60 Häftlingen Paris. Sie kamen aus den Gefängnissen Fresnes, Cherchemidi und Romainville und wurden auf dem Gare de l'Est in einen Reisewaggon mit vergitterten Fenstern umgeladen. Der Zug kam dienstag morgens in Saarbrücken an. Jeden Donnerstag verließ eine Gruppe von Lagerinsassen die Neue Bremm und fuhr in ein anderes Konzentrationslager: Dachau, Buchenwald, Mauthausen, Sachsenhausen..."
V e r d u m o, Pierre. Er war am 2. Feburar 1944 wegen Sabotage im Eisenbahndepot von Chambery verhaftet worden, dann acht Tage in Chambery und 18 Tage in Compiègne in Haft und kam am 2. März 1944 in Saarbrücken an. Er verbrachte hier 56 Tage und erreichte mit einem weiteren Transport am Morgen des 28. April 1944 das KZ Mauthausen, von wo aus er zwei Wochen später ins Außenkommando Linz III verlegt wurde. „Ich arbeitete in den Hermann-Göring-Werken an der BW II bis zum 5. Mai 1945, dem Tag, an dem wir uns gegen 18 Uhr selbst befreiten."

Anhang

Verlegung nach Heiligenwald

Nicht ganz geklärt schien bislang die weitere Entwicklung des Lagers „Neue Bremm" Ende 1944 Anfang 45. Mit Vorrücken der alliierten Front mußte es verlegt werden. Die Aussagen des Wachmannes Hornetz deuteten darauf hin, daß eine Verlegung der Häftlinge nach Heiligenwald stattfand. Gleichzeitig wurde wohl auch die Gestapozentrale nach Heiligenwald ausgelagert.
Die Häftlinge der „Neuen Bremm" wurden gesondert untergebracht, nämlich in zwei Heiligenwalder Schulhäusern: in der Hans-Schemm-Schule in der heutigen Pestalozzistraße (heute Pestalozzi-Schule) und in der Itzenplitzschule, welche in der gleichnamigen Straße zu finden ist. Zusätzlich war die separat gelegene Turnhalle als Verpflegungsdepot für Lagerinsassen und Wachmannschaften requiriert worden. Die Itzenplitzschule war 1907 entstanden, während die Hans-Schemm-Schule erst am 6. Juni 1936 ihre Einweihung feierte. Damals nach modernen Gesichtspunkten konzipiert, verfügte sie z.b. über Zentralheizung und eine wohl auch 1944 noch funktionierende Belieferung mit Kohle durch die Zeche.
Darüber hinaus war die Hans-Schemm-Schule mit einem Volksbad versehen worden. Diese Umstände waren dem Lagerkommandanten Schmoll offensichtlich bekannt und waren wohl Requirierungsgrund als Lager und Gestapozentrale.
Es ist ein Augenzeugenbericht über diese Vorgänge vorhanden. Der damalige Schulrektor Nikolaus Schmitt berichtet in Form von Tagebuchnotizen über die Ereignisse: „Chronik der Gemeinde Heiligenwald, NK 1954: 25. November 1944. Der Schulbetrieb mußte gänzlich eingestellt werden. Der ganze Beamtenapparat nebst reinen Bewachungsmannschaften und Gefangenen der „Gestapo" von der „Neuen Bremm" zog zu unserem nicht geringen Schrecken in die beiden Schulhäuser ein. Von ihrer Existenz hatten wir bis dahin keine Ahnung. Ein Scharführer der SS bereitete mit einem Vorkommando die Schulhäuser für ihre Zwecke vor. Seine erste „Amtshandlung" bestand in der Entfernung der Kruzifixe aus den Sälen. Ich kam zufällig vorbei und sah, wie er sie den Schulbuben in die Hände drückte. „Was Sie da machen, hat der Gauleiter streng verboten!" - „Den Gauleiter geht das einen Dreck an, Kruzifixe passen nicht in unsere Dienstträume". - „Sie kommen und gehen und dann sind es wiederr Schulräume". - Ich sammelte sie und brachte sie im Gemeindehaus in Verwahr. Die Bergung der Lehr-, Lernmittel, Schullisten usw. wurde mir nicht mehr gestattet. Der Eingang zum Schulhause wurde mit Wachposten besetzt und der ganze Schulhof sowie alle Zu- und Durchgänge mit Stacheldraht abgesperrt.

Der geheimnisvolle Name „Gestapo" und der Anblick des Wachpersonals genügte schon, um sich bei der Bevölkerung den nötigen Respekt zu verschaffen. Die mitgebrachten Häftlinge wurden in den Kellerräumen und im Filmsaal interniert. Tag für Tag lieferte man neue Häftlinge ein und schob sie ins Reich ab. Die Gestapo übernahm auch die Ortskommandantur, niemand war mehr seiner persönlichen Freiheit sicher. In den Schulsälen richtete man sich mit allem Komfort (Klubsessel, Rauchtisch usw.) herrschaftlich ein und sorgte vor allem für eine gute und reichhaltige Küche. Man lebte herrlich und in Freuden, indessen sich die Kampffront von Westen her immer näher heranschob. 16. März 1945. Wie ein Alpdruck hatte der Winter über die Beherbergung der Gestapo bei der Bevölkerung gewirkt. Über Nacht hatte man sich zum plötzlichen Abzug bereit gemacht. Zuvor zerschlug und verbrannte man die Hitlerbilder in der Heizung, nahm die in den geräumten Ortschaften mitgenommenen Wertgegenstände mit, belud ein Auto mit dem in der Turnhalle aufgestapelten Mehl, und der ganze Troß soll nur noch bis zum Höcherberg gekommen sein. Dort fiel er den vorgestoßenen Amerikanern in die Hände. Sie ereilte später alle ihr Schicksal. Erst nach und nach war durch die allzu redseligen Bewachungsmannschaften in der Bevölkerung durchgesickert, welch Schreckensregiment die Gestapo auf der „Neuen Bremm" (bei Saarbrücken) und auch hier in den Schulkellern mit den politischen Gefangenen geführt hatte."

Die ehemalige „Hans-Schemm-Schule" in Heiligenwald, heute „Pestalozzischule

Anmerkungen der Übersetzerin

Eine Grundlage des vorliegenden Buches bilden etwa zwanzig Erlebnisberichte ehemaliger französischer Insassen des Lagers Neue Bremm. Diese Berichte waren 1981 nach einem entsprechenden Aufruf der Zeitung „Le Patriote Résistant" bei der Redaktion eingegangen und von dieser freundlicherweise der VVN-Saar zur Verfügung gestellt worden.

Ich habe mich bei der Übersetzung dieser Texte bemüht, bis in die Formulierungen sehr eng am Original zu bleiben. Sicherlich erscheinen dadurch einige Stellen nicht so glatt, aber mein Anliegen war es, wenigstens ansatzweise die Empfindungen weiterzugeben, die ich beim Lesen der französischen Originale hatte.

Vor allem das Gefühl dafür, wie schwer es diesen Frauen und Männern auch noch nach fast 40 Jahren gefallen sein muß, das damals Erlebte und Beobachtete zu Papier zu bringen. Das findet seinen Ausdruck nicht nur in der Handschrift – die bei einigen Berichten über mehrere Seiten weg immer zittriger wird –, sondern auch im Stil: von der fast überzogen sachlichen Darstellung der grausamsten Szenen bis hin zu sehr pathetischen Formulierungen reichen die Versuche, beim Schreiben Abstand zu halten oder zu gewinnen.

Die im Text durch Anführungszeichen markierten Begriffe in falscher deutscher oder „französischer" Schreibweise sind so wörtlich aus den Originalen übernommen, in denen sie auch teilweise durch andere Buchstaben hervorgehoben waren.

Die Erfahrung, was selbst solche „Kleinigkeiten" vermitteln können, war für mich – neben den erschütternden Berichtsinhalten – das Bewegendste bei den Übersetzungsvorarbeiten für unser Buch.

Mit welchen Erinnerungen müssen Begriffe wie „Schreibstube" oder „Waschraum" für Pierre Verdumo befrachtet sein, wenn er nicht die französischen Benennungen benutzt, sondern noch vier Jahrzehnte später von „La Schreibe Stube" oder „Washrum" schreibt, obwohl er doch – das geht aus der falschen Schreibweise eindeutig hervor – überhaupt kein Deutsch kann. Aber in diesen Räumlichkeiten wurde er mit deutschen Repräsentanten des Faschismus konfrontiert, und so sind sie für ihn auch nur mit deutschen Wörtern zu beschreiben.

Und wenn sich Pierre Migmon an die Mißhandlung eines jungen russischen Juden durch Drokur erinnert, daran, wie dieser den am Boden liegenden Jungen mit „Haouf! Haouf!" (Auf! Auf!) anbrüllt, so hat man sofort einen Eindruck davon, wie dieses Erlebnis in Pierre Migmons Erinnerung wieder wach wird, wie er den Klang der Kommandos auch nach so langer Zeit noch genau im Ohr hat.

Schließlich zu einer letzten Kategorie von im Text durch Anführungszeichen hervorgehobenen Wörtern: nämlich die deutschen Begriffe, die die französischen Lagerinsassen entweder in deutscher oder in französischer Schreibweise direkt in ihre Sprache übernommen haben, weil es kein entsprechendes französisches Wort gibt (z.B. „goumi" für eine auf der Neuen Bremm beson-

ders berüchtigte spezielle Art von Knüppeln), oder sich die französische Übersetzung nicht durchgesetzt hat (z.B. ,,N.N" für ,,Nacht und Nebel" oder ,,Nuit et Brouillard").
Ich meine, es sollte nicht nur Übersetzern zu denken geben, daß auch heute noch deutsche Bezeichnungen für fatale Erscheinungen, die — zumindest in dieser Form — nur in der Bundesrepublik existieren, als Internationalismen in die französische und andere Sprachen Eingang finden. Das bekannteste Beispiel der letzten Jahre: ,,Le Berufsverbot"...

Raja Bernard

Literaturverzeichnis

Alternativer Stadtführer, herausgegeben von der VVN/Bund der Antifaschisten Saar und der Volkshochschule Saarbrücken, Saarbrücken 1980

Antoni, Ernst, „KZ von Dachau bis Auschwitz — Faschistische Konzentrationslager von 1933-45", Röderberg-Verlag, Frankfurt/Main 1979

Apitz, Bruno, „Nackt unter Wölfen", Röderberg-Verlag, Frankfurt/Main 1977

Autorenkollektiv Prof. Dr. Anderle, Alfred, u.a. „Weltgeschichte in Daten", VEB Deutscher Verlag der Wissenschaften, Berlin/DDR 1965

Bernadac, Christian, „Des jours sans fin"

Bernard, Horst, „Das Geheimnis des Alten Schlosses", Saarbrücken 1982

Bies, Luitwin, „Klassenkampf an der Saar, 1919-1935", VMB Frankfurt 1978

Billstein, Aurel, „Fremdarbeiter in unserer Stadt", Röderberg-Verlag, Frankfurt/Main 1980

Bléton, Pierre, „Le temps du Purgatoire", Paris, Téqui, 1953

Boßmann, Dieter, Hrsg., „Was ich über Adolf Hitler gehört habe", Fischer Bücherei, Frankfurt/Main 1977

Hörster-Phillips, U., Wer war Hitler wirklich? Großkapital und Faschismus 1918-45, Köln 1978

Kogon, Eugen, „Der SS-Staat", Verlag der Frankfurter Hefte, Frankfurt/Main 1946

Klopp, E., Lofy, R., „Hinzert — kein richtiges KZ?", Trier 1982

Lang, Manfred, „Es war im Herbst 1944", Saarbrücker Hefte 39, Minerva-Verlag '74

Loustaunau-Lacau, Georges, „Souveniers Hitlériens", Editions du Réseau Alliance, Durassié, 1947

Michelet, Edmond, „Rue de la Liberté", 1955

Schumann/Kühnrich, „Die Rolle und die Bedeutung der Konzentrationslager des Naziregimes", in: Internationale Hefte der Widerstandsbewegung, Wien 1960

Tonkassette: Institut für Film und Bild in Wissenschaft und Unterricht „Saarabstimmung 1935", München 1980

Vierteljahreshefte für Zeitgeschichte, München, Jahrgang 1957

Wenke, Bettina, „Interviews mit Überlebenden — Verfolgung und Widerstand in Südwestdeutschland", Landeszentrale für politische Bildung Baden-Württemberg (Hrsg.), Konrad Theiss Verlag, Stuttgart 1980

Namenverzeichnis

In diesem Verzeichnis sind die handelnden und zitierten Personen der Dokumentation über die „Neue Bremm" aufgeführt — Nazis ebenso wie Häftlinge und die späteren Richter. In einigen Fällen sind Namen von Zeugen und Berichterstattern unterschiedlich in der Schreibweise erwähnt worden. Diese Unterschiede sind durch Klammerhinweise kenntlich gemacht.

Agowskij, Stepan: 84
Arnold, Heinrich: 44, 98, 116, 119, 131, 134
Ausset, M. Jean: 131
Antonow, Wladimir: 84
Ashadulina, Ibrahim: 26

Badoglio: 62
Balzert: 132
Barlitz: 136
Baron, Heinrich: 116, 128, 131, 132, 133, 134
Basset, François: 60
Beaugertuis, Charles: 42
Belikow, Boris Konstantin: 84
Bender, Fritz: 116, 131, 133, 134
Benedjar, Mohamed: 102, 113
Berdin, Alfons: 104, 113
Beresenko, Pieter: 104, 113
Bertrand, August: 102, 113
Beskorowainy: 32, 51
Beskorowskiy, Iwan: 84
Besus, Gregory: 100, 113
Betzold, Johann: 116, 131, 133, 134
Blaschenow, Wasili: 104, 113
Billon, Willy: 103, 113
Bléton, Pierre: 124, 127
Boisset, Johann: 103, 113
Borschkowa, Polina: 84
Botschkowskij, Jusik: 84
Boulegne, Peter (Bouleque, Pierre): 102, 110, 111
Bras, Jean le (de): 105, 113
Braun, Olga: 61, 116, 118, 124, 125, 131, 133, 134
Brenner, Heinrich: 33, 34, 35, 36, 37, 38, 45, 51, 60, 61, 72, 80, 87, 122, 123, 138
Brobowski, Anton: 105, 113
Bruhns, Wilhelmine (Brun, Bruns): 71, 116, 131, 133, 134
Bürckel, Joseph: 15, 136
Burenko, Nikolai: 84

Cepter: 33
Ceron, Roland: 104, 113
Chalatenko, Gregorij: 85
Chaloncon, Charles: 27
Charlon, René: 102, 113
Cleber-Dubois (?): 102, 113
Codard: 30
Cognet, Bernard: 46, 123, 149
Colette, Paul: 20, 30, 59
Coring: 131
Corre, Pierre: 101, 113
Couguet, Roger: 113
Couloń, Denise: 144, 149
Coulon, Robert: 144, 149
Courdoux, Jean: 30, 42, 142
Cuny, François: 42, 43, 53, 57, 129, 149
Czeczko, Eugenius (Czesko, Eugenius): 105, 113

Damlenko: 84
Daum, Paul: 101, 113
Delgado-Lora, Bartolome (Delgadolores, Bartolome): 104, 113
Didyk, Wasili: 102, 113
Dörr, Richard: 65, 116, 131, 133, 134
Doumeyel, Emil: 113
Drokur, Nikolaus (Trocourt, Trocour): 54, 57, 62, 70, 72, 98, 116, 122, 123, 125, 126, 127, 131, 134, 152
Ducks (Drucks, Bucks), Friedrich: 48, 57, 116, 124, 131, 133, 134
Dumolin (Dumoulin): 64, 98, 106, 140

Fayard: 140
Federenko, Nikolai: 100, 113
Fink (Pink), Reinhard: 116, 131, 133, 134
Fischer, Peter: 33
Fominow, Dimitrij: 84
Font-Rigan (Pont-Riga): 102, 113
Fourby: 98, 137
Fries, Fritz: 116, 123, 131, 133, 134

Froment de, Pierre: 43, 44, 50, 58, 65, 126, 128
Fuest: 132

Garoute, Henry: 45
Gatelet, Marcel: 102, 113
Gaty (Gatys), Jacob: 100, 113, 128
Gauthier: 131
Gitartschuk, Alexandr: 84
Ginrike (Ginkrike), Stefan: 105, 113
Goldschmidt: 106
Gouguet, Roger: 103
Grandval: 141, 142
Granier: 118, 131, 135
Gras, Julien: 104, 113
Grenat, die Brüder: 42
Groß, Fritz: 48, 49, 116, 124, 131, 133, 134
Grün: 132
Guerrin, Marcel: 100, 113

Haag, Fernande: 57, 64, 70, 71, 76, 95, 149
Habrichs, Nikolaus: 103, 113
Hapi Kian? Haronticum (Hapikian, Harcuticum): 103, 113
Heilbronn, Pierre: 123
Helm: 134
Helmer, Hans: 42, 99, 119
Hertel, Balthasar: 85, 86
Hess, Alois: 88, 89, 91
Hess, Eugen: 98
Hesse, Lina: 33
Himmler, Heinrich: 24
Hoenig: 131
Hoffmann: 104, 113
Hofmann: 127
Holderbaum, Fritz: 89, 90, 91, 93
Hornetz: 64, 65, 98, 99, 114, 123, 124, 132, 133, 134

Itzkowitz, Marcelle: 58, 75, 144, 149
Iwanenko, Alexandr: 85

Jabrun, de: 60
Jakob, Peter: 91, 92, 93
Jania, Wladislaw: 103, 113
Jankowiak, Stanislaus: 103, 113
John, Phillip: 116, 131, 133, 134
Jourdain: 30, 131
Judelin, August (Jabelin): 103, 113

Juventin, E.L. Jean: 102, 113

Kartes, Johann: 116, 118, 131, 133, 134
Kalinka, Josef (Kalinke): 104, 113
Kessler, Jakob: 116, 131, 133, 134
Klein: 132
Klein, Artur: 101, 113
Koch, Hedwig: 71, 116, 131, 133, 134
Koenig: 135
Krawzow, Kiril: 61, 96, 100, 112, 113
Krämer: 132
Krenew, Wasil: 105, 113
Kriwenko, Danilo: 102, 113
Kunkel, Karl (Comguel): 57, 61, 116, 122, 123, 131, 132, 134
Kuropata, Andrej: 103
Kurutschi, Nikolai: 84

Lagrue, Roger (Robert): 101, 113
Laithier, André: 41, 46, 65, 66, 81, 122
Lang, Manfred: 23
Lambert, Bernard: 101
Larenaudie: 46, 124, 125
Laubach: 98, 99
Lauer, Emanuel: 33
Laval, Pierre: 20, 59
Lavergne: 46, 47, 50
Lassus de: 140
O'Leary: 130
Leclerc, General: 39
Leclerc, Jacques: 34, 54, 116, 129, 149
Leclerq, Yvon: 100, 113
Leger, Marcel: 41, 56, 95, 123, 150
Legrand, René: 103, 113
Leibfried, Eduard: 116, 118, 131, 133, 134, 135
Leisberger (Mersteiger, Meisberger): 131, 133
Levy: 131
Lezer (Lenzer, Robert: 27, 101, 108, 109
Lichotschenko, Wassil: 84
Limbach, Emil: 27, 28, 29, 71
Löwenstein, Edmund (Siegmund): 102, 113
London, A.: 30
Lorentz (Lorenz), Ludwig: 131, 133, 134
Lorscheider, Jakob: 17, 31, 45, 57, 72, 79, 80
Loustaunau-Lacau, Georges: 61, 63
Lunoschuk, Boris: 84

Maciey (Maclej), Mikita: 103, 113
Malezew, Nikolai: 84
Malle-Jaureguy: 55
Marathan, August: 100, 107, 113
Markgraf: 132
Mate: 132
Maurice, Lucie: 45, 74, 144, 151
Mehemed, Alli (Mehema, Alli): 101, 113
Meier, Anna: 87
Melnik, Josef: 100, 113
Melnikow, Petja: 84
Mérard, René: 40, 45, 51, 53, 54, 55, 64, 65, 150
Meunier, Henri: 102, 113
Michelet, Edmond: 43, 59, 83, 130
Micheli, Peter: 33
Michelie, Marcel: 100, 113
Migmom, Pierre: 42, 46, 49, 62, 63, 95, 122, 126, 144, 150, 152
Miguet, Louis: 45, 46, 50, 52, 56, 61, 63, 94, 123, 126, 150
Monotte, Lucien: 42, 54, 57, 150
Mottet, René: 33, 51, 53, 70, 95, 119, 144, 151
Müller: 127
Müller, Alois: 116, 131, 133, 134
Müller, Erwin: 140
Müller, Ewald: 116, 119, 131, 133, 134
Müller, Henriette: 98, 116, 125, 131, 133, 134
Murat, Jean: 102, 113

Nabili, François: 52
Nagorny, Stephan: 32
Nasse, Rudolf: 61
Nautscha (Natutscha), Petro: 103, 113
Noel, Pierre: 103, 113

Orts, Susanne: 30, 45, 75, 151
Owsijenko, Andreij: 104, 113

Pater Jaqques: 20, 65, 66, 81
Padrixe, Ferdinand, Gaston: 102, 113
Parent, Adrian: 101, 113
Peressoni, Giovanni: 113
Pfeiffer: 132
Philipp: 132
Pierre, Jacques: 130
Pitz, Gustav: 99
Platschindowski, Mesenzow: 84
Polanskij, Nikolai: 85

Quinten, Jakob: 116, 131, 132, 134

Rebalka, Petrow: 61, 97, 105, 113, 114
Regalan, Toledano Franzisko: 101, 113
Regulski, Eduard, genannt: Molotov (Molotoff): 41, 42, 47, 49, 50, 52, 54, 72, 95, 116, 122, 123, 125, 126, 127, 129, 130, 131, 133, 134
Rhein (Rein), Jakob (Johann): 116, 131, 133
Reinert: 132
Renouvin, Jacques: 60, 83
Richard: 132
Richter, Kurt: 124
Riewer, Louis: 100, 113
Rischkow, Iwan: 104, 113
Röchling, Hermann: 137
Rohr, Roger, Louis, Etienne: 101, 113
Roland: 132
Rouville, Felicien: 102, 113
Rüske, Wilhelm: 52, 130, 136

Saar, Jakob: 65, 116, 131, 133, 134
Sasso, Ferdinand, Valentin, Pierre: 101, 113
Saussard, Marcel: 40, 47, 51, 53, 54, 56, 58, 64, 70, 95, 121, 151
Schäfer, Willy: 139
Schiel, Ludwig: 116, 131, 133, 134
Schirbohow, Nikoleij (Schirbochow, Nikolajew): 104, 113
Schmieden: 61, 121, 122, 123, 135
Schmidt-Weber (Schmidt), Otto, Gottfried, Hermann: 63, 64, 99, 100, 113
Schmoll, Fritz: 48, 66, 98, 116, 118, 119, 120, 121, 123, 131, 133, 134
Schneider, Julius (Deckname: Pierron Georges): 34
Schott, Mathilde, Emma: 104
Schröder: 72, 132, 133, 134
Schulig, Adam: 105
Schwarz, Julius: 33
Semenenko, Michail: 84
Slobodnjan, Iwan: 84
Sloiko, Wladimir: 84
Sommer, Karl: 13
Stajonow, Tzonew: 100, 113
Strauch: 132
Stülpnagel: 31

Talanrogskij, T.: 85
Tereschtschenko, Wassil: 84
Thome (Frau Tomé): 71, 77
Tournier: 131
Tschiemberg: 131
Turtschin, W.: 84

Urschell, Armand: 59, 71, 120

Vauzelle, Camille: 27
Vanovermeir, Roger: 40, 42, 50, 151
Veillard, A. Camille: 102, 113
Veld, Jakobus van der: 103, 113
Verdumo, Pierre: 20, 22, 30, 42, 59, 61, 69, 72, 73, 94, 121, 125, 128, 151, 152
Verque, Ramon de la: 102, 113
Vidal, Jean Pierre: 104, 113
Vidal-Abele, Manuel: 101, 113

Weber, Max: 32, 33, 39, 61, 78, 82, 119, 120

Weerts, Heinrich (Wertz): 132, 133, 134
Welter, Peter (Weiler): 116, 131, 133, 134
Weiskircher, Jakob: 30, 31, 39, 40, 41, 43, 47, 48, 57, 66, 79, 82, 120, 122
Weiß, Friedrich: 116, 131, 133, 134
Weiß, Peter: 44, 48, 57, 116, 118, 123, 124, 131, 133, 134
Weydert, Pierre: 125
Weyland, Mathias: 48, 49, 116, 124, 131, 133, 134
Weyrich, Johann: 26
Wichristjuk, Andreij (Wichris (?)): 32, 84
Wildman: 131

Youn: 47, 49, 54, 95, 122
Yvon, Jean: 94

Zimmer, Peter: 33

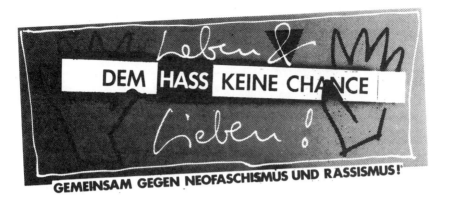

Mitmachen bei der
Vereinigung der Verfolgten des Naziregimes **VVN**
Bund der Antifaschisten

Informationen:

6600 Saarbrücken, Lebacher Straße 31
Tel. 0681 / 7 22 23

Wir bieten für Gruppen und Schulklassen:
- Alternative Stadtrundfahrten
- Fahrten zum ehemaligen KZ Natzweiler-Struthof

Literatur zum Judentum

Simon Wiesenthal
Jeder Tag ein Gedenktag
Chronik jüdischen Leidens
300 Seiten. 80 Abbildungen.
Gebunden, mit Schutzumschlag. DM 78,–

Das große Buch des Gedenkens

Simon Wiesenthal stellt dieser Chronik für jeden Tag des Jahres Ereignisse aus der jahrhundertelangen Verfolgungsgeschichte des jüdischen Volkes zusammen.

Max Zweig
Lebenserinnerungen
Vorwort von Hans Mayer.
264 Seiten. Gebunden, mit Schutzumschlag. DM 48,–
ISBN 3-88350-655-9

Tel Aviver Jahrbuch für deutsche Geschichte XVII/1988
456 Seiten. Paperback.
DM 88,–
ISSN 0932-8408
ISBN 3-88350-491-2

Arie Efrat
Nachbarn im Negev
Ein Kibbuz zwischen Bauern und Beduinen.
320 Seiten. Gebunden, mit Schutzumschlag. DM 32,–
ISBN 3-88350-417-3

Yehuda Eloni
Zionismus in Deutschland
Von den Anfängen bis 1914
572 Seiten. Paperback.
DM 85,–
ISBN 3-88350-455-6

Nathan Peter Levinson
Ein Rabbiner in Deutschland
Aufzeichnungen zu Religion und Politik.
200 Seiten. Paperback.
DM 22,–
ISBN 3-88350-021-6

Bleicher Verlag

Bernt Engelmann hat aus der Verfolgung der Juden eine Bilanz gezogen – für die Deutschen!

Er analysiert und beschreibt. Er bezeichnet die Lücken in unserer Kultur – in den verschiedenen Wissenschaften, in Sport und Kunst, in Wirtschaft und Politik. Nüchtern und mit ungetrübtem Blick betrachtet er die Folgen des Holocaust. Wie haben sich „Rassen"wahn und „Fremden"haß der Nazis für die Deutschen ausgewirkt?

Bernt Engelmann
DEUTSCHLAND OHNE JUDEN
Eine Bilanz
Völlig überarbeitete Neuausgabe
Zahlreiche Abbildungen und Autographen
Leinen mit Schutzumschlag,
494 Seiten,
DM 38,–
ISBN 3-7609-1210-9

Diese Bilanz sollte selbstverständlicher Bestandteil jeder Bibliothek sein!

Unsere Bücher
und Lebens-Mittel.

PAHL-RUGENSTEIN Gottesweg 54, 5000 Köln 51

**Lesungsorganisation:
KulTour GmbH, Hasso Müller-Kittnau,
Bleichstr. 11-19, 6600 Saarbrücken, ☎ (0681) 39 79 91**

Dietz
Taschenbuch

Siegfried Jäger (Hg.)

Rechtsdruck

Die Presse der Neuen Rechten

Dietz Taschenbuch 24
—Originalausgabe—

272 Seiten mit zahlr. Abb.
19,80 DM

Die Duisburger Arbeitsgruppe um den Sprachwissenschaftler Siegfried Jäger hat in den letzten Jahren systematisch über 130 regelmäßig erscheinende Zeitungen und Zeitschriften der Neuen Rechten in der Bundesrepublik untersucht. Den Autorinnen und Autoren geht es um die Ideologie der Neuen Rechten — wie und von wem sie verbreitet wird, welche Chancen dieser neugewandete Rechtsradikalismus in der Bundesrepublik hat und wie dieser Ideologie wirksam zu begegnen ist.

 Verlag J.H.W. Dietz Nachf. GmbH · Bonn